Como criar
relações
mais profundas

Como criar relações mais profundas

Conecte-se

David Bradford
Carole Robin

Título original: *Connect*

Copyright © 2021 por David Bradford e Carole Robin
Copyright da tradução © 2022 por GMT Editores Ltda.

Publicado originalmente como *Connect* em 2021 pela Penguin Life, um selo da Penguin General. A Penguin General é parte do grupo Penguin Random House.

Todos os direitos reservados. Nenhuma parte deste livro pode ser utilizada ou reproduzida sob quaisquer meios existentes sem autorização por escrito dos editores.

tradução: Carolina Simmer
preparo de originais: Emanoelle Veloso
revisão: Camila Figueiredo e Priscila Cerqueira
projeto gráfico e diagramação: Natali Nabekura
imagens de miolo: Mapping Specialists, Ltd., Fitchburg, WI
capa: Angelo Bottino
imagem de capa: Bruno Figueiredo
impressão e acabamento: Associação Religiosa Imprensa da Fé

CIP-BRASIL. CATALOGAÇÃO NA PUBLICAÇÃO
SINDICATO NACIONAL DOS EDITORES DE LIVROS, RJ

R553c
    Robin, Carole
        Como criar relações mais profundas : construindo relacionamentos excepcionais com a família, os amigos e os colegas de trabalho / Carole Robin , David Bradford ; [tradução Carolina Simmer]. - 1. ed. - Rio de Janeiro : Sextante, 2022.
        288 p. ; 23 cm.

        Tradução de: Connect
        ISBN 978-65-5564-357-2

        1. Interação social. 2. Comunicação interpessoal. I. Bradford, David. II. Simmer, Carolina. III. Título.

22-77568   CDD: 302
                                                                      CDU: 316.47

Gabriela Faray Ferreira Lopes - Bibliotecária - CRB-7/6643

Todos os direitos reservados, no Brasil, por
GMT Editores Ltda.
Rua Voluntários da Pátria, 45 – Gr. 1.404 – Botafogo
22270-000 – Rio de Janeiro – RJ
Tel.: (21) 2538-4100 – Fax: (21) 2286-9244
E-mail: atendimento@sextante.com.br
www.sextante.com.br

*Para Eva e Andy,
nossos cônjuges heroicos que nos amam e
nos aceitam como somos. Sua paciência e seu apoio
nos deram força durante esta jornada.*

SUMÁRIO

1. A busca pelo excepcional — 9
2. Um curso renomado, um capítulo por vez — 16

PARTE I: A SUBIDA ATÉ O PRADO — 25

3. Compartilhar ou não compartilhar — 29
   Elena e Sanjay: Colegas de trabalho, partes 1 e 2
4. Como ajudar as pessoas a se abrirem mais — 53
   Ben e Liam: Amigos, partes 1 e 2
5. Equilíbrio de influências — 71
   Maddie e Adam: Casados, parte 1
6. Pontadas e apertos — 86
   Elena e Sanjay, parte 3
7. Por que o feedback é o café da manhã dos campeões — 99
   Elena e Sanjay, parte 4
8. Desafios que encontramos para usar o feedback de forma eficiente — 118

9. As pessoas são capazes de mudar de verdade? *Phil e Rachel: Pai e filha, partes 1, 2 e 3*	135
10. Controle suas emoções ou se deixe controlar por elas *Mia e Aniyah: Amigas de longa data, parte 1*	152
11. Como resolver um impasse *Mia e Aniyah, partes 2 e 3*	166
12. Como usar conflitos de forma produtiva *Maddie e Adam, partes 2, 3 e 4*	179

PARTE II: A ESCALADA ATÉ O PICO — 195

13. Resolução de questões controversas *Maddie e Adam, partes 5 e 6*	201
14. Limites e expectativas *Elena e Sanjay, partes 5 e 6*	213
15. Problemas emaranhados *Mia e Aniyah, partes 4 e 5*	227
16. Quando o excepcional é impossível	240
17. Um relacionamento excepcional que deu errado – e foi recuperado	257

Epílogo	269
Agradecimentos	272
Anexo A: Vocabulário de sentimentos	275
Anexo B: Para aprofundar o conhecimento	279
Notas	283

1

A BUSCA PELO EXCEPCIONAL

Este livro trata de um tipo especial de relacionamento, que vamos chamar de *excepcional*. Talvez você já tenha um ou dois relacionamentos desse tipo – quem sabe até mais. Neles, você sente que o outro enxerga, conhece e aprecia a pessoa que você realmente é, e não uma versão editada. Suas centenas de amigos no Instagram talvez saibam qual foi o prato que você pediu naquele restaurante chique na semana passada, mas a pessoa com quem você tem um relacionamento excepcional sabe que você luta contra problemas alimentares há anos, ou que foi nesse jantar que você e seu par decidiram começar uma família, ou que o motivo por trás do evento foi discutir os prós e contras de pedir demissão do seu emprego. Nem passa pela sua cabeça conversar sobre essas coisas com aquele amigo que você não encontra desde a época da escola, mas que acompanha seus posts. Esse tipo de assunto raramente é discutido com o colega que lhe dá carona para o trabalho, e é irrelevante para a tia com quem você bate papo de vez em quando. Mas a pessoa com quem você tem um relacionamento excepcional sabe o que realmente está acontecendo na sua vida, porque ela conhece *você* de verdade.

Relacionamentos podem ser classificados segundo um espectro. Em uma das extremidades, há o contato sem conexão verdadeira e, na outra, aquele em que você se sente visto, apoiado, validado e completamente aceito. No meio, há as pessoas com quem você gostaria de ter uma conexão mais profunda, mas não tem. A questão é: como alcançar o próximo nível do espectro? Nós dedicamos nossa vida a fornecer essa resposta para milhares de alunos e clientes, e, agora, para você.

Relacionamentos excepcionais podem ser construídos. Eles apresentam seis características marcantes:

1. Você pode ser verdadeiramente você, e a outra pessoa também.
2. Os dois estão dispostos a se mostrar vulneráveis.
3. Vocês confiam que seus desabafos não serão jogados na cara um do outro.
4. Vocês podem ser sinceros um com o outro.
5. Vocês resolvem conflitos de forma produtiva.
6. Ambos estão comprometidos com o crescimento e o desenvolvimento um do outro.

Vamos esmiuçar um pouco esses itens.

Os três primeiros têm a ver com autorrevelação. Por que estamos discutindo isso se o consenso é que vivemos em uma era de excesso de exposição? Porque existe uma diferença entre apresentar uma imagem e mostrar quem você realmente é. Oscar Wilde disse de forma irônica: "Seja você mesmo, todos os outros já existem." Por medo de sermos julgados, muitas vezes editamos aquilo que expomos.

As redes sociais criaram um mundo que nos pressiona a sempre exibir tudo sob uma ótica positiva. Os posts no Facebook mostram você sorrindo diante da Torre Eiffel, mas a verdade é que a viagem foi um desastre. CEOs famosos do Vale do Silício falam incessantemente sobre a necessidade de alcançar o sucesso, mas o cansaço, o medo e o *burnout* são problemas graves por lá. É exaustivo manter essa fachada. Editar e apresentar uma versão melhorada de si mesmo não apenas faz você perder sua capacidade de ser autêntico, como leva os outros a criar suas próprias versões. Não estamos dizendo que você deve contar toda a sua vida para todas as pessoas, mas você precisa compartilhar partes que sejam importantes para aquele relacionamento específico. E partes da sua versão real, autêntica, não a que se esconde por trás de fotos sorridentes de viagem ou votos alegres de boas-festas.

As últimas três características da lista se referem a feedback e conflitos. Questionar uma pessoa pode ser uma forma poderosa de ajudá-la; mesmo assim, poucos de nós se sentem à vontade para fazer isso. Se a pessoa com quem você tem um relacionamento excepcional chama sua atenção sobre algum comportamento incômodo, você encara isso como uma oportunidade de aprendizado, sem ficar na defensiva. Ela sabe que, ao explicar o impacto de sua atitude, está mostrando comprometimento com a relação *e* ajudando você a evoluir.

Brigas acontecem, mesmo nos melhores relacionamentos (como você vai ver, nós dois somos prova disso!). Porém, o medo de conflitos pode nos levar a evitar questões que poderiam aprofundar o relacionamento caso fossem discutidas e solucionadas. Conflitos não resolvidos também ferem. Em um relacionamento excepcional, é mais fácil conversar e solucionar os problemas para que eles não fiquem pairando no ar e causem estragos ao longo do tempo. Você passa a encarar esses desafios como uma chance de crescer, diminuindo a probabilidade de essas mesmas dificuldades se repetirem no futuro.

Nós dedicamos nossa carreira a mostrar para as pessoas como construir e manter relacionamentos fortes, funcionais e resistentes, nos âmbitos tanto pessoal quanto profissional. Convidamos você a se juntar aos milhares de alunos e clientes que aprenderam isso e muito mais. Nossa paixão vem dos resultados que observamos em palestras, aulas e consultorias. Nós não apenas estudamos e ensinamos os conceitos deste livro; nós os *aplicamos em nossa vida*. Às vezes de forma imperfeita, claro. A esposa de David, com quem ele é casado há 55 anos, lhe disse uma vez: "Por que você não coloca em prática as coisas que ensina?" O marido de Carole, Andy, também já expressou sentimentos parecidos. Mas fique bem claro que sempre nos esforçamos muito para seguir aquilo que ensinamos, e nossa vida certamente melhorou por causa disso.

Ainda assim, quase perdemos o relacionamento excepcional que temos com nossos parceiros. Daremos mais detalhes no Capítulo 17, mas o importante é que, apesar de tudo, conseguimos restaurar nossas relações. Assim, nós dois somos prova de que erros e mal-entendidos acontecem, mas é possível resolver os conflitos de forma eficiente.

Ressaltamos que algumas das lições que ensinamos precisam ser vivenciadas; é por isso que o foco deste livro é a prática. Trabalhamos na faculdade de Administração de uma das universidades mais prestigiosas do planeta, porém nossas lições são ainda mais relevantes fora do mundo dos negócios. O curso ao qual dedicamos décadas de nossa vida chama-se Dinâmicas Interpessoais, mas foi afetuosamente apelidado de "Sensível" (*Touchy-feely*, em inglês), embora não haja nada de sensível nele. Adquirir habilidades comportamentais exige trabalho duro.

O material teórico contido neste livro se baseia em pesquisas de Ciências Sociais, especialmente no campo da Psicologia Interpessoal, assim como em décadas de experiências pessoais. Há mais de 50 anos, David chegou à Faculdade de Pós-Graduação em Administração da Universidade Stanford para desenvolver o curso Dinâmicas Interpessoais, e hoje é conhecido como o "pai do Sensível". Carole chegou 30 anos depois, ganhou o apelido de "rainha do Sensível" e ajudou a expandir o programa, que dobrou de tamanho.

Nosso curso continua sendo, de longe, o mais famoso e popular oferecido no MBA de Stanford. Mais de 85% dos alunos se inscrevem nele, e, em geral, precisam ter as melhores notas de suas turmas para conseguir uma vaga. É comum que descrevam a experiência como "transformadora", e formandos costumam dizer que essa foi a matéria mais impactante que fizeram e que continuam aplicando o conteúdo em contextos pessoais e profissionais. O curso foi mencionado em livros como *Confiança criativa*, de David Kelley, apresentado no programa de televisão *Today*, citado no *The New York Times* e virou matéria no *The Wall Street Journal* – e todos comentaram a importância das habilidades interpessoais na vida empresarial contemporânea.

Como os alunos logo descobrem, só porque uma matéria é chamada de "Sensível" não significa que ela seja fácil. Quando eles se inscrevem para o curso, são divididos em grupos de 12 pessoas, chamados de grupos T (ou de treinamento), que se reúnem por um total de 60 horas ao longo de 10 semanas. O objetivo é oferecer um laboratório de aprendizagem em que os alunos possam aplicar os conceitos apresentados em sala de aula – como a importância de fazer revelações pessoais, dar e receber feedback, influenciar uns aos outros e conectar-se entre si, apesar das diferenças –, interagindo com os colegas e aprendendo com as reações deles. Nós acreditamos de verdade que é muito mais efetivo aprender a ser mais eficiente em relações interpessoais quando lidamos com os outros em situações reais, ao vivo, do que por meio de palestras, estudos de caso ou, sim, até mesmo de um livro. Apesar de *Como criar relações mais profundas* englobar todos os assuntos que ensinamos em sala de aula, você terá que usar seus relacionamentos pessoais como seu próprio laboratório para colher todos os benefícios. Ao longo do livro, oferecemos sugestões específicas sobre como fazer isso.

A princípio, para os alunos que estão acostumados a fazer contas e solucionar problemas, pode ser desconfortável sentar em grupo e debater sobre quem se sente mais conectado com quem e por quê. Porém, ao longo dos anos, inúmeros estudantes que começaram o curso sem entender o motivo de tanta fama concluíram as aulas totalmente convertidos. (E não, não é um culto!) As lições causam impacto, mas não é por causa dos comentários brilhantes dos professores, por melhores que sejam. Nossa função é apenas criar condições para os alunos entenderem o impacto que seu comportamento tem sobre os outros – e como isso pode afetar seu sucesso como futuros líderes.

Hoje em dia, especialistas reconhecem que habilidades interpessoais/comportamentais são fundamentais para o sucesso profissional. Nós acreditamos que as pessoas fazem negócios com pessoas, não apenas com ideias, máquinas, estratégias ou dinheiro. O Sensível oferece a melhor oportunidade de desenvolver as competências comportamentais que se tornaram essenciais para o sucesso na liderança, como fazer conexões, ganhar a confiança dos outros e se tornar influente. Os alunos, no entanto, ganham algo ainda mais profundo, como um deles explicou anos atrás: "Eu sabia que qualquer boa faculdade de Administração me tornaria um bom administrador. Mas eu também acreditava que, se fizesse esse curso específico em Stanford, eu me tornaria um ser humano melhor – indo além de ser apenas um bom líder."

Ao longo dos anos, escutamos coisas como: "Esse curso salvou minha carreira/meu casamento de 10 anos", "Uso o que aprendi no curso quase todos os dias no trabalho", "Sei que me tornei um pai/uma mãe, um marido/uma esposa, um filho/uma filha, um/uma colega de trabalho melhor por causa do que aprendi nesse curso". Recentemente, um participante de um treinamento executivo disse: "Eu me surpreendi quando vi na ementa que não havia um foco explícito em aprimorar minhas capacidades de liderança. No geral, ele me ensinou a ser uma pessoa melhor... E, como efeito colateral, sou um líder mais eficiente, mais atento ao meu comportamento, com mais compaixão e maior capacidade de comunicação."

O domínio dessas habilidades comportamentais exige dedicação, mas todo mundo é capaz de aprendê-las. O Sensível não é só mais uma modinha da Califórnia, e seus princípios beneficiam não apenas os alunos do MBA. O mesmo trabalho, com grupos de participantes muito mais diversos, foi conduzido pelo mundo todo – na Europa, na África, no Oriente Médio, na Ásia e na América Latina – e apresentou resultados semelhantes.

Além da nossa experiência acadêmica, oferecemos consultorias e palestras para executivos em centenas de organizações com e sem fins lucrativos em muitos países, em mercados diversificados, para corporações de todos os tamanhos – de startups a empresas que figuram na *Fortune 100*. Juntos, criamos uma versão corporativa muito bem-sucedida do curso de Stanford, que dura uma semana e é frequentada por grandes executivos do mundo todo. Agora, Carole aplica os mesmos princípios e processos a CEOs/fundadores e investidores do Vale do Silício.

Uma das coisas mais impressionantes que observamos ao longo dos anos é que conexões profundas, recompensadoras e pessoais podem acontecer com uma variedade maior de pessoas do que imaginávamos. É possível desenvolver um relacionamento excepcional com alguém que aparenta ter pouquíssimo em comum com a gente. Já vimos isso acontecer inúmeras vezes, no âmbito tanto pessoal quanto profissional. Para tanto, precisamos da capacidade de ir além de conversas superficiais. Isso não necessariamente exige muito tempo, mas é preciso nos comprometermos em aprender de verdade sobre nós mesmos e o outro.

Você não vai ter esse tipo de relação com todo mundo. Isso seria impossível, porque conexões profundas requerem esforço. E mais: é desnecessário. Sua vida deve estar cheia de gente, como parceiros para jogar tênis, ir ao cinema ou a um show, ou sair para jantar de vez em quando. Você pode ter colegas de trabalho com quem convive muito bem no contexto profissional, mas que não são amigos próximos. Esses relacionamentos oferecem companheirismo, interação social, estímulo intelectual, validação profissional e diversão. Eles são menos intensos, mas não há problema nenhum nisso. Você precisa deles. Nem toda sobremesa precisa ser uma torta de chocolate, e nem toda interação precisa ocorrer com alguém que conhece você profundamente.

Mesmo assim, digamos que você ache que alguns relacionamentos na sua vida poderiam ser mais profundos. Você não sabe por que eles nunca alcançaram o patamar de "excepcional", mas entende que poderiam melhorar. Talvez você queira que eles deixem de ser casuais e se tornem mais pessoais, que deixem de ser distantes e se tornem mais íntimos, que deixem de ser disfuncionais e se tornem funcionais, ou que deixem de ser competitivos e se tornem colaborativos. Ou talvez você já tenha relacionamentos que pareçam especiais e profundos, mas poderiam ser ainda mais próximos. Os conceitos neste livro podem ajudar você a movê-los ao longo do espectro.

Nós não prometemos "cinco passos fáceis para uma conexão profunda", porque esses passos não existem. Aquilo que dá certo para você pode não ter efeito para outra pessoa, e algo que ajuda um relacionamento pode não fazer diferença em outro. "Excepcional" também não é uma condição estática, porque as relações sempre podem se transformar. Em vez disso, encare os relacionamentos excepcionais como entidades vivas, em eterna mutação, que precisam de cuidados e são sempre, *sempre*, capazes de deixar você encantado.

Nós somos sinceros sobre o esforço necessário para desenvolver relacionamentos mais recompensadores, assim como somos sinceros sobre os benefícios disso. Já vimos o impacto que isso causa em amizades, casamentos, famílias e equipes de trabalho. Sabemos que o uso dos nossos ensinamentos leva a relacionamentos mais fortes, mais felizes e mais intensos, com menos conflitos desnecessários. Quando você compartilha um senso de segurança e sinceridade com outra pessoa, as oportunidades de crescimento são ilimitadas. Quando suas interações com outras pessoas se tornam mais autênticas, há uma mudança de paradigma. E, no fim das contas, um relacionamento excepcional é mais do que um conjunto de habilidades e competências: trata-se fundamentalmente de uma forma diferente de existir. E é aí que a mágica acontece.

2

UM CURSO RENOMADO, UM CAPÍTULO POR VEZ

Nós sabemos quanto o curso Dinâmicas Interpessoais foi útil para várias gerações de alunos. Sempre recorremos às habilidades que ensinamos quando queremos ajudar os outros a lidar com desafios em seus relacionamentos ou quando precisamos enfrentar nossos próprios problemas. Nossos alunos viviam nos incentivando a escrever um livro com o material apresentado em sala de aula, para poderem consultá-lo ou compartilhá-lo com amigos, cônjuges ou sócios. Além disso, tínhamos o sonho de levar os benefícios do curso para milhares de pessoas fora de Stanford, e há tempos refletíamos sobre como tornar as lições mais acessíveis.

Existem desafios, claro. Como já dissemos, este livro se baseia em um curso de aprendizado prático por meio de experiências com pequenos grupos de alunos. Cada pessoa aceita se reunir com o mesmo grupo por 10 semanas. Quando as relações ficam difíceis, desistir não é uma opção. Os conflitos vão se resolvendo conforme os participantes descobrem mais nuances uns dos outros. Além disso, os alunos podem receber ajuda dos colegas. Se uma interação entre duas pessoas não dá certo, os outros podem interferir e dizer "Ei, o que está havendo?" ou "Fiquei preocupado com o Gabriel e quero me certificar de que ele está bem". E, por último, temos algumas regras, como a promessa de confidencialidade e a ideia de que o único erro é não querer aprender com os próprios erros. Esta última faz com que problemas sejam encarados como oportunidades de evoluir.

É impossível reproduzir esses três fatores em um livro. Sim, nós conseguimos oferecer os mesmos conceitos, histórias e conteúdo que apresentamos em nossas aulas e materiais de leitura, porém não podemos juntar você a outros 11 colegas de classe para facilitar seu aprendizado e prender sua atenção. E não podemos interferir em seus relacionamentos pessoais. Gostamos de acreditar que somos uma dupla bastante competente, mas, mesmo assim, temos limites. Também há o desafio de ajudar você a converter uma compreensão teórica em um comportamento prático. Afinal de contas, é possível *saber* o que precisa ser feito sem conseguir de fato aplicar o método. Com o aprendizado prático, você tenta fazer algo *antes* e aprende sobre ele *depois*.

Então, para termos sucesso, sua participação ativa é o fator mais importante. Em nossas aulas, dizemos que os alunos que ficam sentados, só observando, são os que menos se beneficiam, enquanto os que arregaçam as mangas e interagem de verdade com os colegas são os que mais aprendem. Neste livro, criamos cinco situações diferentes que se estendem ao longo dos capítulos, cada uma tratando de duas pessoas em um ponto de virada no relacionamento. As duplas são bem variadas – vão desde uma filha que há décadas tenta mudar a forma como interage com o pai ao casal que reflete sobre suas responsabilidades e suas necessidades pessoais, passando por colegas de trabalho que se aproximam e enfrentam desafios em sua relação ao longo do tempo. Todos os casos são uma mistura de relacionamentos reais que tivemos ou testemunhamos, e pedimos que você tente se imaginar em cada situação em vez de apenas ler sobre elas de forma passiva.

Ao ser apresentado às angústias dos personagens e se colocar no lugar deles, reflita sobre quais seriam seus próprios sentimentos e atitudes. O que isso mostra sobre seus pontos fortes e as formas como você se limita? Você precisa desenvolver alguma habilidade? Então, quando descrevermos as formas de lidar com as situações, avalie o grau de dificuldade que você teria para seguir as instruções e quais pontos seriam complicados. Reflita sobre o que suas reações revelam sobre você. Adotar uma postura proativa tornará o material mais pessoal.

Em segundo lugar, coloque os aprendizados em prática. Cada capítulo termina com perguntas reflexivas e sugestões sobre como aplicar o que você aprendeu. Leve o tempo que for necessário para assimilar essas lições antes de começar o capítulo seguinte, da mesma forma que os alunos fazem no intervalo entre as aulas. Colocar esse material em prática não é nada simples. Você notará que preferimos oferecer opções em vez de respostas exatas, porque as soluções específicas dependem de você – do tipo de resultado que deseja, das suas habilidades e dos riscos que está disposto a assumir.

Como relacionamentos são uma via de mão dupla, o caminho certo também depende da outra pessoa: O que ela quer? Qual é o limite dela? Qual é o contexto da relação? Longe de ser restritivo, esse tipo de flexibilidade é libertador. Apesar de não haver garantias de que você sempre vai conseguir fazer as conexões que deseja, é possível aprender com suas tentativas. Se pudéssemos escolher como você vai ler este livro, nossa sugestão seria que lesse um capítulo, colocasse as lições em prática e então voltasse para relê-lo antes de passar para o próximo.

Em terceiro lugar, é preciso sintonizar suas "antenas" pessoais. Uma precisa se voltar para fora e a outra deve se concentrar no seu interior. Se você só usar esta última, não conseguirá compreender o outro; se usar apenas a primeira, vai acabar se perdendo. Ao prestar atenção nas duas – na que aponta para fora e na que aponta para dentro –, é mais fácil ter comportamentos adequados para a situação e suprir as necessidades dos dois. A sintonização das antenas ajuda a encarar cada interação como uma oportunidade para aprender. Um amigo já comentou que o curso devia se chamar Foco Interpessoal, porque, para interagir com o outro das maneiras como descrevemos neste livro, você precisa estar extremamente ciente daquilo que acontece dentro de si mesmo e da outra pessoa.

Calma, você não vai precisar fazer uma prova. Mas deve se esforçar mesmo assim.

O arco dos relacionamentos – e deste livro

Todos os relacionamentos são diferentes, porém a maioria se desenvolve segundo um padrão parecido. No geral, eles começam com um interesse em comum, como música ou fazer trilhas. Em outros casos, as pessoas podem ter gostos que se complementam – um adora fazer planos e começar atividades, enquanto o outro acha isso uma chatice. Nesse processo, os dois precisam aprender como interagir e se influenciar. Em que momento a segunda pessoa pode rejeitar os planos que a primeira sugere? Em que momento a primeira pode reclamar que se sente usada e transferir parte das responsabilidades de organização para a segunda?

Talvez você só chegue a essa etapa com algumas pessoas, e não há nada de errado nisso. Por exemplo, digamos que você e um colega gostem de basquete, tenham construído uma amizade casual e esse laço seja suficiente para se divertirem juntos, esporadicamente assistindo a jogos durante o fim de semana. No geral, vocês conversam sobre filmes e atualidades (evitando certos assuntos polêmicos), e os dois ficam satisfeitos. Nessa relação, nenhuma das partes sente necessidade de conversar sobre preocupações sérias ou grandes sonhos. Como dissemos no Capítulo 1, nem toda amizade precisa ser uma torta de chocolate.

No entanto, há relacionamentos que você gostaria de aprofundar. Os dois passam pelos estágios iniciais de se conhecerem e começam a se comunicar de forma mais aberta e pessoal. Conforme isso acontece, o conhecimento mútuo e a compreensão aumentam, e vocês encontram mais áreas de conexão. A confiança vai se desenvolvendo, e cada um se torna mais disposto a se arriscar e se expor, aumentando a própria vulnerabilidade. O ciclo continua e é reforçado, e a relação se aprofunda. Essa intimidade permite que você se abra sobre assuntos como problemas no trabalho ou brigas com seu filho adolescente. Assuntos que não surgiriam com amigos mais distantes.

Conforme vocês ganham importância na vida um do outro, a complexidade do relacionamento também aumenta. Obrigações e expectativas surgem, assim como possíveis pontos de conflito. Como lidar com as irritações inevitáveis? Se for possível encará-las e solucioná-las de forma adequada, a relação se fortalece ainda mais. Isso, por sua vez, incentiva você a revelar o que deseja do outro e o que está atrapalhando. A transparência e a sinceridade aumentam. O desenvolvimento de uma relação saudável diminui desequilíbrios de poder, de forma que os dois sentem o mesmo nível de satisfação.

Durante a progressão do relacionamento, cada parte aprende como influenciar a outra. É estabelecida uma interdependência que torna fácil pedir ajuda quando necessário e recusá-la quando não for útil. Os desafios e conflitos não desaparecem, mas os dois lados aprendem a lidar com eles. Quando uma relação alcança esse estágio, as duas pessoas são capazes de oferecer apoio mútuo. Elas conseguem conversar abertamente sobre os problemas, dar e receber feedback e, assim, evoluir.

No entanto, para o relacionamento progredir ainda mais, é preciso aumentar expressivamente sua capacidade de se expor e se arriscar. Agora que os dois têm algo a perder, os riscos são ainda maiores. Às vezes, o relacionamento se aprofunda e alcança o nível excepcional de forma quase orgânica, ao longo de anos de experiências felizes compartilhadas, conversas profundas e aumento exponencial da confiança. Porém, na maioria dos casos, ele é transformado por uma ou mais situações. Vamos supor que ocorra um grande conflito, com o potencial de estremecer a relação. Talvez você prefira deixar para lá e ignorar completamente o assunto. O relacionamento sobrevive, mas fica estagnado. Encarar o problema seria difícil, podendo significar o fim da relação. Porém, a conexão se fortalece quando o conflito é solucionado – você segue rumo ao mundo do excepcional.

Relações exigem tempo para se aprofundar – intimidade instantânea não existe. Você pode controlar a velocidade e o rumo da trajetória do relacionamento – e vamos mostrar algumas formas de fazer isso. Mas essa é uma via de mão dupla, então o desenvolvimento da relação também depende da outra pessoa, inclusive da capacidade e da disposição que ela tem para dar esses passos rumo ao crescimento. Você pode conseguir influenciar isso, mas não controlar. O arco do desenvolvimento não necessariamente é linear. Uma relação pode permanecer como está por um tempo, ou até regredir, antes de voltar a se desenvolver.

Este livro é estruturado para acompanhar o arco básico do aprofundamento de relacionamentos, e é dividido em duas partes. Na primeira, examinamos as seis características dos relacionamentos excepcionais descritas no primeiro capítulo. Esses conceitos são fundamentais para *todas* as relações funcionais e estáveis, independentemente de se tornarem excepcionais ou não. Nós explicamos como agir mais como você mesmo e como ajudar os outros a fazerem o mesmo. Tratamos sobre a questão do equilíbrio dentro de um relacionamento e da influência mútua. Refletimos sobre como lidar com incômodos bobos e divergências significativas, e questionamos o que impede a oferta e o recebimento de feedback. Discorremos sobre a capacidade de mudança das pessoas, uma questão polêmica, e observamos o papel da curiosidade na resolução de conflitos.

Na segunda parte, vemos como os relacionamentos passam de muito bons para excepcionais. Como encontrar uma solução aceitável para conflitos graves e, no processo, aprofundar a conexão? Como estabelecer limites sem diminuir a proximidade? Nós também tratamos da questão do emaranhamento, que pode acontecer quando os problemas de uma pessoa causam sofrimento a outra. Apesar de nem todos os relacionamentos precisarem passar por dificuldades para se tornarem excepcionais, nossa experiência mostra que é na fase das provações que os laços se aprofundam e os indivíduos aprendem a criá-los e mantê-los.

O fato de uma relação não alcançar o estágio de excepcional não significa que você tenha fracassado nem que ela nunca chegará a esse patamar. O Capítulo 16 trata dessa fase complicada. E, por fim, o último capítulo descreve como nosso relacionamento quase acabou depois de passar por uma crise e como usamos todo o conhecimento deste livro não apenas para salvar o que tínhamos, como também para nos aproximarmos. Foi assustador e é um exercício de humildade admitir que até nós, que ensinamos essas coisas, conseguimos errar tão feio.

Disposição para aprender

Dizem que as últimas palavras do pintor impressionista francês Auguste Renoir em seu leito de morte, aos 78 anos, foram: "Creio que estou começando a aprender algo." Que mente maravilhosa, aberta e curiosa! Nós temos uma versão mais desbocada da mesma ideia. Sempre que nos deparamos com desafios, pensamos "Bem, isso é uma OPOE" – abreviação para "outra puta oportunidade para evoluir".

Queremos deixar bem claro quanto é importante estar disposto a aprender, seja seguindo as palavras de Renoir ou as nossas. Você não vai conseguir desenvolver de fato um relacionamento (e com certeza não alcançará o nível excepcional) se não estiver aberto ao aprendizado. Essa mentalidade se aplica não apenas a novas habilidades e competências, como também à disposição de olhar para dentro de si. Na década de 1970, havia um personagem de tirinha em quadrinhos, Pogo, que disse: "Nós conhecemos o inimigo, e nós somos ele." É fácil colocar a culpa em outra pessoa quando as coisas dão errado, mas também é necessário estar disposto a refletir sobre qual parte do inimigo "nós somos".

A disposição para aprender possui três características principais. A primeira é abrir mão de acreditar que a sua forma de fazer as coisas é sempre a melhor. Outra é estar aberto a novas experiências e ao risco de cometer erros. E a terceira é encarar erros como oportunidades de aprendizado, em vez de um motivo para sentir vergonha e se esconder. A curiosidade é fundamental. Pensar *Por que será que isso não está dando certo?* é muito mais produtivo do que colocar a culpa nos outros quando algo dá errado.

É maravilhoso manter a cabeça aberta para o aprendizado contínuo. Isso significa que você está disposto a se aprimorar, o que inclui desenvolver as capacidades e competências descritas neste livro, refletir sobre as crenças pessoais que podem causar limitações e repensar comportamentos problemáticos. Como Alan Alda disse: "Suas suposições são janelas para o mundo.[1] Se você não limpá-las de vez em quando, a luz não entra." Algumas mudanças podem ser relativamente fáceis, e outras podem ser muito desafiadoras, mas tudo faz parte da magia dos relacionamentos.

Quando o caminho se torna difícil, é tentador dizer: "Não consigo. Eu não sou assim." É verdade, talvez você não seja assim *agora*, mas será que *nunca* poderá se tornar essa pessoa? Talvez não seja você *ainda*, como pontua a psicóloga Carol Dweck em seu trabalho sobre mindset de desenvolvimento pessoal. Nenhuma das habilidades e competências que sugerimos são tão enigmáticas a ponto de não poderem ser aprendidas. Nós temos certeza disso, porque vimos inúmeros participantes do Dinâmicas Interpessoais anunciarem "Não consigo" e acabarem absorvendo as competências até o final do curso. Em todos os casos, a mentalidade deles primeiro precisou mudar do "Não consigo" para o "Entendo que tenho outra opção, mesmo que ela seja difícil". E, apesar de ser plausível que pessoas diferentes tomem decisões diferentes, todos devemos reconhecer que tomamos decisões.

É um trabalho duro, sem dúvida. Mas vale a pena. Boa sorte, e que você possa cometer muitos erros que produzam bons conhecimentos.

Para aprofundar o conhecimento – *Introdução*

Para que o material deste livro seja relevante, sua primeira tarefa é selecionar quatro ou cinco relacionamentos – com parentes, amigos ou colegas de trabalho – que você queira aprofundar. No fim de cada capítulo, você vai encontrar uma sessão chamada "Autorreflexão", na qual pedimos para que reflita sobre como o conteúdo apresentado pode ser aplicado aos seus relacionamentos. Independentemente da categoria da relação escolhida, lembre que as lições de cada capítulo podem ser aplicadas a todas elas. Nas sessões de "Prática", sugerimos formas de aplicar o material para fortalecer essas conexões.

Nós incentivamos você a compartilhar seus objetivos com as pessoas escolhidas, para que elas entendam o que está acontecendo e por que você vai pedir ajuda. Talvez seja bom explicar que essa é uma oportunidade de fortalecer ainda mais um relacionamento importante, servindo como um aprendizado não apenas para *você*. Com sorte, a outra pessoa se juntará à sua jornada.

A terceira sessão recorrente, "Compreensão", pede que você reflita sobre aquilo que aprendeu com seus "atos". As experiências ganham mais valor quando tentamos dar sentido a elas. Vamos perguntar a você, assim como perguntamos aos nossos alunos: Como foi *aplicar* os conceitos em um relacionamento importante? O que você aprendeu sobre si mesmo e sobre a construção de conexões mais fortes?

AUTORREFLEXÃO

O primeiro capítulo listou seis características de um relacionamento excepcional. Foram elas:

1. Você pode ser verdadeiramente você, e a outra pessoa também.
2. Os dois estão dispostos a se mostrar vulneráveis.
3. Vocês confiam que seus desabafos não serão jogados na cara um do outro.
4. Vocês podem ser sinceros um com o outro.

5. Vocês resolvem conflitos de forma produtiva.
6. Ambos estão comprometidos com o crescimento e o desenvolvimento um do outro.

Pense nos relacionamentos importantes que você escolheu. Para cada um:

- Quais dessas seis características são mais fortes?
- Quais delas você mais deseja melhorar?
- O que *você* (não a outra pessoa) faz – ou não faz – para contribuir com as limitações identificadas?

PRÁTICA

Escolha uma das pessoas que você selecionou e converse com ela sobre seus desejos para o relacionamento. Compartilhe suas conclusões sobre o exercício de autorreflexão anterior (inclusive o que você acha que faz ou deixa de fazer) e veja se a pessoa encarava você, a si mesma e a situação da mesma maneira.

COMPREENSÃO

Como foi? O que você aprendeu sobre si mesmo e seu modo de lidar com os problemas? Você foi receptivo aos comentários da outra pessoa?

Neste capítulo, nós falamos sobre algumas das maneiras que temos de bloquear nosso aprendizado. Alguma dessas limitações fez sentido para você? O que você aprendeu sobre o *processo* de construir relacionamentos mais fortes?

OBSERVAÇÃO: Talvez seja bom você separar um caderno para anotar o que aprende com as atividades do "Para aprofundar o conhecimento" ao longo do livro. Você voltará a esses relacionamentos em capítulos futuros, e será interessante observar seu progresso. Nós exigimos que nossos alunos escrevam um diário durante o curso, e, apesar de muitos detestarem a atividade, a maioria nos agradece depois!

Parte I
A subida até o prado

A ESCALADA DA MONTANHA

NA ADOLESCÊNCIA E ATÉ OS 20 e poucos anos, David passava as férias de verão perto das Montanhas Brancas, no norte de Nova Hempshire, e frequentemente escalava o Monte Washington, na Cordilheira Presidencial. Suas inúmeras trilhas faziam desse destino o favorito de David, mas o monte também é perigoso. Apesar de não apresentar a escalada mais difícil da América do Norte, é dessa montanha o recorde de mais mortes, já que mudanças climáticas repentinas no meio do verão pegam de surpresa muitos visitantes de fim de semana. Mesmo em um dia lindo, quente e de céu limpo, nuvens podem aparecer em questão de minutos, baixar a temperatura de repente e dificultar a visão, ocultando os marcadores das trilhas. David nunca ia sozinho, em parte porque gostava de ter companhia, mas também porque nunca sabia quando poderia precisar de ajuda.

Podemos comparar a escalada do Monte Washington com o desenvolvimento de um relacionamento excepcional. Relações começam em uma trilha fácil, muito percorrida, de conversas despreocupadas. O trajeto logo se torna mais desafiador, e você e a outra pessoa começam a ter de tomar decisões. A trilha se bifurca, e vocês discordam sobre qual caminho seguir, precisando solucionar essa desavença. Então dão de cara com um paredão desafiador, pronunciado, e as opções se multiplicam. Quanta ajuda você deve oferecer ao seu companheiro? Ele aceitará a oferta ou ficará ofendido? E se você quiser parar um pouco, mas seu companheiro, não?

É revigorante escalar o paredão com alguém. Um prado lindo se estende diante de vocês no platô da montanha, cheio de flores de verão. Vocês colocam as mochilas no chão para descansar e observar tudo que conquistaram. Então resolvem simplesmente ficar ali e aproveitar a companhia um do outro. A subida adiante parece ainda mais difícil, mais desafiadora.

Todas as cinco duplas que conheceremos nos próximos 10 capítulos do livro chegam ao prado, cada uma ao seu modo. Elas conquistaram algo grandioso – encontraram um caminho para ter relacionamentos mais fortes e significativos, crescendo e evoluindo enquanto indivíduos. Todas as relações precisam chegar a esse patamar antes de cogitarem escalar até o pico e se tornarem excepcionais. Algumas preferem continuar no platô da montanha, outras seguem a escalada. Mas não se engane – chegar a esse primeiro patamar é difícil, embora também seja recompensador.

3

COMPARTILHAR OU NÃO COMPARTILHAR

Elena e Sanjay: Colegas de trabalho, partes 1 e 2

Todos os dias, a maioria de nós tem inúmeras interações com pessoas que não nos conhecem bem. Você dá oi e bate papo com o atendente do supermercado. Seu vizinho pode saber quantos filhos você tem e onde você trabalha, talvez até qual foi seu último destino de férias, mas quase nada além disso. Você tem amigos com quem sai para jantar de vez em quando, e eles sabem mais sobre a sua vida, porém ainda há muitos aspectos que desconhecem. Em certos momentos, talvez você deseje conexões mais profundas e recompensadoras, mas nem sempre sabe como criá-las.

Permitir que as outras pessoas conheçam você melhor é fundamental para o desenvolvimento de relacionamentos excepcionais. Dessa forma, criam-se mais oportunidades de conexão, aumentando sua confiança em se expor.[2] Também é extremamente recompensador ser aceito por quem você é *de verdade*. Dito isso, não é um processo sem riscos.

Uma vez, Carole organizou um retiro com uma dúzia de executivos do Vale do Silício e lá se sentiu apática e desconectada. Ela estava distraída com eventos externos importantes e se viu com dificuldades para se concentrar. Não apenas essas pessoas eram clientes importantes, como o papel de "professora" a deixava em uma posição especialmente vulnerável. E se não desse certo? Como ela seria vista? O que aconteceria se admitisse o que estava acontecendo? Em vez de tentar fingir, como teria feito no começo da carreira, ela resolveu seguir os próprios ensinamentos e compartilhar sua angústia – inclusive a respeito de quanto se sentia vulnerável falando sobre isso. No instante em que se abriu, ela se sentiu mais conectada. Alguns executivos lhe agradeceram por quebrar o gelo e admitiram que também estavam se sentindo apáticos e desconectados.

Neste capítulo, falaremos sobre o que precisamos fazer para que a outra pessoa nos conheça de fato, uma tarefa mais difícil do que parece. O que acontece quando você é autêntico e se abre, mas é mal interpretado? E se a sua franqueza intimidar a outra pessoa? Qual o papel das emoções na autorrevelação? O que você está disposto a arriscar para que conheçam mais de você?

Elena e Sanjay, parte 1

Elena se sentia nervosa quando saiu da sua mesa para encontrar o colega Sanjay para almoçar. Ela havia se desentendido com outro funcionário da empresa naquela manhã – ele tentou transferir para Elena um trabalho que concordara fazer semanas antes. Elena se recusou, e o outro funcionário ficou nervoso e foi ríspido. Ela queria pedir a opinião de Sanjay sobre a situação, mas estava com medo de ele discordar da sua atitude ou achar que ela estava exagerando.

Elena e Sanjay trabalhavam em departamentos diferentes, mas se conheceram quando participaram de uma força-tarefa de avaliação tecnológica no ano anterior. Elena tinha adorado trabalhar com Sanjay, que, na sua opinião, oferecia soluções criativas e colaborava bem em equipe. Os dois compartilhavam ideias e conseguiam discordar um do outro de forma produtiva.

Com o fim da força-tarefa, eles começaram a almoçar juntos de vez em quando. Ambos adoravam atividades ao ar livre e trocavam figurinhas sobre equipamentos e os melhores campings. Sanjay gostava de acampar com a família, e Elena era uma ávida canoísta.

Ela valorizava de verdade sua amizade com Sanjay. Apesar de ter muitos amigos fora do escritório, não podia trocar experiências profissionais com eles, que não compreendiam todas as nuances do seu ambiente de trabalho. No emprego anterior, ela teve dificuldades – e foi demitida – por expressar suas opiniões de forma direta e aberta, já que as mesmas não se adequavam à cultura da empresa. No trabalho atual, ela queria encontrar alguém em quem confiasse para lhe dar conselhos, uma pessoa que entendesse como as coisas funcionavam ali. Sanjay poderia ser essa pessoa.

Mas e se ele interpretasse mal suas tentativas de puxar assunto? Os dois eram casados, e Elena só queria uma amizade. Além disso, o que aconteceria se contasse a Sanjay sua experiência no emprego anterior, sendo que parte da história era constrangedora? Ela decidiu que seria melhor seguir com calma.

Os dois se serviram da comida do refeitório e encontraram uma mesa vazia.

– Como está sua semana? – perguntou Sanjay.

– Ah, os mesmos probleminhas de sempre – respondeu Elena, ainda sem saber o que compartilhar.

Sanjay não percebeu que ela queria conversar sobre o trabalho e, em vez disso, todo entusiasmado, começou a falar da viagem para acampar que tinha feito no fim de semana.

– Você tinha razão sobre aquele camping. Foi maravilhoso – disse ele. – Mas quero voltar sem precisar ficar correndo atrás de um filho pequeno.

Elena concluiu que tinha sido bom não contar sobre a briga da manhã. Sanjay não tinha entendido sua deixa nem perguntara o que havia acontecido. Ela também sentiu uma pontada de inveja do fim de semana de Sanjay com os filhos, porque estava tentando engravidar. Mas decidiu não mencionar essa parte, porque parecia pessoal demais. Em vez disso, indicou outros campings.

Quando passaram a falar sobre questões de trabalho, Elena resolveu aproveitar e compartilhar alguns detalhes sobre sua manhã.

– Por mais que eu goste de trabalhar aqui – disse ela depois de dar um resumo do incidente com o colega –, momentos assim me deixam meio transtornada.

Sanjay escutou com atenção.

– Isso já aconteceu comigo também, e fico louco com essas coisas – disse ele. – Na verdade, aconteceu com um cara da minha equipe ontem mesmo.

Ele contou mais detalhes, e Elena se sentiu aliviada e um pouco mais próxima dele.

Ela cogitou pedir a ele conselhos sobre como lidar com seu chefe um tanto difícil, mas decidiu não fazer isso por medo de revelar, sem querer, as experiências passadas que levaram à sua demissão. Foi um alívio quando o assunto mudou para a reação dos dois sobre uma declaração recente do presidente da empresa. Conforme Sanjay e Elena se levantavam e tiravam os pratos da mesa, ambos comentaram sobre quanto gostaram do almoço.

Elena foi cuidadosa, e entendemos isso. Corremos o risco de sermos incompreendidos sempre que revelamos algo pessoal; o medo de sermos julgados ou rejeitados por causa da revelação é muito potente. Todos nós usamos experiências passadas para interpretar informações, e algumas delas têm um peso tão grande que distorcem nossa reação ao presente. Por exemplo, em uma das consultorias que prestamos, o vice-presidente sênior de uma das maiores empresas do mundo falava pouquíssimo durante reuniões. Muitos anos antes, ele havia sido sumariamente demitido depois de se posicionar com firmeza sobre uma questão. Ele foi recontratado no dia seguinte, mas ficou tão traumatizado que nunca mais discordou de nada nem emitiu opiniões enfáticas. Outras pessoas são impactadas por críticas dos próprios pais ("Você é preguiçoso"), que permanecem em sua mente por anos, tornando-as extremamente sensíveis a qualquer comentário que possa reforçar esse julgamento.

O medo de se abrir pode surgir em qualquer momento durante o arco de um relacionamento, porque você começa a compartilhar mais conforme a relação se aprofunda. No entanto, ele é mais intenso no começo, quando a outra pessoa não conhece você bem o suficiente, não possui contexto para compreender o significado real das suas ações. Será que ela vai tirar conclusões erradas sobre seus comentários ou atitudes? Pior ainda, será que vai se apegar a uma opinião ou a um julgamento sobre você e se recusar a assimilar qualquer informação nova[3] que vá contra essa ideia? Dizem que compreender tudo é o mesmo que perdoar tudo. Se alguém soubesse de todas as circunstâncias que levaram você a se comportar de determinada maneira, seria mais fácil perdoar algo que talvez parecesse indefensável à primeira vista. Mas nem sempre isso é tão simples. Você não pode compartilhar tudo sobre si mesmo de imediato nem muito no início da relação.

Por exemplo, na terceira semana de uma das turmas do Dinâmicas Interpessoais, a conexão de David com os alunos ainda estava sendo construída. O assunto naquele dia era a importância de pedir ajuda. Ele queria dar um exemplo sobre como se abrir mais e falou de quando descobrira a importância da terapia. Um aluno respondeu: "Tenho menos respeito pelo senhor agora, porque encaro isso como um sinal de fraqueza; acredito que as pessoas devem resolver os próprios problemas."

Seguindo uma linha parecida, Carole certa vez comentou com um cliente que o judaísmo havia lhe fornecido "um manual do usuário para a vida". Ele ficou chocado e disse: "Não acredito que uma pessoa tão inteligente como você tenha caído nessa baboseira religiosa. Agora, comecei a questionar se você realmente é capaz de me ajudar."

Nas duas situações em que nossas revelações foram malrecebidas, nossa primeira reação foi entrar na defensiva e nos sentir incompreendidos, porém nossa preocupação maior era que isso limitasse nossa eficácia. Os alunos parariam de prestar atenção em David e aproveitariam menos o curso? O cliente se tornaria resistente aos ensinamentos de Carole? Felizmente, nada disso aconteceu, porque havia um contato contínuo ao longo do curso e da consultoria. Tanto o aluno quanto o cliente passaram a confiar mais em nós, passando por cima do ceticismo inicial. Mas nem todas as situações permitem o luxo do contato contínuo e da oportunidade de ajustar primeiras impressões.

Nós também tivemos a vantagem de saber como o aluno e o cliente reagiram às nossas declarações (por mais que as reações tenham sido inquietantes), já que eles nos contaram. Isso nem sempre acontece. Você pode não saber qual é a reação da outra pessoa, especialmente no começo de uma relação. É pouco provável que ela diga: "Estou muito incomodada com o que você acabou de dizer." No geral, temos apenas a linguagem corporal ou o tom de voz para nos guiar, e eles podem ser ambíguos. Uma testa franzida talvez seja sinal de crítica – ou a pessoa está incomodada com alguma coisa na própria vida, e a reação não tem nada a ver com você.

A questão é que trata-se de um risco. Porém, a demora em mostrar suas cartas também pode ser arriscada; infelizmente, quanto mais tempo levo para colocar minhas cartas na mesa, mais tempo você também leva. É impossível aprofundar relacionamentos sem fazer revelações.

Então quanto você deve revelar? E em que momento? Não existem respostas certas para essas perguntas, porém, pela nossa experiência, as pessoas costumam hesitar muito – elas poderiam estar compartilhando mais e bem antes do que imaginam.

A *Regra dos* 15%

De forma consciente ou não, você está sempre avaliando o que deve compartilhar em qualquer interação. Essas decisões dependem muito do contexto, da sua disposição em se arriscar e especialmente do estado da relação.

A decisão de Elena sobre *não* compartilhar as circunstâncias em que foi demitida ou sua dificuldade em engravidar fez sentido naquele contexto. Se ela mencionasse a demissão, Sanjay poderia julgá-la de forma negativa por não saber detalhes sobre a situação e não conhecê-la tão bem. Da mesma forma, ele poderia se sentir desconfortável caso ela compartilhasse seus medos sobre fertilidade, já que esse é um tema muito pessoal. No entanto, Elena seguiu por um caminho *muito* seguro ao falar sobre campings e a declaração do presidente da empresa – não há muitas revelações pessoais nesses assuntos. Sim, ela sondou o terreno ao mencionar a briga com o colega de trabalho, mas não insistiu no assunto. A conversa no almoço, apesar de amigável, talvez não tenha colaborado muito para desenvolver o tipo de relação que ela almejava. É importante agir com cautela, porém a maioria das pessoas, assim como Elena, acaba hesitando em excesso, estagnando a relação.

Como lidar com esse dilema? Nós oferecemos uma sugestão para os alunos: "Tente a Regra dos 15%." Imagine três círculos concêntricos que representam a diminuição da segurança conforme você se afasta do centro. O menor círculo, no meio, é a *zona de conforto*. Ele engloba aquilo que você diz ou faz sem pensar duas vezes e com que se sente completamente seguro. O círculo maior é a *zona de perigo* – as coisas que você nem sequer cogitaria fazer ou dizer, porque provavelmente causariam um resultado negativo. O círculo entre o "conforto" e o "perigo" se chama *zona de aprendizado*, e é nele que você não sabe como o outro vai reagir. Essa costuma ser a zona em que as pessoas aprendem. Para amenizar a preocupação dos alunos sobre se aventurar pelo "aprendizado" e correr o risco de ir parar no "perigo", sugerimos sondar a situação adentrando a zona de aprendizado em 15%, como mostramos na imagem a seguir. É muito provável que essa abordagem não tenha consequências negativas desastrosas, e, se a interação for bem-sucedida, pode ajudar você a se expor mais. Após obter sucesso, cogite avançar mais 15%.

A Regra dos 15% não é definitiva; ela serve apenas para ajudar na reflexão sobre possíveis escolhas. Imagine que você esteja conversando com um amigo e comece a se perguntar qual a opinião dele sobre você. Existe a opção de permanecer na zona de conforto, dizendo algo relativamente seguro, como "Às vezes fico preocupado com o que outras pessoas pensam de mim". Seria um pouco mais arriscado, e 15% fora da zona de conforto, dizer: "Na semana passada, fiz um comentário sobre nosso amigo Michael, e estou preocupado com o que você ficou pensando de mim."

Para aprender, é essencial sair da zona de conforto. Por exemplo, quando aprendemos a esquiar, começamos em uma pista de iniciantes e só depois passamos para as difíceis. Se você não passar para uma pista mais desafiadora (15%) depois de dominar a inicial, nunca vai se tornar um esquiador mais habilidoso. No topo da nova pista, você pode se sentir assustado ou animado – quem sabe as duas coisas ao mesmo tempo. Porém, depois de passar tempo suficiente nela, verá que sua zona de conforto se expandiu e que chegou o momento de seguir para a próxima pista desafiadora (mais 15%), e assim por diante. É claro que, se você continuasse para sempre na pista de iniciantes, jamais sentiria medo. Mas isso não melhoraria suas habilidades. O mesmo processo de ir se arriscando aos poucos é fundamental para a construção de relacionamentos e serve como base para nos tornarmos cada vez mais abertos.

Então o que significaria 15% para Elena? Ela não precisava revelar que fora demitida do último emprego (isso talvez fosse um exemplo de entrada na zona de perigo), mas poderia falar sobre as coisas de que não gostava na empresa anterior. Em vez de apenas descrever o comportamento irritante do colega naquela manhã, ela poderia ter perguntado a Sanjay como ele lidaria com a situação. Ou, se quisesse se arriscar ainda mais, poderia compartilhar que às vezes sente medo de ser inflexível demais. Essas revelações provavelmente não causariam consequências desastrosas e talvez fizessem o relacionamento evoluir para além de conversas sobre campings.

Precisamos fazer algumas advertências sobre a Regra dos 15%. A primeira é que ela é subjetiva: 15% pode parecer um risco baixo para você e algo muito arriscado para outra pessoa. Falar sobre fazer terapia pode fazer parte da sua zona de 15% se você tiver 35 anos e morar em Nova York, mas estará bem longe dela se você tiver 55 e morar no interior da Inglaterra. A segunda é que precisamos levar em consideração o impacto dos nossos comentários sobre a outra pessoa. Por exemplo, você não daria detalhes de uma briga que teve com a sua mãe para uma pessoa que acabou de perder a dela. E a terceira é que devemos avaliar se a informação é adequada à situação. Algo que faria sentido em uma conversa particular no trabalho talvez não caiba em um jantar cheio de convidados.

E as emoções?

Quando compartilhamos fatos, começamos a criar uma imagem mais ampla de quem somos, porém há limitações. Compartilhar sentimentos causa mais impacto. A diferença crucial está entre as cognições (pensamentos), que indicam *o que é*, e as emoções (sentimentos), que indicam *quão importante é*. (Apesar de "sentimentos" e "emoções" não serem exatamente a mesma coisa, vamos usá-los como sinônimos neste livro, para facilitar.) Duas pessoas que passam pela mesma experiência podem ter reações emocionais muito diferentes. Ambas podem ter sido demitidas, mas isso deixou uma delas arrasada, enquanto a outra se sentiu desafiada.

A outra vantagem das emoções é que elas agregam significado a fatos. Elena poderia achar que canoagem é empolgante ou assustador. A atividade poderia passar uma sensação de fortalecimento, porque era ela quem iniciava a aventura, ou de enfraquecimento, porque seus amigos a coagiam a participar. O evento apresenta informações completamente diferentes dependendo das emoções associadas a ele.

Emoções também indicam a intensidade de uma experiência. Quando reagimos ao comportamento de outra pessoa, podemos nos sentir *entediados*, *incomodados*, *chateados*, *irritados* ou *furiosos*. Esses graus diferentes são fundamentais na interação humana, mostram muito sobre a pessoa que você é. Emoções deixam tudo colorido, atraindo os outros na nossa direção de um jeito que a apatia e a racionalidade não fazem.

Pense nas emoções como música. Uma ópera é intensa pela variedade de tons, desde os barítonos aos sopranos. Assim como uma partitura maravilhosa requer sons tanto graves quanto agudos, nós devemos expressar pensamentos/ cognições *e* sentimentos/ emoções para nos comunicarmos bem.

Como teria sido a interação entre Sanjay e Elena se ela tivesse exposto suas emoções além de seus pensamentos? Ao longo do almoço, Elena teve cerca de 12 sentimentos diferentes, variando entre moderados a intensos, porém não expressou nenhum deles.

PENSAMENTOS/COGNIÇÃO	EMOÇÕES DE ELENA
Elena compartilha suas impressões sobre a empresa	Conexão com Sanjay; tranquilidade por ele sentir a mesma coisa que ela
Elena não conta que foi demitida	Preocupação/apreensão sobre como Sanjay poderia julgá-la
A dificuldade que Elena tem de engravidar	Tristeza por não ter filhos; inveja de Sanjay por ter filhos; medo de compartilhar tudo isso e entrar em um assunto pessoal demais
A discussão de Elena com o colega	Preocupação sobre como Sanjay poderia interpretá-la; alívio mediante a resposta dele; proximidade de Sanjay por causa disso
A conversa sobre a declaração do presidente	Alívio por ela não ser mais o foco da conversa
Sanjay diz que gostou do almoço	Felicidade por Sanjay também ter gostado do almoço; anseio pelo próximo encontro

Isso *não* quer dizer que Elena deveria ter compartilhado cada uma dessas emoções. A Regra dos 15% também se aplica a sentimentos. Provavelmente seria exagero, por exemplo, se ela expressasse tristeza, inveja e medo por sua dificuldade em engravidar. Mas havia várias outras opções disponíveis[4] e formas de se abrir para se aproximar de Sanjay. O que teria acontecido se ela tivesse expressado alguns dos seus sentimentos?

Após Elena contar a Sanjay sobre a briga da manhã e ele revelar que teve experiências parecidas, ela se sentiu mais calma. Vamos voltar para a conversa dos dois e imaginar que Elena expressou seus sentimentos, dizendo para Sanjay:

– Estou me sentindo mais *tranquila* com a nossa conversa. Achei que só eu me sentia assim. *Obrigada* por ser sincero, isso me deixa mais *calma*.

Sanjay sorriu para ela e disse:

– Que ótimo! É bom ouvir isso.

Elena também pensou em como aquela empresa era muito melhor do que a sua antiga, mas contar que foi demitida estava além dos 15% da sua zona de conforto. Para verbalizar suas emoções, ela poderia ter dito: "Tirando as coisas que nos incomodam, estou *gostando* muito de trabalhar aqui. O ambiente é muito diferente do lugar onde eu trabalhava antes. Lá era bem tóxico, e às vezes eu ficava com medo de opinar sobre as coisas. Acabou não dando muito certo."

Ao dizer isso, Elena teria saído da sua zona de conforto. A conversa agora poderia se desdobrar de várias maneiras:

a. Sanjay diz "Que droga", e muda de assunto. Elena precisa decidir se quer insistir ou desistir da conversa.
b. Sanjay pergunta: "Como era lá?" Elena responde: "Era horrível, e ainda bem que saí." Agora ela pode avaliar a resposta dele e parar por aí ou fazer outras revelações.
c. Sanjay responde expressando um sentimento, um pouco mais íntimo, porém ainda dentro da sua zona de conforto. "Parece ter sido muito difícil; sinto muito por você ter passado por isso." Agora Elena tem várias opções. Ela pode respirar fundo, aumentar o risco em 15% e revelar o que aconteceu no passado. Ou pode decidir que isso é suficiente e dizer: "Prefiro não dar detalhes agora, mas muito obrigada pela sua empatia."

Outro exemplo seria quando Sanjay falou sobre a viagem para acampar e Elena sentiu uma pontada de inveja. Ela poderia ter dito: "Parece ter sido muito divertido, e tenho que admitir que *te invejo* um pouco. Eu e meu marido, Eric, estamos tentando engravidar, e mal posso esperar por esses programas em família." Essa versão, assim como a anterior, teria vários desdobramentos possíveis, dependendo em parte da reação de Sanjay e em parte de quanto Elena desejasse se arriscar.

Sanjay talvez ficasse quieto por um instante ou mudasse de assunto. Novamente, Elena tem opções: Ela pode desistir ou continuar. No entanto, se Sanjay respondesse algo como "É, meu filho é divertido demais", Elena poderia compartilhar seus sonhos e expectativas. Vamos dizer que ele tenha saído da própria zona de conforto com algum comentário pessoal, tipo: "Ele é divertido e dá mais trabalho do que eu e minha esposa imaginávamos. Espero estar sendo um bom pai." Então Elena poderia fazer ainda mais revelações, comentando sobre as suas frustrações e as do marido, talvez contando que estavam cogitando se consultar com um especialista em fertilidade. Com o tempo, os dois alcançariam o nível de intimidade em que ela se sentiria confortável para revelar como esse assunto era pesado e difícil, porque sentia que as mulheres no ambiente de trabalho às vezes eram classificadas como "mamães/menos ambiciosas" quando tinham filhos ou pretendiam tê-los. A reação de Sanjay certamente afetaria o quanto ela estaria disposta a revelar. As duas antenas de Elena, sintonizadas nas reações de Sanjay e nas próprias, poderiam orientar suas escolhas.

Por que as emoções têm má reputação

Se as emoções são tão valiosas, por que as subestimamos? Em muitas culturas, a lógica e a racionalidade são soberanas.[5] Isso vale para a maioria dos sistemas de educação; é difícil gabaritar uma prova de matemática baseado em um critério como "Me sinto melhor escolhendo a resposta 23". Da mesma forma, em muitos ambientes de trabalho, a chefia ordena que os funcionários "não misturem sentimentos e trabalho" – apesar de viverem se referindo às próprias emoções ("Estou *irritado* porque o relatório atrasou"; "Estou *empolgado* com o novo contrato"; "Estou com *medo* de perdermos o cliente").

Nós também tendemos a estigmatizar "ser emotivo" e somos aconselhados a "não deixar que as emoções transpareçam". Os homens, em especial, aprendem desde cedo que não devem expressar sentimentos, enquanto mulheres que trabalham em ambientes predominantemente masculinos costumam se sentir inseguras sobre as emoções que podem transmitir, por medo de serem vistas como sensíveis demais, frágeis ou "dramáticas". Felizmente, as regras estão mudando. O trabalho pioneiro de Daniel Goleman sobre inteligência emocional teve bastante influência sobre isso, mostrando que compreender as próprias emoções e saber expressá-las de forma adequada são características fundamentais para o sucesso de líderes.[6] No passado, muitos homens achavam que expor suas emoções era errado, porém isso é mais aceitável hoje em dia – até desejável. Mesmo assim, muitos desses estereótipos persistem.

Emoções parecem contraditórias em alguns momentos, e isso também colabora com nossa hesitação em compartilhá-las. Você pode se sentir *empolgado* com uma conversa e um pouco *nervoso* sobre os rumos que ela pode tomar. Pode se sentir *magoado* com o feedback que recebeu de alguém, mas também *grato* pela pessoa ter corrido o risco de tocar em um assunto complicado. Nessas situações, talvez você fique quieto enquanto tenta compreender qual emoção o define melhor.

Por exemplo, imagine que é sexta-feira, você teve uma semana estressante e não aguenta mais. Tudo que quer é se jogar no sofá com um bom livro. Seu par recebe você na porta de casa e anuncia que fez planos divertidos para jantarem em um restaurante especial e depois saírem para dançar. Normalmente, a ideia pareceria ótima, mas, no momento, é a sua definição de tortura. No entanto, você fica feliz por seu par tentar melhorar seu astral.

O que fazer? Você pode respirar fundo e seguir o plano – talvez acabe se divertindo, porém é mais provável que termine a noite se sentindo frustrado e ainda mais cansado. Pode recusar, mas isso poderia fazer seu par se sentir rejeitado – e você se sentir culpado por estragar a noite. Nenhuma das duas opções é a ideal. Porém, existe uma alternativa: nós a chamamos de o dilema de Hamlet, "compartilhar ou não compartilhar". Em vez de achar que a solução do problema é seguir ou não os planos, que tal *explicar o dilema*? "Meu bem, obrigado por ter pensado em um jeito de me animar. Entendo que você se preocupou por eu ter tido uma semana difícil. O problema é que estou cansado, e não quero ter que ir só porque você fez planos. Será que a gente pode pensar em alguma coisa que funcione para nós dois?" Isso abre um leque de possibilidades que pode suprir as necessidades de ambos.

Elena também poderia ter compartilhado seu dilema. Em vez de fugir completamente da conversa sobre o emprego anterior, ela poderia ter dito: "Eu não lidei muito bem com a situação. Fico com medo de você me julgar se eu falar a respeito e isssso acabar prejudicando nossa amizade." Compartilhar os dois lados do dilema faz com que os problemas sejam expostos de um jeito mais compreensível. A outra pessoa passa a entender aquilo que você valoriza e quais são seus bloqueios. Sim, a revelação aumenta sua vulnerabilidade, mas esse é o preço a pagar por uma chance de aprofundar a conexão.

Queremos fazer mais uma observação importante sobre como expressar sentimentos, e ela se refere à linguagem que usamos. Nós dois somos obcecados pela maneira como a palavra "sentir" é aplicada, porque ela pode seguir dois caminhos – um é útil, e o outro, evasivo. Podemos utilizá-la para expressar uma emoção, como em "Eu me sinto *incomodado* com seu comentário", ou para expressar um pensamento/cognição, como em "Sinto que você quer dominar a conversa". Como damos tanto valor às emoções em relações interpessoais, acabamos enlouquecendo nossos parentes e amigos ao lembrá-los o tempo todo de usar o verbo "sentir" apenas para expressar emoções.

Você tem duas maneiras de saber se está usando "sentir" para expressar uma emoção de verdade. A primeira é prestar atenção na palavra que vem logo depois de "sinto". Se não for um adjetivo que descreve emoção (como "triste" ou "irritado"), questione a frase. Se a palavra for "como" ou "que", é pouco provável que você esteja descrevendo um sentimento seu. É gramaticalmente impossível (pelo menos em português) expressar uma emoção ao dizer "Sinto que" ou "Sinto como". Nós não dizemos "Sinto que irritado". Ou "Sinto como triste". Você também pode tentar uma troca simples. Se for possível substituir "sinto" ou "sinto que" por "acho/parece" e a frase continuar fazendo sentido, então você não transmitiu um sentimento. Por exemplo, "Sinto que você quer dominar a conversa" e "Acho/Parece que você quer dominar a conversa" significam a mesma coisa – porque ambas as frases tratam de percepções, não de sentimentos.

Talvez pareça um preciosismo, mas acredite em nós, porque é importante. Pense na diferença entre "Eu me sinto irritado e menosprezado" e "Sinto que você não se importa". A mudança na linguagem talvez seja sutil, mas o impacto é profundo. "Sinto que você não se importa com a minha opinião" não contém palavras que indicam emoção, apesar de provavelmente carregar sentimentos fortes nas entrelinhas. (Observe que você poderia remover o "sinto que" sem mudar a frase.) "Eu me sinto irritado e menosprezado" é uma declaração sobre mim, enquanto "Sinto que você não se importa" é uma acusação que pode deixar a outra pessoa na defensiva.

Uma infinidade de opções

Um conceito que entremeia este livro é que existem muitas opções sobre como reagir em qualquer situação. Talvez você se sinta limitado pela impressão que deseja passar, mas continua tendo uma opção. Você pode ser influenciado pela resposta da outra pessoa – porém isso também é uma escolha. Apesar de Elena ser *afetada* pelas reações de Sanjay, seu comportamento não precisa ser *determinado* por elas. As reações de Sanjay ao longo da conversa facilitam e dificultam a decisão de Elena sobre se abrir mais ou menos – porém, no fim das contas, é ela quem decide.

Cientistas sociais chamam a crença em nossa capacidade de interagir com o mundo de "capacidade de agência".[7] Com frequência, as pessoas acreditam que reagem de determinada forma porque não tiveram opção. Ao longo deste livro, você encontrará uma série de abordagens que descrevem nossa capacidade de agência e como podemos causar mais impacto do que achamos ser possível. Essa é uma mentalidade importante, porque a criação de relacionamentos mais íntimos, profundos e excepcionais demanda escolhas mais difíceis.

Ao enfatizarmos escolhas, influência e capacidade de agência, não queremos dizer que você é capaz de construir um relacionamento excepcional por conta própria. Relações são vias de mão dupla. Mesmo assim, é preciso tomar atitudes que ajudem o outro a se juntar à sua jornada. Ter opções também não anula o impacto de fatores externos. Elena e Sanjay, por exemplo, são afetados pelas normas culturais típicas do mundo dos negócios, que desencorajam amizades "íntimas demais" no ambiente de trabalho, especialmente se existe a possibilidade de um interesse romântico. Dito isso, fatores externos também podem nos *incentivar* a sair da zona de conforto, como aconteceu com Elena alguns meses depois.

Elena e Sanjay, parte 2

Sanjay e Elena continuaram almoçando juntos, geralmente toda quinta-feira, e se conheceram melhor. Certa vez, Elena estava mais ansiosa que o normal pelo encontro, porque passara por uma situação complicada com o chefe. Ela perguntou se Sanjay poderia dar sua opinião, e ele disse que adoraria.

– Não sei se você conhece o Rick muito bem – começou ela – ou se já trabalhou com ele.

– Mal o conheço. Por quê? O que houve?

– Ele me pede para fazer umas análises, mas demonstra irritação quando sugiro uma abordagem de que não gosta. Um tempo atrás, ele me pediu para pesquisar se devíamos investir nosso orçamento para a feira profissional em eventos locais, regionais ou nacionais. Passei um tempão pesquisando, até conversei com todos os investidores. Ontem, apresentei minha recomendação na reunião de equipe, e ele imediatamente dispensou a ideia, dizendo que não era isso que queria. Então me agradeceu de um jeito meio grosso e ignorou minha análise. Esse é só um exemplo, mas ele já fez isso várias vezes nos últimos meses.

– Que frustrante. Você não acha melhor conversar com ele e dizer que isso está se tornando um problema que deveria ser resolvido agora, antes de piorar?

Elena hesitou.

– É, talvez... mas acho melhor não.

– Por que não?

– Só acho que não acabaria bem.

Sanjay, querendo entender a resistência de Elena, perguntou:

– Como você sabe? O que está fazendo você hesitar?

– Não sei se o Rick estaria muito aberto a críticas, e ele pode ficar chateado.

Sanjay, sendo o cara intuitivo de que Elena tanto gostava, disse:

– Parece que tem mais coisa aí.

É claro que Sanjay tinha razão. Elena estava prestes a se abrir, e ficou nervosa. Ela temia que Sanjay mudasse de opinião sobre ela se soubesse o que acontecera em seu último emprego. Mas ela entendeu que, para ter o relacionamento que realmente desejava, precisaria se arriscar e se tornar ainda mais vulnerável.

Sanjay notou que Elena estava nervosa. Paciente, ele esperou que ela continuasse.

Elena respirou fundo e finalmente disse:

– Sinto que contar isto é um risco enorme. Eu já falei que a cultura da minha empresa antiga era muito tóxica, mas não contei sobre os problemas que tive com meu chefe. Eu nunca conseguia agradá-lo e, quando tentei falar sobre isso, não deu certo. A conversa começou muito educada, mas ele começou a inventar uma desculpa atrás da outra, e fui ficando nervosa. Eu queria resolver o problema, e ele ficou se fazendo de bobo. Perdi a cabeça e comecei a gritar. Quase nunca me exalto, mas fiquei indignada demais. Então fui demitida.

Sanjay concordou com a cabeça, solidário.

– Parece ter sido muito difícil.

Um pouco mais tranquila, Elena prosseguiu:

– Acho que continuo traumatizada com esse incidente. Como eu disse, não costumo perder a calma, mas acho que hesito em falar com o Rick por medo de algo assim acontecer.

Sanjay se inclinou para a frente e disse baixinho:

– Mas isso aconteceu com o chefe daquela empresa, agora você tem outro chefe.

Elena concordou com a cabeça, pensativa.

– Eu estava com medo de contar isso para você. Achei que pudesse me julgar emotiva demais, ou incompetente. E fiquei com medo de abalar nossa amizade. Eu me sinto péssima por esse passado. É muito difícil falar sobre isso. E não quero que você fique desconfortável.

– Nossa, Elena, eu nem imaginava que isso estava passando pela sua cabeça, e sinto muito por você não ter desabafado antes. Não acho que você seja emotiva demais, com certeza não foi essa a impressão que eu tive na força-tarefa. Na verdade, admiro sua coragem por me contar. Deve ter sido difícil tirar isso do peito.

Elena respirou fundo de alívio.

– Você não faz ideia de como sua resposta me deixa feliz, Sanjay. Não quero ser classificada como a mulher sensível. Meu chefe anterior me acusou de ser assim, mas acho que tive razão em me irritar.

Sanjay assentiu, enfático.

– Acho que essa experiência está afetando você demais. Tome cuidado com isso quando conversar com o Rick. No geral, nós podemos ser muito diretos com os gerentes daqui. – Após fazer uma pausa, Sanjay continuou: – Agora me dei conta de que também deixei de contar coisas para você porque fiquei preocupado com a sua reação.

– Sério? Você também se preocupa com isso?

– Sim, claro. Eu valorizo muito a nossa amizade. Não tenho tantos amigos na empresa, especialmente mulheres. Sou feliz no meu casamento, e você sabe quanto eu amo a Priya, mas a gente nem sempre fala sobre o meu trabalho, porque nem tudo ela vai entender, sabe? Só porque eu gosto de conversar com você não quer dizer que estou atrás de algo inapropriado. Mas fico nervoso com o que os outros podem pensar, ou até com o que você acha. Agora sou eu que estou me sentindo vulnerável! É estranho falar isso tudo – disse ele com um sorriso nervoso.

– Eu entendo exatamente o que você quer dizer – respondeu Elena. – Também me sinto nervosa pela nossa amizade. Que bom que podemos conversar sobre essas coisas.

A questão da vulnerabilidade

Ao longo dos almoços anteriores, Elena tinha aos poucos começado a se abrir mais. No dia em que contou a Sanjay sobre a demissão, ela não deu apenas um passo fora da zona de conforto, mas vários. Talvez tenha sido porque passou a confiar mais nele, ou porque realmente precisava conversar com alguém sobre Rick, ou porque percebeu que, se quisesse mesmo uma aproximação, aquele era o momento ideal. Independentemente do motivo, Elena tinha opções. E ela escolheu ser vulnerável.

Veja bem, existe vulnerabilidade e *vulnerabilidade*. No começo da nossa experiência com os grupos T, fomos pegos de surpresa pelo fato de que algumas revelações têm um impacto maior do que outras, e ficamos sem entender por quê. Então David recebeu um feedback que deu pistas sobre o motivo. No começo de sua vida profissional, ele entendeu o poder de ser mais aberto e achava relativamente fácil revelar informações pessoais. Então, certo dia, um amigo lhe disse: "Você tem facilidade para contar coisas sobre si mesmo, mas quase nunca se mostra vulnerável." No começo, David se sentiu magoado e incompreendido. Então juntou os pontos com o comportamento que observava nos alunos.

Os momentos mais arriscados e em que nos sentimos mais vulneráveis são aqueles em que temos muita incerteza sobre o impacto da nossa revelação. Se você repetir a mesma história (mesmo que seja extremamente pessoal) várias vezes, em ambientes semelhantes, e tiver uma boa noção de como as pessoas irão reagir, mesmo que seja de forma negativa, se sentirá menos exposto do que se compartilhar algo que nunca contou para ninguém. David sabia que os alunos se sentiam mais vulneráveis quando não sabiam se seriam aceitos ou rejeitados, elogiados ou alvo de pena. Esse tipo de vulnerabilidade aproxima as pessoas.

É isso que torna uma revelação verdadeiramente vulnerável. E David só conseguiu ganhar a confiança dos outros quando compreendeu essa diferença e passou a se arriscar mais enquanto conhecia as pessoas.

Por exemplo, certa vez, ele deu uma aula sobre revelações pessoais em um curso para executivos em Stanford, e alguns professores da universidade estavam presentes. Como queria colocar em prática aquilo que ensinava, ele engoliu em seco duas vezes e contou que, anos antes, tinha sido rejeitado para ser professor titular. Apesar de David já ter compartilhado esse fato antes, seu comentário o tornava especialmente vulnerável naquela situação devido à presença de professores titulares entre os participantes, e ele ficou com medo de perder credibilidade. Então deu um passo além e revelou que se sentia preocupado e inseguro sobre compartilhar essa informação. Carole se lembra de pensar em quanto ele estava sendo corajoso, e muitos participantes comentaram que aquele foi um exemplo muito nítido do poder das revelações no desenvolvimento de conexões. (Na verdade, ainda seguindo nessa linha, David estava com medo de compartilhar essa informação em um livro, para um monte de gente. Isso, sim, amigos, é estar em posição de vulnerabilidade!)

Uma preocupação em comum que as pessoas têm sobre revelações – ainda mais quando se trata de expor coisas que podem parecer defeitos – é que os outros passem a encará-las como fracas. Nós temos outra perspectiva. É preciso bravura e força interior para se revelar. Foi isso que Sanjay quis transmitir ao falar para Elena: "Admiro sua coragem por me contar. Deve ter sido difícil tirar isso do peito."

Os líderes, em especial, costumam sentir medo de revelar fatos pessoais que desafiem a percepção de que estão no controle de tudo – e se as pessoas passarem a desrespeitá-los? Caso a revelação faça com que a competência da pessoa seja questionada, então ela *pode* causar perda de influência e respeito; porém, em todos os outros casos, compartilhar informações faz com que o líder seja visto como mais humano.[8] Voltaremos a esse tema com mais detalhes no próximo capítulo, mas um líder que se recusa a se mostrar vulnerável cria um precedente para que ninguém na empresa faça isso. A única forma de incentivar os funcionários a serem mais abertos é sendo mais aberto também.

Certa vez, David ministrou um retiro para a equipe executiva de uma das maiores empresas do mundo. Enquanto comiam a sobremesa no jantar da primeira noite, a conversa se voltou para a pressão que os participantes sofriam. Algumas eram relacionadas a trabalho, enquanto outras eram pessoais. Todo mundo sabia que a esposa de Frank estava doente, mas desconhecia detalhes. Com hesitação, ele compartilhou como a situação era sofrida, e começou a chorar. Ele logo pediu desculpas enquanto tentava se acalmar. "Não, não, está tudo bem!", exclamaram os colegas. Então contaram sobre como ficaram emocionados com aquela revelação e como estavam impressionados pela maneira como ele lidava com a situação da esposa.

Em seu trabalho com presidentes/fundadores no Vale do Silício, Carole constantemente escuta quanto eles desejam esse tipo de autenticidade, como sentem medo de se expor e como a crença de que serão vistos como fracos se demonstrarem qualquer tipo de emoção está profundamente enraizada em sua mente. Mesmo assim, quando param de vender uma imagem falsa e descobrem que, ao se arriscarem, passam a ser vistos como mais fortes e mais (não menos) dignos de confiança, eles se tranquilizam.

O preço do silêncio

Nem os comentários inofensivos ou bobos são livres de riscos. Na ausência de fatos, as pessoas inventam coisas. Ao interagir com os outros, todo mundo chega a conclusões. Quanto menos revelamos, mais os outros preenchem os espaços em branco para darem sentido àquilo que veem. Quando somos reservados demais, acabamos perdendo o controle de como somos vistos.

Um tipo diferente de silêncio ocorre quando só compartilhamos uma única imagem de nós mesmos – nesses casos, a outra pessoa não consegue enxergar nem saber quem somos de verdade, inclusive as partes mais interessantes. Mesmo que tenhamos sucesso ao vender essa imagem, a vitória é vazia. Ela apenas confirma que a versão real de mim é indesejável.[9] Mais do que isso, como disse o famoso escritor francês François de La Rochefoucauld, "Estamos tão acostumados a nos disfarçarmos para os outros que, no fim das contas, acabamos nos disfarçando para nós mesmos".

Da mesma forma, quando passamos a ser vistos de determinada maneira, frequentemente nos sentimos obrigados a manter um comportamento consistente, nos tornando cada vez menos conhecidos de verdade. O preço é o aumento do isolamento e aquilo que chamamos de "Restrição Lenta dos Segredos". Partes importantes de nós costumam ser atreladas a outros aspectos de quem somos. Esconder uma delas pode nos levar a esconder várias outras, resultando no empobrecimento constante daquilo que mostramos e, no fim, dos relacionamentos.

Esse conceito foi dramaticamente ilustrado por um amigo que é gay e falou sobre sua vida antes de se assumir. "Havia grandes partes de mim que eu precisava manter em segredo", nos explicou ele. "Ser gay era uma delas, claro, mas também havia assuntos que podiam estar relacionados, por mais bobos que fossem. Eu não podia contar quando me envolvia com outra pessoa. Não podia colocar fotos do meu parceiro na minha mesa. Eu precisava tomar muito cuidado quando falava sobre as coisas que tinha feito nas últimas férias, porque podia me distrair e dizer 'nós' ou, pior ainda, 'ele'. Eu fugia de compromissos sociais com colegas de trabalho. Evitava conversar sobre assuntos políticos que pudessem levar a temas como casamento gay, então muitos papos eram superficiais. E, pior de tudo, eu me obrigava a ficar quieto sempre que alguém fazia um comentário homofóbico. Conforme o tempo foi passando, as pessoas passaram a conhecer uma versão cada vez menos fiel de quem eu sou."

Restrições como essa podem ser vistas em todos os cantos. A Universidade Stanford tenta atrair alunos de realidades socioeconômicas muito distintas, então de um lado temos os universitários com famílias abastadas que fazem viagens para Napa Valley para degustar vinhos e se sentem confortáveis ao contar sobre os países que visitaram; e de outro temos os bolsistas que costumam não compartilhar seu passado, se endividam para participar de viagens para esquiar e ficam em silêncio durante conversas sobre aventuras pelo mundo. Alunos devotos de alguma religião tendem a se sentir desconfortáveis em revelar suas crenças, por medo de serem julgados.

É só quando chegam ao grupo do Dinâmicas Interpessoais que esses alunos ganham confiança suficiente para compartilhar seus valores, passados, medos, esperanças e sonhos. Com frequência, é nesse momento que reconhecem o preço que pagaram por não contarem mais sobre sua realidade. Sempre que observamos esse despertar, insistimos na importância de construir relacionamentos excepcionais – porque, apesar de nem todo mundo poder participar de um grupo T, todos somos capazes de aprender a criar um espaço seguro para revelarmos nossas verdades e nos tornarmos mais conhecidos.

Por que mais pode ser melhor do que menos

O que é mais importante, se sentir seguro ou se expor? Talvez seja fácil pensar: "Até eu saber que posso confiar em tal pessoa e que serei aceito, não vou me arriscar a revelar as coisas. Primeiro, preciso saber como o outro vai reagir." Nós argumentamos que a direção precisa ser revertida – que a segurança se desenvolve quando fazemos uma revelação 15% mais desconfortável. Se toda pessoa esperasse a outra para correr um risco, faríamos pouquíssimos progressos.

Para tornar tudo mais desafiador, nem sempre uma revelação tem o efeito desejado. Isso aconteceu com Elena quando ela deu a entender que algo tinha acontecido, dizendo "Ah, os mesmos probleminhas de sempre".

Sanjay não captou a deixa, e Elena não insistiu. As pessoas têm o hábito de sondar o terreno com uma revelação pequena e parar quando não recebem resposta. Talvez você precise correr um risco levemente maior para fazer a outra pessoa reagir. Isso aconteceu quando Elena decidiu compartilhar o motivo da sua demissão e seu medo de que a situação se repetisse. Ela saiu 15% da sua zona de conforto. E se Sanjay tivesse respondido "É pouco provável que isso aconteça aqui, e talvez você deva desapegar do passado"? Novamente, Elena teria opções. Ela poderia deixar o comentário dele para lá e mudar de assunto ou correr outro risco e contar mais sobre os problemas que tinha tido com o chefe.

É claro que seria ruim se Sanjay tivesse dado uma resposta negativa, porém isso não seria o fim do mundo para Elena. As pessoas quase nunca são tão frágeis assim. E correr um risco quando você não consegue prever o resultado é fundamental para a criação de relacionamentos pessoais íntimos. Nessa jornada, é preciso confiar no processo, acreditando que, no fim das contas, *ao se abrir primeiro*, é mais fácil construir confiança, ganhar aceitação e alcançar o relacionamento que você mais deseja. Isso é ter "capacidade de agência".

Para aprofundar o conhecimento

AUTORREFLEXÃO

1. <u>Coloque-se no lugar de Elena.</u> *Você ainda se sente traumatizada por ter sido demitida do emprego anterior e a última coisa que deseja é que a experiência se repita. Parte do problema é que não conhece a cultura da empresa. Você gosta de Sanjay e trabalhou bem com ele na força-tarefa. Será que ele é uma pessoa com quem você pode se abrir e aprender a ter sucesso na empresa? Você quer ter um relacionamento em que compartilha coisas importantes, mas e se for julgada de forma negativa?*

    - Como você acha que pode ajudar a outra pessoa a lhe conhecer melhor? Pense nas várias opções que Elena teve neste capítulo. O que você teria dito? O que isso indica sobre a sua facilidade (ou dificuldade) em se abrir em situações profissionais como essa?

2. Abrir-se: Em um sentido mais amplo, você tem facilidade em contar para os outros sobre coisas que acredita serem importantes? O que acha mais difícil compartilhar? Do que sente medo quando pensa em compartilhar essas coisas?

3. Relacionamento importante: Pense em uma das pessoas importantes listadas no capítulo anterior. Há informações pessoais *relevantes para o relacionamento* que você não compartilhou por completo? Do que sente medo quando pensa em compartilhar isso?

4. Expor emoções: Você tem facilidade/dificuldade em expor suas emoções? Consulte o Vocabulário de Sentimentos no Anexo A (p. 275). Você tem mais dificuldade em expressar alguns desses sentimentos do que outros?

PRÁTICA

No item 3, você identificou algumas questões relevantes para um relacionamento específico. O que poderia compartilhar que esteja 15% fora da sua zona de conforto?

Observe que revelações potenciais possuem duas partes. A primeira é o conteúdo e a segunda engloba seus sentimentos e preocupações em compartilhar o conteúdo. Elena transmitiu as duas partes. Quanto você revelou na sua conversa?

Na próxima vez que conversar com amigos e conhecidos, tente baixar a guarda e revelar coisas fora da sua zona de conforto que talvez não tenha mencionado antes. Podem ser fatos, opiniões ou sentimentos.

COMPREENSÃO

O que você aprendeu ao se expor à pessoa escolhida? Na autorreflexão, perguntamos que medos uma possível revelação poderia causar. Você sentiu alguma diferença em relação a eles? O que você aprendeu sobre si mesmo durante a atividade, e que impacto isso teve no relacionamento?

Como foi interagir com os outros de forma mais pessoal? Como você se sentiu? A natureza dessas interações foi afetada?

Como você vai aplicar o que aprendeu em interações futuras? (Seja específico sobre *o quê* você pode fazer com pessoas diferentes.)

4

COMO AJUDAR AS PESSOAS A SE ABRIREM MAIS

Ben e Liam: Amigos, partes 1 e 2

É impossível desenvolver um relacionamento excepcional sozinho. Também é impossível se tornar próximo de uma pessoa que só fala de amenidades. Por mais que você saia 15% da sua zona de conforto, como Elena fez, não pode forçar o outro a fazer a mesma coisa. Dizer "Ei, eu contei meu segredo, então você tem que contar um seu também!" podia funcionar em brincadeiras de verdade ou consequência na infância, porém não é bem assim que criamos relacionamentos excepcionais.

Este capítulo não é sobre coerção ou manipulação, mas sim sobre o processo – que pode ser muito lento – de incentivar alguém a se abrir. Apesar de você não ter o controle sobre aquilo que uma pessoa pode revelar, é possível facilitar o processo. Isso exige saber quando contar mais sobre si mesmo, quando dar espaço para o outro e quando fazer as perguntas certas. Também é necessário oferecer apoio para a pessoa conquistar aquilo que *ela* quer, não o que você quer para ela. Ben teve dificuldade em trilhar esse caminho com seu amigo Liam.

Ben e Liam, parte 1

Ben e Liam, ambos formados pela Universidade de Michigan, se conheceram em um evento para ex-alunos em Chicago, pouco depois de Ben se mudar para a cidade. Os dois eram solteiros e estavam na casa dos 30 anos, e passaram o ano seguinte se encontrando bastante. Eles compartilhavam a paixão por ciclismo, pelo time de beisebol White Sox e pela descoberta de bons resorts de esqui perto da cidade. Os dois conversavam muito sobre esportes e trabalho, apesar de terem empregos em áreas muito diferentes. Ben era gerente de um Walmart, e Liam trabalhava na contabilidade de uma grande construtora.

Ben valorizava a amizade com Liam, e, quanto mais os dois se encontravam, mais ele queria aprofundá-la. Além dos interesses em comum, ele gostava do fato de terem estilos diferentes. Ben era animado e sempre levava em conta o panorama geral de todas as situações, enquanto Liam era mais reservado e, talvez devido a sua experiência com contabilidade, se interessava por fatos e números. Como os dois encaravam a vida sob essas duas perspectivas diferentes, suas conversas eram divertidas e interessantes. No entanto, uma das consequências do estilo de Liam era que ele tendia a não compartilhar muitas informações pessoais. Ben se perguntava como poderia incentivá-lo a se abrir mais.

Certa noite, em uma das cervejarias favoritas da dupla, Liam disse a Ben que precisava de um conselho.

– Um colega de trabalho, o Randy, tem sido um problema para mim.

– O que houve?

– A pior parte é que ele gosta de levar crédito por trabalhos que não fez.

Liam contou que os dois elaboraram juntos um projeto, mas Randy informou ao gerente que tinha feito quase tudo sozinho. Enquanto falava, ele foi ficando cada vez mais irritado.

– Que droga. Você parece incomodado mesmo.

– Pois é. Estou ficando doido com isso. Esse cara é muito falso. Não confio nem um pouco nele.

Liam explicou como aquilo o deixava nervoso, especialmente a parte de Randy conversar com o gerente pelas suas costas.

– O gerente acreditou nele?

– Acho que sim. O Randy sempre é muito convincente. E não é a primeira vez que isso acontece. Por que as pessoas são assim? Fico revoltado com essas coisas, e não sei o que fazer. Não posso tirar satisfações com ele, porque ele começaria a falar mal de mim para as pessoas e acabaria com a minha reputação no escritório. Já o vi fazer isso antes.

Ben refletiu e perguntou:

– Que tal você conversar com o gerente e explicar que os dois trabalharam juntos?

– Ficaria parecendo que estou fazendo tempestade em copo d'água.

– Você conversou com mais alguém do trabalho sobre isso?

– Aí eu estaria entrando nos joguinhos do Randy, e não quero fazer isso.

Ben ofereceu mais algumas sugestões, e Liam ficou visivelmente nervoso.

– Escute, eu já pensei em tudo isso antes. Aquela não é uma empresa normal, sabe? É uma construtora com uma cultura muito machista, e esperam que você resolva seus problemas sozinho. – Então Liam acrescentou: – Acho que essas coisas nunca acontecem com você.

– Ahn? Como assim?

– É que você parece saber lidar bem com as pessoas, sabe?

– Na verdade, eu estava aqui lembrando que já tive um colega de trabalho parecido com o Randy.

Liam relaxou.

– O que aconteceu no caso dele?

– Foi no começo da minha carreira no Walmart, e um outro gerente vivia levando crédito pelas minhas ideias.

– E o que você fez?

– Na verdade, nada. Eu não tinha a menor ideia do que fazer. Se eu reclamasse, ele negaria. Outros gerentes estavam cientes da situação, mas não se metiam. Eu não sabia se nossos chefes tinham sido informados a respeito, mas não quis fazer queixa e ser um chato. Parecia não haver escapatória. Eu não podia reclamar e não sabia o que aconteceria se continuasse quieto.

– Então o que aconteceu?

– Tive sorte. Acabei sendo promovido, e ele, não.

– Do jeito que você fala, parece que foi fácil.

– Não foi. Aquela situação me enlouquecia. Foi muito estressante, e eu me sentia péssimo, sem poder fazer nada. Eu odiava essa sensação.

– Bom, isso não vai funcionar para mim. Não tenho a sua paciência, e o Randy me enche o saco.

Ben ficou em silêncio por um minuto e então disse:

– Entendo que esteja irritado, até porque é uma situação difícil. Mas por que isso o está incomodando tanto? No meu caso, aquilo podia me impedir de ser promovido, mas seu projeto não parecia tão importante quando você me falou dele no mês passado. Não é algo que pode afetar sua carreira. O comportamento desse Randy não é legal, mas por que deixa você tão nervoso?

– Não sei direito – respondeu Liam. – Acho que não gosto de ter problemas com colegas de trabalho. Eu escolhi estudar contabilidade porque números são objetivos. Você consegue lidar bem com problemas envolvendo outras pessoas, mas eu fico louco. Jamais conseguiria fazer o seu trabalho. E odeio ficar puxando o saco dos outros, como o Randy faz. Odeio saber que tem gente que cresce na empresa fazendo esse tipo de coisa.

Ben ficou curioso.

– É mesmo? Por quê?

Liam ficou em silêncio por um instante, balançou a cabeça de leve e então olhou para a televisão, dizendo:

– Olhe, os White Sox estão empatados. Vamos pedir outra cerveja e assistir ao jogo.

Mais uma vez, Ben ficou surpreso com a mudança repentina de assunto, mas resolveu não insistir enquanto os dois seguiam para o balcão do bar. Ele já havia notado Liam fazer a mesma coisa em outras ocasiões, porém, como sempre, deixou para lá.

Como incentivar revelações

Algumas das atitudes de Ben ajudaram Liam a compartilhar mais, enquanto outras tiveram menos sucesso.

A demonstração de interesse pela situação desagradável em que Liam se encontrava e sua empatia com a frustração dele foram encorajadoras. A empatia é o ato de transmitir que você não só entende os sentimentos do outro, como também se identifica com aquilo: você é capaz de "se colocar no lugar da outra pessoa", como dizem. É importante observar que ninguém precisa ter passado por uma situação idêntica para sentir empatia. Por exemplo, você pode demonstrar empatia pela tristeza de alguém, porque já ficou triste antes, mesmo que a situação descrita não necessariamente cause a *sua* tristeza. É comum que nossos alunos digam: "Não entendo por que ele está tão irritado." E nós respondemos: "A questão não é essa. A questão é que você sabe como é se sentir irritado, então pode demonstrar empatia."

Empatia é diferente de solidariedade, apesar de as duas palavras muitas vezes serem usadas como sinônimos. Solidariedade é reconhecer que alguém está sofrendo e oferecer consolo ou apoio. Ao contrário da empatia, não envolve incentivar que o outro se abra. Na verdade, seu efeito pode ser o oposto, já que muitas pessoas não gostam de ser alvo de "pena".

Apesar de Ben inicialmente ter feito um bom trabalho em demonstrar empatia, suas perguntas não ajudaram, porque elas, na verdade, eram conselhos. Isso fez com que Liam se fechasse. Foi apenas quando Ben se mostrou um pouco vulnerável, revelando sentimentos passados de impotência, que Liam se abriu um pouco. Porém, Ben o pressionou para que falasse mais, e isso pode ter causado a súbita mudança de assunto.

Sem dúvida, você terá interações parecidas com essa, em que deseja descobrir mais, porém a outra pessoa se mostra hesitante. Por mais importante que seja demonstrar interesse e se abrir, isso tem limite. Você tem outras opções. Em momentos assim, adéque-se ao outro. Só então os dois vão conseguir passar para um grau diferente, talvez de maior intimidade.

"Adequar-se ao outro" tem vários patamares. Um deles é: *Você está falando aquilo que o outro quer ouvir e não o que você quer dizer?* Outro: *Você está respondendo no mesmo nível emocional?* Ben lidou com esses conceitos ao demonstrar empatia sobre o comportamento irritante de Randy ("Que droga. Você parece incomodado mesmo."). Liam não teria continuado o assunto se Ben tivesse feito um comentário indiferente ou insistido demais, como fez mais tarde. Um terceiro patamar é: *Você está enxergando o mundo da mesma forma que o outro?* Ben fracassou nesse aspecto quando não levou a cultura da empresa de Liam em consideração e fez sugestões que dariam certo no Walmart, mas não na construtora. Um quarto patamar é: *Você está reagindo ao assunto que o outro realmente quer tratar?* Liam desejava desabafar sobre Randy e o clima na sua empresa, enquanto Ben estava curioso sobre os gatilhos pessoais acionados em Liam.

Para que a outra pessoa escute o que você quer dizer, e até se abra um pouco, ela precisa notar que você está tentando compreender o ponto de vista e a situação dela. Só é possível abordar outros assuntos e se aprofundar neles depois que essa conexão for feita. Ben percebeu isso no fim da conversa, antes de seguirem para o bar. Apesar de querer aprofundar a conversa, ele entendeu que não estava no mesmo patamar de Liam. Outra forma de se adequar ao outro é encontrar o momento certo. Ben guardou esse incidente na memória. Nem tudo precisa ser resolvido no instante em que acontece.

Curiosidade, perguntas e conselhos

Ser curioso é muito mais complicado do que parece. Num extremo você pode realmente não ter entendido algo, e no outro pode achar que sabe tudo sobre o assunto e fazer perguntas apenas para testar sua hipótese. Um dos problemas desta última abordagem é que você provavelmente não está curioso de verdade. Sua opinião já foi formada, e você está "influenciando a testemunha" de forma a justificar sua conclusão. Esse comportamento dificilmente incentiva o outro a se abrir e revelar informações sobre si mesmo.

A melhor maneira de garantir que sua curiosidade seja genuína é manter a mentalidade de que, independentemente de quanto você se acha perspicaz e de quanto acredita conhecer a outra pessoa, não sabe o que está acontecendo de verdade na vida dela. Isso ajuda a manter certa ingenuidade, no melhor sentido da palavra. E é essa curiosidade ingênua que nos ajuda a receber respostas mais reveladoras.

Nem todas as perguntas têm o mesmo peso, e o questionamento certo pode ajudar as pessoas a se abrirem. Perguntas sem respostas predefinidas ajudam a ampliar o escopo da conversa, oferecendo opções, novas perspectivas ou novas formas de encarar uma situação. Ben fez isso quando pediu a Liam para explicar o que estava acontecendo no trabalho e por que aquilo o incomodava tanto.

As perguntas mais eficientes não começam com um "por quê". O "porquê" tende a fazer as pessoas pensarem, não sentirem. Perguntas assim carregam um pedido implícito para que o outro se justifique. Por exemplo, se

Ben tivesse perguntado "Por que você está tão incomodado?", Liam sentiria a necessidade de bolar uma explicação lógica. Se Ben tivesse continuado com "Por que você não deixa o Randy pra lá?", seria pouco provável que Liam revelasse sua antipatia por puxar o saco dos colegas e seu desejo por um mundo objetivo. No geral, uma explicação lógica não consegue transmitir tudo que está acontecendo.

Perguntas com respostas predefinidas, que costumam ser "sim" ou "não", limitam a conversa e têm mais chance de soarem intrusivas e críticas. Um exemplo foi quando Ben perguntou a Liam: "Você conversou com mais alguém do trabalho sobre isso?" As "pseudoperguntas", declarações em forma de questionamento, são igualmente improdutivas. Se Ben tivesse perguntado "Você não está irritado com o Randy porque sente inveja da capacidade dele de persuadir os outros?", teria feito uma pseudopergunta. Perguntas com respostas predefinidas e pseudoperguntas são parecidas demais com conselhos ou hipóteses em forma de questionamentos. Conselhos raramente adiantam, como Ben descobriu, mesmo quando a outra pessoa pede por eles. Nossa vontade de ajudar faz com que pensemos em uma solução baseada em nossa própria experiência ou que não se encaixa na situação. Raramente pensamos em uma opção que não tenha sido cogitada (e descartada) pela outra pessoa. Ben caiu em todas essas armadilhas.

Oferecer conselhos também é uma forma de aumentar a discrepância de poder entre duas pessoas. Aquela com o problema pode já estar se sentindo em desvantagem, então quando a outra dá a entender que sabe a solução a distância entre elas aumenta. Outro problema com conselhos é a facilidade de interpretar errado as intenções da outra pessoa. Liam disse que queria um conselho de Ben, mas isso era verdade? As pessoas conversam umas com as outras por uma série de motivos. Talvez queiram uma oportunidade de pensar em voz alta. Talvez simplesmente precisem desabafar e de um ombro amigo. Às vezes, só desejam apoio e empatia sobre uma situação injusta, não encontrar uma solução. Para entender como ajudar, o ouvinte precisa compreender o objetivo da outra pessoa.

Há algum tempo, David passou por isso quando Jim, um colega de trabalho, entrou na sala dele.

– David, não sei como resolver um problema e preciso do seu conselho.

David ficou feliz em dar atenção a ele, porque gosta muito de ajudar os outros e achava que, caso suas ideias fossem úteis, os dois se sentiriam bem. Jim continuou:

– Acho que tenho duas alternativas, mas não sei qual seguir. Posso fazer A, que apresenta tais vantagens, mas também tais problemas. Por outro lado, B parece interessante por tais motivos, só que tenho minhas dúvidas.

Enquanto Jim dissertava sobre as duas opções, David ficou prestando atenção, tentando concluir qual seria a melhor resposta. Conforme Jim continuava a explicar, David começou a achar que a alternativa A apresentaria o melhor resultado. Ele queria compartilhar seu raciocínio, achando que ajudaria, mas ficou quieto e esperou o colega terminar. Então, Jim se levantou e seguiu para a porta.

– Sim, é óbvio que B é a melhor opção. Muito obrigado! Você ajudou bastante.

David ficou decepcionado e queria dizer: "Espere, você não escutou o que eu tenho a dizer!", mas ele precisou admitir, triste, que sua análise não teria ajudado. Em vez disso, Jim só precisava de espaço para chegar sozinho a uma conclusão.

Essa história ilustra outra limitação dos conselhos. A solução de David podia ser a correta – para David. Mas seria errada para Jim. Todo mundo tem os próprios objetivos e formas de alcançá-los. Quando as pessoas dão conselhos, tendem a reproduzir aquilo que *elas* fariam, e não levam em consideração como a outra pessoa funciona.

Outro problema com os conselhos: eles podem impedir você de descobrir o que realmente está acontecendo com a outra pessoa. No caso de Liam, ele realmente estava incomodado por Randy levar o crédito pelo trabalho? Ou pelo fato de seu ambiente de trabalho estar cheio de puxa-sacos? Ou pelo seu desejo (talvez impossível de alcançar) de que o mundo fosse objetivo e racional? Na nossa vontade de ajudar, podemos chegar a conclusões precipitadas antes de descobrirmos o problema real. Dizem que é melhor ter a solução errada para o problema certo do que a solução certa para o problema errado – porque é bem mais fácil detectar a solução errada.

Se conselhos costumam ser inúteis, por que as pessoas continuam oferecendo-os? Talvez porque os problemas dos outros pareçam muito mais fáceis de resolver do que os nossos. Talvez porque queremos uma oportunidade de exibir nossas habilidades analíticas. Ou talvez porque queremos ser o Cavaleiro Solitário que chega em uma cidade devastada, resolve o problema, é idolatrado pela população e vai embora, deixando apenas uma bala de prata para trás. Independentemente do motivo, pergunte a si mesmo: "Estou dando conselhos para saciar as minhas necessidades ou porque quero ajudar de verdade?"

Apesar de conselhos serem problemáticos por inúmeros motivos, há ocasiões em que eles são cabíveis. Mas isso exige condições específicas. Ao oferecer conselhos a alguém, é preciso compreender completamente a situação, saber de verdade o que o outro deseja e levar o estilo e o comportamento dele em consideração. Mais importante: é preciso ignorar aquilo que você faria. É sempre mais fácil falar do que fazer. Além disso, dar conselhos não necessariamente ajuda você a conhecer a outra pessoa; apenas a descobrir como ela reage às suas sugestões.

Para ajudar o outro a se abrir, talvez seja bom buscar oportunidades para encorajá-lo a expressar mais suas emoções. Como saber se a pessoa está amenizando seus sentimentos? De certa forma, é impossível, mas você pode supor isso com base no tom de voz, em sinais não verbais e notando se a complexidade da situação não bate com os sentimentos externados. Ben notou o nervosismo de Liam. Ele foi empático, dizendo "Você parece incomodado mesmo", incentivando o amigo a expressar completamente sua raiva.

É uma pena que, em vez de continuar escutando e refletindo sobre os sentimentos de Liam, talvez incentivando novas revelações, Ben tenha passado para o comportamento oposto. Ele fez uma série de perguntas lógicas que afastaram Liam dos próprios sentimentos e o levaram para respostas racionais que não pareciam úteis.

Existe um limiar tênue entre rebater com reflexões sobre emoções ocultas ou amenizadas e fazer perguntas tendenciosas. Por exemplo, "Você falou que se incomodou só um pouco, mas não parece. Essa situação deixa você mais nervoso do que está dizendo?" pode se enquadrar nas duas opções. A diferença está nas presunções feitas e no tom. Se você aceitar que nunca saberá o que realmente está acontecendo com a outra pessoa, então terá consciência de que está tentando adivinhar. Sua suposição não passa disso – uma suposição. Uma pergunta não apenas é mais precisa do que uma afirmação, como também cria menos resistência do que se você expressasse a mesma ideia como se *soubesse* do que está falando. Comentários como "Isso parece muito incômodo" ou "Eu com certeza ficaria muito irritado se isso acontecesse comigo" também são úteis, porque refletem a sua emoção, que é a sua certeza. Essas declarações empáticas provavelmente incentivarão a outra pessoa a expressar seus sentimentos com mais clareza.

Ben e Liam, parte 2

Algumas semanas depois, Liam e Ben jantaram juntos. Ben queria perguntar o que tinha acontecido com Randy, mas, antes de conseguir dizer qualquer coisa, Liam começou:

– Resolvi o problema com o Randy. Graças à sua ajuda. – E acrescentou: – Ah, e escute, estou pensando em me candidatar a uma nova oportunidade no departamento financeiro. Eu receberia um bom aumento, mas quero que você me dê sua opinião sobre mais umas questões com a equipe, já que essa é a sua área.

Os dois engataram uma conversa detalhada, com Ben fazendo perguntas investigativas e deixando Liam seguir o rumo que desejava. Era uma questão complexa, e Ben ficava cada vez mais curioso. Liam parecia estar gostando do debate, mas então mudou de assunto de repente, no meio de uma frase.

Por que será que ele faz isso?, pensou Ben. *Parece até um hábito. Será que eu deveria perguntar?* Mas achou melhor ficar quieto.

Os dois continuaram comendo, e a conversa passou para a falta de neve naquele ano e se conseguiriam esquiar. Ben estava distraído e com dificuldade para prestar atenção. Ele ficava pensando na forma como Liam mudava de assunto de repente e resolveu voltar nesse assunto.

Com cautela, falou:

– Liam, quero voltar em uma coisa que aconteceu ainda há pouco, quando estávamos falando sobre o emprego novo e você mudou de assunto no meio da conversa. Fiquei confuso. Já vi você fazer isso várias vezes, e queria entender por quê.

– O assunto tinha acabado – respondeu Liam, meio impaciente.

Ben, sentindo que ele não queria falar sobre isso, apenas deu de ombros e disse:

– Tudo bem.

Os dois começaram a debater se o novo arremessador do White Sox conseguiria fazer diferença no péssimo desempenho do time e se deveriam fazer uma trilha de bicicleta no fim de semana.

Conforme a noite passava, Ben ficou pensando: *Eu podia ter esta conversa com qualquer outra pessoa, mas o Liam é tão prestativo e interessante... Eu queria conhecê-lo um pouco melhor.* Então resolveu tentar de novo.

– Liam, me sinto estagnado. Eu queria que a gente pudesse conversar sobre outras coisas além de esportes e coisas superficiais de trabalho, porque gosto de ter intimidade com meus amigos. Mas, sempre que tento descobrir mais sobre o que está acontecendo, você se fecha. Isso aconteceu quando estávamos falando sobre o Randy algumas semanas atrás, e você fez a mesma coisa agora há pouco, com o emprego novo. O que acontece? É meio esquisito.

A resposta de Liam pegou Ben de surpresa.

– Sempre que a gente começa a falar de qualquer coisa minimamente pessoal, você me enche de perguntas, sempre insistindo. É como se eu desse a mão e você já quisesse o braço. Não gosto de me sentir pressionado.

– Por que você tem tanta dificuldade para se abrir mais? – rebateu Ben. E então: – Ah, droga, acho que acabei de fazer isso de novo! Deixa pra lá!

– Você se pegou no flagra – disse Liam com um sorriso. – Não quero falar sobre isso.

– Tudo bem. Sei que, às vezes, eu sou enxerido e forço muito a barra, muito rápido. Já me disseram isso, então não é só você que pensa assim.

– Valeu – disse Liam. – Vamos terminar de planejar o passeio de bicicleta.

A conversa dos dois continuou por um tempo, agora com um tom mais tranquilo e despreocupado.

Enquanto eles abriam as agendas para combinar uma data, Liam disse:

– Fiquei pensando no que você me perguntou. Eu não queria ser grosseiro, mas é complicado. Sempre fui uma pessoa muito fechada. A primeira vez que me abri de verdade foi quando eu namorava uma garota na faculdade que ficou me pressionando para contar mais sobre mim, e depois jogou tudo na minha cara. Foi péssimo.

– Argh – respondeu Ben. – Que difícil! Agora entendi um pouco. E, escute, não vou forçar a barra para você me falar coisas que não quer. Vou tentar controlar minhas perguntas quando eu desejar saber mais. Quero deixar você à vontade.

Liam assentiu com a cabeça, grato.

– Mas também não quero ficar me questionando o tempo todo. Se você achar que estou perguntando demais, me avise, e eu paro.

– Pode deixar. E eu vou tentar me abrir um pouco mais.

NA SEGUNDA CONVERSA, os dois se arriscaram mais, e isso compensou, agregando mais intimidade à amizade. Se Ben tivesse ficado quieto sobre o fato de Liam mudar de assunto ou não tivesse insistido (duas reações comuns), a relação teria permanecido superficial. Ben demonstrou vulnerabilidade ao explicar a Liam o que esperava de seus amigos. E também foi vulnerável ao reconhecer sua tendência a forçar a barra muito rápido. Ele abriu caminho para Liam responder com a própria revelação. A maneira como Ben "se pegou no flagra" e a promessa de Liam de ajudá-lo quando ele passasse do limite são bons sinais. Os dois deram passos importantes, apesar de precisarem de interações repetidas para a relação continuar a se aprofundar – com ambos se arriscando e demonstrando vulnerabilidade. Aprenderam *como* se abrir um com o outro e começaram a colher frutos.

A diferença entre ser curioso e ser intrometido pode ser minúscula. Quando uma pessoa oferece uma explicação compreensível de por que ela quer conhecer você melhor, é provável que as perguntas dela se tornem menos desconfortáveis. Por outro lado, quando você se sente como um espécime interessante sendo examinado em um microscópio, se abre menos. Principalmente se não entender como a pessoa vai usar as informações que descobrir.

Mesmo assim, ainda que Ben tivesse a melhor das intenções, Liam poderia não ter captado isso. É importante dar espaço à outra pessoa, como Ben fez nas duas conversas. Ele teve o cuidado de expressar interesse verdadeiro sem ser insistente, deixando Liam tomar a dianteira. Ao demonstrar sensibilidade pelas necessidades do amigo sem ignorar completamente as próprias, Ben conseguiu deixar Liam mais à vontade para tocar naquele assunto delicado, apesar de cometer alguns erros.

Como se abrir: Quem começa?

A reciprocidade é um elemento crucial para as pessoas se abrirem, mas quem deve dar o primeiro passo? Quanto mais nos abrimos, mais controle temos sobre a maneira como somos vistos, porém é importante levar em consideração que isso pode ser muito difícil em situações em que o status ou o status aparente fazem diferença. "Status" pode significar o cargo em uma empresa, o grau de conquistas passadas ou o nível educacional. Infelizmente, gêneros, etnias e situações socioeconômicas também criam distinções. Querer que uma pessoa que talvez tenha sentimentos de inferioridade seja a primeira a se abrir talvez seja pedir demais. É lógico que, nesses casos, revelações iniciais carregam uma sensação maior de risco. Isso vale especialmente para grupos marginalizados, como pessoas não brancas e mulheres em mercados dominados por homens.[10]

Ainda assim, pessoas com status mais privilegiado costumam não compreender que seu papel dificulta as interações com o outro. Com frequência, chefes dizem "Você precisa me contar as coisas" aos seus subalternos, ignorando o risco que eles correriam ao fazer isso. As pessoas em posição de maior poder e status não apenas precisam ter noção dessa dinâmica, como também têm de se abrir mais do que fariam com alguém em pé de igualdade com elas.

Quando Carole começou a trabalhar em Stanford, por exemplo, logo fez amizade com um professor titular do departamento de comportamento organizacional. De vez em quando, os dois almoçavam juntos e se divertiam com seus debates intelectuais, além de trocarem figurinhas sobre os cursos de MBA que lecionavam. Apesar de gostar da companhia do professor, ele não era alguém para quem ela normalmente se mostraria vulnerável, ainda mais levando em conta a diferença de poder entre os dois – ele era titular da universidade, enquanto ela estava iniciando sua carreira.

Um dia, o professor a convidou para almoçar e disse que precisava de um conselho, já que ela era conhecida por saber prender a atenção dos alunos. O que ele poderia fazer para alcançar um resultado parecido? Ela se sentiu lisonjeadíssima, levando em consideração o prestígio dele na instituição. Porém, mais importante do que o elogio foi a vulnerabilidade implícita que ele demonstrou ao pedir sua opinião. Professores universitários raramente admitem que não sabem todas as respostas ou que precisam de ajuda, então essa foi uma revelação importante. Carole ofereceu todas as ideias possíveis, e muitas foram implementadas por ele, que sempre lhe deu os créditos.

O pedido do professor, além de deixar Carole muito lisonjeada, mudou o relacionamento dos dois. O fato de ele estar disposto a se mostrar vulnerável a tornou muito mais propensa a fazer o mesmo. Nos anos seguintes, Carole também pediu conselhos. Ela compartilhou desafios profissionais e decepções profundas. Os dois se tornaram, e permanecem, grandes amigos.

Apesar de existir uma diferença significativa de status entre Carole e seu amigo acadêmico, ela não era funcionária dele. Mas como um chefe pode se abrir com seus colaboradores diretos? Nós vimos isso acontecer com um executivo importante com quem trabalhamos. John era presidente da divisão canadense de uma das maiores empresas do mundo, na qual desenvolveu uma cultura em que as pessoas podiam ser sinceras e diretas umas com as outras.[11] Um dia, Darryl, o vice-presidente do setor de TI, entrou na sua sala e disse:

– Eu só queria avisar que estou com dificuldade para alcançar minhas metas. Estou passando por um divórcio muito complicado.

John também tinha se divorciado e, sentindo que Darryl podia querer conversar, respondeu:

– Vamos sair um pouco do escritório. Preciso comprar caixas de som, e seria bom ter sua ajuda. Podemos aproveitar para almoçar.

No tempo que passaram juntos, John ouviu Darryl desabafar sobre os problemas no casamento e compartilhou um pouco da própria experiência. Mais tarde, Darryl diria que aquilo tinha sido muito importante, que se sentira compreendido e amparado, e que passara a enxergar John como mais do que um chefe.

Muitos gerentes não fariam o que John fez com Darryl por medo de se sentirem na obrigação de ignorar o desempenho ruim do funcionário mais tarde, prejudicando a empresa. Não foi o que aconteceu nesse caso. Na verdade, Darryl se tornou mais comprometido com John e o trabalho, e, quando outros membros da equipe executiva ficaram sabendo da atitude do chefe, também passaram a ser mais leais e se ofereceram para ajudar o colega durante aquela fase. Porém, se John não tivesse desenvolvido uma cultura de sinceridade na empresa, talvez jamais descobrisse por que a performance de Darryl estava sendo impactada.

Você quer mesmo conhecer a outra pessoa a fundo?

Aqui, nós partimos do princípio de que as pessoas *querem* conhecer umas às outras de forma mais profunda. Talvez você esteja meio em cima do muro. Você realmente quer saber sobre os traumas de infância dos outros ou os problemas que eles têm com os parceiros? E as obrigações que surgem junto com mais conhecimento? Você precisa aceitar todos os pedidos da outra pessoa ou sempre concordar com ela e ficar do seu lado? Será que a definição de um relacionamento excepcional é estar *sempre* disponível?

Uma grande amiga nossa, Annie, passou por essa situação com sua amiga Paula. As duas se conheciam havia muitos anos.

Paula, em dado momento, desenvolveu uma doença que exigia duas consultas médicas semanais. Como sentia dificuldade para dirigir naquelas condições, pediu a Annie para levá-la. No começo, Annie estava mais do que disposta a fazer isso, porém foi se tornando ressentida com o passar do tempo – não só de Paula, mas também do filho e da nora dela. Apesar de os dois morarem com Paula, nunca queriam fazer o papel de motorista, sempre dizendo que precisavam trabalhar e cuidar dos filhos.

Annie não soube como agir. Ela sentia medo de tocar no assunto com Paula e deixar transparecer a raiva que sentia do filho e da nora (e cada vez mais de Paula, por permitir que os dois fugissem da responsabilidade), pois isso poderia abalar a amizade. Em vez disso, ela encontrou uma desculpa para diminuir a frequência das caronas. Isso não prejudicou a relação com Paula, mas não serviu de nada para aprofundá-la.

Podem existir vários motivos para uma pessoa na situação de Annie não compartilhar o que sente. Talvez ela não quisesse saber muito sobre o que acontecia entre Paula, o filho e a nora – e se eles tivessem problemas de verdade, e Paula quisesse usar os trajetos de carro como sessões informais de terapia? Se esse fosse o caso, seria muito mais difícil para Annie dizer que não queria desempenhar esse papel.

Nós passamos boa parte dos últimos dois capítulos explicando sobre os benefícios de se abrir mais, porém a situação de Annie mostra que isso pode levar a circunstâncias complicadas ou desconfortáveis. Conforme relacionamentos se desenvolvem, as pessoas criam expectativas. E, apesar de a comunicação e a empatia pelas necessidades do outro serem uma parte fundamental da construção de um relacionamento mais forte, estabelecer limites também é crucial. Limites diferentes podem ser necessários em estágios diferentes de uma relação em desenvolvimento. Você precisa identificar, analisar e lidar com essas questões conforme elas surgirem. Moleza, não é? Não se preocupe, vamos voltar a esse assunto nos próximos capítulos.

Para aprofundar o conhecimento

AUTORREFLEXÃO

1. <u>Coloque-se no lugar de Ben.</u> *Você deseja desenvolver um relacionamento mais próximo com Liam. Você gosta dele e aprecia suas habilidades analíticas, mas queria que ele falasse mais sobre si mesmo. Você tem facilidade em se abrir e queria que Liam fizesse a mesma coisa. Como incentivar isso?*

    - Tendo em mente as situações descritas neste capítulo, como você teria se comportado? De que formas poderia ter prejudicado seu próprio desempenho?
    - O que isso indica sobre suas habilidades (e seu estilo) para ajudar os outros a se abrirem mais?

2. Escolha um dos seus relacionamentos importantes. Quais dos comportamentos a seguir você aplica para fazer o outro se abrir?

    - Escutar com atenção para tentar compreendê-lo.
    - Evitar julgamentos e tentar não chegar a conclusões precipitadas sobre o que está acontecendo.
    - Ser curioso e perguntar sobre o que é importante.
    - Fazer perguntas sem respostas predefinidas para incentivá-lo a compartilhar mais.
    - Prestar atenção em emoções e ajudá-lo a expressá-las por completo (por exemplo: "Você parece incomodado de verdade; o que está sentindo?").

- Demonstrar empatia – especialmente com sentimentos ("Isso parece muito incômodo").
- Demonstrar aceitação ("Dá para entender por que você reagiu assim").

3. Em contrapartida, será que você desencoraja o outro a se abrir e se expor mais? Veja se alguma das atitudes a seguir se aplica a você.

- Não prestar muita atenção, porque está pensando em como responder (ou porque já decidiu o que dizer).
- Mudar de assunto muito rápido para falar sobre si mesmo ou sobre coisas que acha mais interessantes.
- Pensar que você já entendeu o que está acontecendo com o outro.
- Fazer perguntas com respostas predefinidas para se certificar de que ele aceite suas conclusões.
- Ignorar os sentimentos do outro e usar a lógica para defender sua opinião.
- Julgar os comentários ou os atos do outro.
- Não demonstrar empatia pela situação.

Por que você reage assim?

PRÁTICA

As respostas às perguntas da seção anterior mostram como você enxerga a si mesmo. A outra pessoa no relacionamento tem a mesma visão? Pergunte se as suas atitudes a incentivam ou a desencorajam a se abrir.

Lembre que você está tocando nesse assunto porque deseja uma relação mais profunda. *Você* vai começar com uma revelação pessoal para incentivar o outro a se abrir, aumentando, assim, a intimidade da relação. É isso que faz com que esta seja uma atividade pessoal, não acadêmica.

COMPREENSÃO

Se você concluiu o exercício prático, entendeu em que medida a percepção do outro se encaixa com a sua. Mas foi fácil ouvir a opinião alheia, principalmente se não bateu com a sua?

Pense nos outros relacionamentos importantes da sua lista. O que você pode fazer para incentivar essas pessoas a se abrirem mais?

Existe um dilema inerente a esse processo. Você está tentando aprender novos comportamentos ao mesmo tempo que constrói relações – mas não quer que o outro se sinta usado ou como a cobaia de um experimento. O que você aprendeu sobre não ultrapassar esse limite? Aliás, perguntou à outra pessoa como ela se sente sobre tudo isso?

5

EQUILÍBRIO DE INFLUÊNCIAS

Maddie e Adam: Casados, parte 1

A maioria de nós teve relacionamentos no ensino médio – amizades ou namoros – em que a opinião de uma das pessoas tinha um peso bem maior do que a da outra. A personalidade mais influente decidia os termos, o momento e as circunstâncias das atividades da dupla, enquanto a outra geralmente contribuía com um entusiasmado "Claro! Pra mim tá ótimo!", independentemente de gostar ou não do plano. Por algum tempo, essa dinâmica pareceu dar certo. Porém, em algum momento o relacionamento começou a perder a força ou, já que estamos falando da época da escola, acabou em um dramalhão. Para relacionamentos durarem, a influência deve ser equilibrada e igualitária.

O ciclo de se mostrar aberto, oferecer apoio, confiar e depois se abrir mais ainda é uma base importante do equilíbrio. Conforme duas pessoas passam a se conhecer melhor, elas usam esse conhecimento para impulsionar o processo. Na nossa opinião, sempre há mais para ser descoberto. Por exemplo, nós dois somamos mais de 90 anos de casamento (David há mais de 55, Carole há mais de 35) e até hoje continuamos descobrindo coisas sobre nossos respectivos cônjuges – e eles sobre nós. O objetivo ao se construir relações fortes e significativas não é sair contando tudo sobre você ou se tornar mais profundo sem necessidade, mas sim compreender as necessidades de cada pessoa para saciá-las de forma relativamente equilibrada.

Não é fácil chegar ao estágio em que as duas pessoas se sentem satisfeitas. Como veremos neste capítulo, é preciso compreender o cálculo das concessões mútuas e equalizar a influência que cada um tem. E mais: relacionamentos podem estar equilibrados em um momento e se desequilibrar no outro, como quando a conquista de uma pessoa cobra um preço caro da outra. Foi isso que aconteceu com Maddie e Adam.

Maddie e Adam, parte 1

Maddie e Adam eram casados havia 11 anos e tinham uma filha de 5 e um filho de 3. Quando se conheceram, Maddie trabalhava como representante de vendas de uma empresa farmacêutica que produz medicamentos contra o câncer. Ela adorava o emprego, especialmente quando precisava viajar (às vezes a levavam para o Havaí), e gostava do valor social do seu produto.

Os dois ficavam bem cansados por trabalharem em período integral, mas tinham muito sobre o que conversar durante as noites e os fins de semana. Eles gostavam de cozinhar juntos e receber visitas. O relacionamento parecia equilibrado; decisões importantes, como onde comprar sua primeira casa e quando ter um filho, eram tomadas em conjunto. Outras responsabilidades eram divididas; ela ficou encarregada da reforma da cozinha depois que conseguiram juntar dinheiro suficiente, e ele organizava as viagens de férias. O casal alternava com quem comemoravam as festas de final de ano, passando um ano com a família dela na cidade onde moravam, e o outro visitando a dele em Nova York. Mesmo com a divisão de tarefas, ambos sentiam que suas opiniões tinham peso um para o outro.

Maddie continuou trabalhando depois que a filha nasceu, mas pediu demissão após o nascimento do filho. Ela e Adam conseguiam equilibrar o trabalho e as exigências da vida em família com um bebê, mas era muito pesado cuidar de duas crianças e da casa. Maddie combinou com uma vizinha de se alternarem cuidando dos filhos uma da outra e conseguia trabalhar como voluntária por meio expediente na ala de câncer infantil de um hospital local. Isso a ajudava a ter contato com adultos e a tirar uma folga das funções materna e doméstica em tempo integral.

Adam trabalhava como engenheiro de softwares. Ele adorava o emprego, que sempre lhe dava oportunidades para aprender e se aprimorar. O salário era bom, mas o expediente era puxado e constantemente exigia horas extras à noite – e em muitos fins de semana.

O relacionamento passou a apresentar algumas dificuldades. Maddie ficava frustrada pelo fato de Adam ser um pouco mão-fechada, apesar de a família ter uma renda razoável. Ela achava que isso se devia à criação dele, porque seus pais não tinham muito dinheiro, mas ficava irritada quando precisava explicar cada compra que fazia. Ela não se considerava uma pessoa consumista, mas as coisas ficavam velhas, e algumas compras tornavam a vida mais fácil.

A semana da família era muito organizada, e o casal não tinha muito tempo para conversar sem a presença das crianças. Eles raramente saíam sozinhos e se sentiam tão cansados na maioria das noites após o jantar que tendiam a conversar apenas sobre o que estava acontecendo com os filhos e como tinha sido o dia. Sua vida íntima também sofreu – tanto no sentido emocional quanto no físico –, já que ambos desmaiavam na cama sem olhar de verdade um para o outro.

Maddie foi ficando cada vez mais insatisfeita. Ela sentia falta da sensação recompensadora do seu emprego e do estímulo intelectual de conviver com adultos. Quando conversou com a mãe sobre sua insatisfação, ouviu como resposta:

– O papel das mães é esse. Pense em como é recompensador criar dois filhos maravilhosos.

Maddie detestou essa conclusão, mas não soube o que dizer. *Mesmo que a sociedade pense que uma coisa compensa a outra*, refletiu ela, *isso não dá certo para mim.*

Quando expressou sua infelicidade para Adam, ele se mostrou extremamente resistente.

– Escute, foi isso que nós combinamos quando resolvemos ter filhos – disse ele. – E eu também estou estressado. Eu me sinto muito pressionado nesse emprego.

Maddie pensou *É, mas pelo menos você se sente recompensado com o trabalho*, mas ficou quieta. Adam continuou:

– De qualquer forma, tudo vai melhorar quando as crianças forem para a escola em tempo integral e começarem atividades extracurriculares.

Ainda levaria anos para isso acontecer, e, mesmo assim, Maddie não conseguiria arrumar nada além de um emprego em meio expediente. Era difícil amenizar sua insatisfação atual com a promessa vaga de que as coisas melhorariam no futuro. *Será impossível conseguir um emprego como o que eu tinha*, pensou ela. *Quando eles entrarem na faculdade, tudo que eu aprendi vai estar ultrapassado*. Ela ficou quieta, sem querer começar outra discussão. Em vez disso, foi lavar roupa. Por sua vez, Adam pensou: *É ela que exerce mais influência sobre as crianças, e eles com certeza vão ser mais próximos dela do que de mim. Do que ela está reclamando?*

Essa é uma situação complicada, sem respostas fáceis. Parte do problema ocorre em função da fase em que Maddie e Adam estão – estudos mostram que a insatisfação no casamento aumenta depois que um casal tem filhos e só diminui quando esses filhos saem de casa.[12] Isso não significa, porém, que Maddie e Adam estivessem empacados. Eles poderiam começar a se reequilibrar. Antes de compreendermos como, precisamos entender as questões que estão por trás de tudo. No fim das contas, a maioria de nós já passou por esses desafios.

Como determinar o que é justo

Todos os relacionamentos dependem de concessões, mas, para que durem, cada pessoa precisa sentir que suas necessidades básicas são saciadas e ambos devem abrir mão de certas coisas. Com o tempo, precisa haver mais vantagens do que renúncias. Conforme relacionamentos se desenvolvem e cada pessoa se revela mais, as duas podem aprender a aumentar os benefícios e reduzir os sacrifícios.

É fácil entender esse cálculo com Maddie e Adam. Eles apreciam a companhia intelectual um do outro, estão bem no sentido financeiro, se amam e compartilham a alegria de terem filhos. Nos primeiros anos de casamento, as vantagens superavam os sacrifícios de longe. No entanto, novos custos e limitações surgiram – principalmente para Maddie –, e não pareciam prestes a desaparecer.

No âmago de um relacionamento funcional está a igualdade média entre duas pessoas, passando a impressão de que ele é "justo". Com o tempo, você vai se sentir explorado, mesmo que os benefícios sejam maiores do que os custos, se acreditar que a outra pessoa está levando alguma *vantagem*. Ninguém precisa viver analisando os custos/benefícios, ou estar em eterno equilíbrio. O importante é que, com o tempo, as duas pessoas encontrem certa igualdade.

Avaliar as vantagens e os sacrifícios de uma relação não é um placar racional de positivos e negativos, nem pode ser. As preferências de uma pessoa são extremamente subjetivas. Por exemplo, Adam valoriza muito os desafios do seu trabalho e minimiza o custo de não ter jantares tranquilos com a esposa e os filhos. Outra pessoa poderia dar mais importância ao jantar com a família e estar disposta a pagar o preço profissional de sair do trabalho todo dia às cinco e meia da tarde.

Valores sociais, situações econômicas e o contexto pessoal influenciam a maneira como alguém avalia as vantagens e desvantagens de uma relação. Por exemplo, Adam pode ter crescido em um lar com expectativas de gênero mais tradicionais. Ele também pode ter sido influenciado pelas mesmas expectativas sociais expressadas pela mãe de Maddie quando ela disse que a filha *devia* estar satisfeita com a situação atual.

Nós também somos influenciados quando nos comparamos com os outros.[13] Maddie talvez se sentisse muito sortuda, porque uma amiga próxima, também mãe de duas crianças, havia se divorciado e estava passando por problemas financeiros. No entanto, ela poderia se sentir de outra maneira caso se comparasse com a amiga que estava feliz no casamento, tinha filhos e um emprego em tempo integral.

É fundamental que cada pessoa seja clara sobre o que deseja, e também saiba quais são as expectativas do outro. Quando Adam desmereceu a insatisfação de Maddie com "Tudo vai melhorar quando as crianças forem para a escola em tempo integral", demonstrou pouca empatia e foi um tanto egoísta ao ignorar os sacrifícios que ela fazia naquele momento. Como podemos descobrir o que cada um deseja?

Reequilíbrio: Esclareça os desejos, depois reavalie

Novamente, emoções são grandes guias. Quando aceitamos que nossos sentimentos são um indicador importante daquilo que realmente queremos, temos um bom ponto de partida. Maddie se sentia cada vez mais *limitada* pelo seu papel como mãe e pela redução das suas interações intelectuais e pessoais com Adam. Suas frustrações não diminuíram quando o marido argumentou corretamente que aquele tinha sido o combinado entre os dois.

É uma pena que nós tenhamos a tendência de julgar o "valor" das carências e reclamações dos outros de acordo com os nossos próprios valores e necessidades. Foi exatamente isso que Adam e a mãe de Maddie fizeram com os problemas dela. Essa abordagem causa distanciamento e diminui a compreensão. As necessidades de Maddie eram legítimas como necessidades *dela*, que desejava ser escutada e compreendida.

Isso não significa que as necessidades de Adam fossem irrelevantes. Na verdade, sua resistência em debater a insatisfação de Maddie pode ter sido consequência do medo de que quaisquer mudanças feitas na família impedissem que suas necessidades fossem supridas tão bem. Verbalizar as vontades dele também era importante. Porém, cada parte em um relacionamento é responsável por garantir o equilíbrio das vantagens e desvantagens não apenas para si mesmo, como também para a outra pessoa. Infelizmente, Adam não pareceu preocupado com as concessões relativamente mais desagradáveis de Maddie.

Como ele conseguiria retomar esse equilíbrio? Adam poderia ter sido sincero sobre seu medo de perder uma situação confortável e temporariamente abandonar esse interesse para deixar Maddie desabafar sobre suas frustrações. A curiosidade o ajudaria a compreender melhor sua parceira e aumentaria as chances de ela se sentir mais compreendida. Demonstrar que você entende os sentimentos do outro é uma forma de suprir as necessidades do companheiro. (Esses dois componentes fazem parte da "compreensão emocional", que explicaremos com mais detalhes no Capítulo 9.) Mas não acreditamos que Adam seja o único responsável pela tensão do casal. Maddie tem sua parcela de culpa, e já falaremos sobre isso.

Quando conseguimos falar sobre nossas necessidades e insatisfações, fica mais fácil encontrar uma solução que funcione para todo mundo. Nem sempre é fácil. Quando era dona de casa com um bebê e um filho de 2 anos, Carole aprendeu isso muito bem. Ela terminava seus dias desesperada para interagir com adultos. Andy, seu marido, chegava em casa depois de um longo dia de trabalho e sentava no sofá para ler o jornal e relaxar. Ela vinha correndo da cozinha e começava um monólogo enorme sobre o tamanho pequeno da nova creche ou a otite do filho deles. Andy, que é introvertido e precisava de espaço e tempo sozinho, respondia com educados "Aham". Carole ficava furiosa, já que é completamente extrovertida. Ela queria que ele lhe dedicasse atenção total.

Essas interações não eram agradáveis para nenhum dos dois, até que Carole disse a Andy que se sentia ignorada e magoada. Andy, então, compartilhou que se sentia frustrado e pressionado. Como nenhum deles queria que o outro se sentisse assim, conversaram sobre a situação. Os dois entenderam que Carole precisava dar a Andy um tempo para relaxar. Ele queria meia hora. "Meia hora!", exclamou ela. "Eu fico contando os minutos para você chegar em casa. Que tal cinco minutos?" Os dois chegaram ao consenso de 15 minutos, e isso permitiu que mudassem seu comportamento disfuncional. Apesar de a solução não fazer com que Carole recebesse a atenção completa de Andy assim que ele chegasse em casa nem desse a Andy todo o tempo que ele queria para descansar, os dois receberiam um pouco do que desejavam e, no fim das contas, sentiram que estavam ganhando mais do que perdendo.

O segundo passo para o reequilíbrio, depois de você esclarecer os desejos, é reavaliar os acordos feitos no passado. Decisões que pareciam corretas antes não necessariamente funcionam para sempre. O combinado entre Adam e Maddie quando o segundo filho nasceu fazia sentido naquele momento e até por alguns anos depois. No entanto, Maddie foi ficando insatisfeita, e as coisas de que ela abriu mão ganharam nova importância.

Condições mudam em todos os relacionamentos – novas oportunidades surgem, parentes adoecem, pessoas envelhecem. Quando se tornam engessadas por acordos passados, as pessoas correm o risco de estagnar em seu crescimento individual e no desenvolvimento da relação. Os melhores relacionamentos continuam evoluindo conforme cada parceiro descobre novas necessidades, busca benefícios diferentes e aprende a lidar com as limitações anteriores ou a se libertar delas. Mas os problemas surgem quando as pessoas crescem em ritmos diferentes, em direções opostas, criando tensão. O perigo surge quando uma delas, ou as duas, trava o próprio crescimento para evitar conflitos. Como veremos com Adam e Maddie, a única forma produtiva de superar esse tipo de desequilíbrio é encarar diretamente as mudanças, compreender seu impacto e, em conjunto, encontrar formas de lidar com elas.

Não é fácil reavaliar acordos em um relacionamento. Isso é algo que costuma causar mudanças, e mudanças costumam causar resistência: *No que isso vai dar? Vou ter que abrir mão de algo que é muito importante para mim ou sacrificar mais do que planejava?* Também suscitam imprevisibilidade (*Como você vai reagir?*) e talvez culpa ou recriminação (*Por que não fizemos isso antes?*). Saiba que nem tudo será solucionado com uma conversa e que você se sentirá mal e frustrado antes de resolver o problema. A reavaliação de relacionamentos é fundamental – mas não espere que seja um mar de rosas.

Hora de ir mais fundo

Por que Adam e Maddie continuaram cumprindo o acordo que fizeram? Seria por Adam se recusar a reconhecer que não estava mais dando certo? Seria pela relutância de Maddie em se impor, por medo de criar um conflito? Tudo isso teve seu papel, porém a questão mais importante e básica foi a dificuldade que tinham em influenciar um ao outro sobre problemas controversos.

Observe que a infelicidade de Maddie com a situação em casa não era o único assunto que eles evitavam. Também havia o incômodo dela com o excesso de economia de Adam. Parte da dificuldade do casal era resultado das diferenças de status. Quando alguém (geralmente uma mulher) pede demissão do trabalho para cuidar dos filhos em tempo integral, o equilíbrio de poder no relacionamento muda. A pessoa que fica em casa costuma perder status nas decisões sobre dinheiro e gastos, aumentando a tensão.

Diferenças de influência ocorrem na maioria dos relacionamentos, apesar de, quando pequenas, não serem uma barreira para conversas sinceras e buscas por soluções eficientes. No entanto, grandes discrepâncias podem resultar em um ciclo disfuncional.[14]

O PREÇO DE GRANDES DISCREPÂNCIAS

PESSOA COM MAIOR INFLUÊNCIA
- Não quer ser influenciada
- Acredita que sempre está certa
- Desvaloriza os comentários do outro
- Tende a ser dominadora

PESSOA COM MENOR INFLUÊNCIA
- Torna-se passiva
- Emocionalmente contida
- Não quer ser influenciada
- Esconde informações sobre o que é importante para ela

Infelizmente, essa dinâmica tem um final previsível. Por que a pessoa com muita influência deveria escutar a pessoa com pouca influência, se esta parece ter tão pouco a oferecer? Como ninguém gosta de depender do outro (como é o caso da pessoa com pouca influência), sua tendência é se fechar. Quando faz isso, passa a contribuir menos, reforçando a percepção de que não tem muito a acrescentar.

Adam e Maddie foram coniventes (de forma inconsciente) ao estabelecer uma discrepância imensa entre os dois. Adam não levou a sério as preocupações de Maddie e ofereceu uma solução boba, fazendo com que ela se sentisse incompreendida, desvalorizada e impotente. Além disso, ele tentou lembrá-la do acordo que fizeram no passado e, ao reagir de forma ríspida e sem assimilar o que ela disse, mostrou que não estava disposto a ser influenciado.

Maddie, por sua vez, aumentou a distância quando não expressou com todas as letras sua infelicidade e recuou, indo lavar roupa. Ela também perdeu influência ao permitir que os argumentos lógicos de Adam vencessem, passando por cima dos próprios sentimentos e aceitando a declaração dele de que fizeram um acordo e ponto-final.

O casal precisava de uma metaconversa. Algo como: "Podemos conversar sobre por que não conseguimos conversar?" Eles deviam deixar as divergências de lado por um instante e debater sobre o que bloqueava sua capacidade de comunicação. Fazendo uma analogia, quando você vai de carro para o trabalho, seu objetivo é chegar ao escritório na hora certa. Mas você também presta atenção no funcionamento do carro. Os freios parecem fracos, e a direção, solta? O motor engasga de vez em quando? Ignorar essas questões enquanto o veículo segue sacolejando pela avenida não daria certo, já que talvez você nem chegasse ao trabalho. Mas uma metaconversa necessária como essa provavelmente não aconteceria se Adam estivesse se sentindo satisfeito, e Maddie, impotente.

A capacidade de avaliar *como* nos comunicamos e solucionamos problemas é uma das competências mais cruciais para construir relacionamentos íntimos. Ela pode ajudar a resolver problemas específicos e fazer com que seja muito mais fácil solucionar questões futuras. Nós já vimos vários exemplos desse tipo de análise nos últimos dois capítulos. No Capítulo 3, Elena hesitava em compartilhar informações pessoais com Sanjay e só conseguiu fazer isso depois de expressar as preocupações que causavam seus bloqueios. Da mesma forma, no Capítulo 4, Liam subitamente mudava de assunto ao falar de questões de trabalho, e ele e Ben só fizeram progresso quando conversaram sobre o que havia por trás dessa reação.

Enquanto escreviam este livro, David e Carole tiveram várias oportunidades de praticar seus próprios ensinamentos. David vivia bolando novas ideias que desejava debater. A primeira coisa em que Carole geralmente pensava era: *Ah, não, lá vem ele de novo – estamos tentando tirar coisas do texto, e ele fica querendo acrescentar material!* Nesses momentos, ela tinha três caminhos. O primeiro era afirmar: "Não, não vamos fazer isso." O segundo era dizer: "Tudo bem, estou cansada demais e perdi a paciência, então faça o que quiser." E o terceiro, que ela costumava escolher, era conter sua irritação e refletir sobre as ideias dele. Optar por refletir sobre as ideias não significou que Carole não foi sincera e direta com David sobre sua irritação nem sobre como ela ponderou sua própria reação.

Em outras palavras, ela apenas decidiu redobrar seu comprometimento com David, com o livro e com o relacionamento. Apesar de se sentir cada vez mais frustrada com as sugestões aparentemente intermináveis (que ela detestava admitir serem boas, em sua maioria), sua motivação foi a crença de que o mais importante era reafirmar seu compromisso com o livro e a relação. E, conforme Carole fazia isso, David também aumentou seu compromisso com ela, com o livro e com o relacionamento.

Se você não redobrar seu comprometimento quando conflitos surgirem, é menos provável que alcance um bom resultado, e isso, por sua vez, dificulta que você se comprometa mais. De repente, você se pega em um ciclo de reforço negativo. Por um lado, o próprio ato de demonstrar compromisso pode começar um importante ciclo de reforço positivo. Quanto mais nos comprometemos e nos dedicamos, mais recompensador pode ser o resultado, e quanto melhor for o resultado, mais fácil é aumentar nosso comprometimento.

Como quebrar o ciclo negativo

As discrepâncias de influência podem ocorrer no trabalho, entre irmãos, em amizades e, é claro, em casamentos. Só porque duas pessoas estão presas em um ciclo disfuncional não quer dizer que estejam condenadas a permanecer assim para sempre. Maddie ou Adam poderiam quebrar o ciclo, apesar de a tarefa ser mais fácil para a pessoa mais influente. A parte com menos influência também pode fazer isso, por mais difícil que seja tomar a iniciativa. O primeiro passo seria Maddie parar de ceder todo seu poder. As pessoas cedem influência o tempo todo sem perceber que fazem isso.

DEZ FORMAS DE CEDER INFLUÊNCIA

- Presumir que as próprias necessidades são menos importantes que as do outro.
- Não ouvir os próprios sentimentos.
- Permitir que interrompam você.
- Recuar quando alguém discorda de você.
- Evitar conflitos – não discordar do outro para manter um clima agradável.
- Não dar feedback, presumindo que o problema é seu.
- Desejar que a outra pessoa aprove/goste de você e dar maior prioridade a isso.
- Diminuir a importância dos seus comentários.
- Não aceitar crédito pelas suas conquistas.
- Não mencionar um problema a menos que você tenha uma solução.

Qualquer uma dessas crenças ou ações pode fazer com que a pessoa com menos poder não consiga mencionar questões difíceis ou se manter firme. No entanto, a sensação mais limitante é o medo de conflitos – acreditar que brigas são um sinal de relacionamentos problemáticos e/ou que brigas sempre vão se acirrar e piorar de forma permanente ou até destruir a relação.

Algumas dessas crenças vêm de criação ou de experiências passadas, e são especialmente sensíveis para pessoas marginalizadas como resultado de diferenças de poder na sociedade. (Por exemplo, meninas geralmente são educadas para serem "boazinhas" e sempre ceder, enquanto homens negros costumam aprender a nunca demonstrar raiva ou soberba.) Apesar de todos nós sofrermos o impacto das circunstâncias sob as quais crescemos e dos grupos demográficos aos quais pertencemos, temos como escolher o grau de controle que eles exercem sobre nós.

Apesar de brigas não serem a coisa mais agradável do mundo e realmente poderem se acirrar e se agravar, varrer os problemas para baixo do tapete também pode ser perigoso. Não apenas as questões raramente desaparecem, como também podem ir piorando e se intensificar. Por exemplo, se Maddie permanecer quieta, é provável que seu ressentimento aumente e se transforme em mais pensamentos negativos: *O Adam se importa mais com ele mesmo do que comigo. Nada mais interessa além da sua carreira. Ele não se importa com meu crescimento e meu desenvolvimento. Ele só quer me fazer de empregada e babá. Ele está se comportando como um típico homem egoísta.* É assim que sentimentos negativos podem piorar quando não são expostos. Ela também sabe que expressar esses sentimentos poderia ser explosivo – e abalar seu casamento – e sente medo de comunicar sua insatisfação e trazer à tona esses pensamentos, deixando-os escapar em um momento de raiva.

Os medos de Maddie não são completamente irracionais: essas conversas *podem* causar problemas se forem executadas de forma displicente. Mas a solução não é fugir delas. Você precisa de um importante conjunto de competências para iniciar e solucionar discussões. Esse é o tema dos próximos capítulos, então vamos em frente!

Para aprofundar o conhecimento

AUTORREFLEXÃO

1. <u>Coloque-se no lugar de Adam ou Maddie.</u> Como Adam: *No começo do casamento, você e Maddie fizeram um acordo que parecia firme, que lhe agrada, e agora Maddie quer mudá-lo.* Como Maddie: *Anos atrás, você fez um acordo sob circunstâncias diferentes e que não funciona mais para você.*

    - Como você se sentiria?
    - Como acha que reagiria? O que faria?

2. Discrepâncias de influência: Pense na armadilha disfuncional em que Adam e Maddie caíram por causa da discrepância de influência dos dois – Maddie tem muito menos, enquanto Adam tem muito mais. Como você reagiria/o que faria no lugar de Maddie? E no de Adam?

3. Satisfação mútua: Escolha um dos relacionamentos importantes que você listou no Capítulo 2 e responda:

    - Quais são as fontes de satisfação (vantagens) que o relacionamento oferece a você?
    - Quais são as limitações (desvantagens)?
    - Quais são as vantagens que o relacionamento talvez ofereça para a outra pessoa?
    - Quais são algumas das limitações (desvantagens) para ela?
    - A relação parece igualitária/equilibrada? As necessidades dos dois são supridas de forma mais ou menos balanceada?

    Existe alguma discrepância significativa entre vocês dois? Caso sim, qual você acha que é a fonte dessa discrepância?

4. Influência mútua: Este capítulo também destacou a importância da

capacidade de cada pessoa influenciar uma à outra. Sobre o mesmo relacionamento do item anterior:

- O quanto você acredita ser capaz de influenciar essa pessoa?
1	2	3	4	5
Bem pouco		Mais ou menos		Muito

- Até que ponto você está aberto a ser influenciado por ela?
1	2	3	4	5
Bem pouco		Mais ou menos		Muito

- No geral, como é o nível de influência entre vocês?
1	2	3	4	5
Sou muito mais influente		Mais ou menos igual		A outra pessoa é muito mais influente

Se você escolheu 1 ou 2 para a última pergunta, de que forma o seu comportamento ou o da outra pessoa resulta no seu excesso de influência? Se você escolheu 4 ou 5, de que forma o seu comportamento ou o da outra pessoa resulta no excesso de influência dela?

5. Ceder influência: Na página 81, há uma lista de dez formas de ceder influência. Alguma delas se aplica a você? Caso a resposta seja afirmativa, pense em por que isso acontece. Você tem medo do que pode acontecer caso você não se comporte de nenhuma dessas formas?

PRÁTICA

Se você identificou algum nível de discrepância na satisfação de ambas as partes ou no nível de influência de cada uma no relacionamento importante que escolheu, converse com a pessoa. Será que ela encara a situação da mesma forma? Tente encontrar formas de diminuir essa discrepância.

Nessa conversa, você deve aplicar o que aprendeu nos últimos quatro capítulos. Tente expor suas necessidades, seus sentimentos e suas esperanças sobre como a conversa pode mudar seu relacionamento.

Compartilhe suas formas de ceder influência. Pergunte a uma das pessoas importantes na sua vida se ela também encara a situação da mesma maneira. Caso a resposta seja positiva, como ela pode ajudar?

COMPREENSÃO

Qual foi o impacto dessas conversas? O que você aprendeu sobre si mesmo, e como isso afetou a relação? O diálogo facilitou ou dificultou a possibilidade de conversas parecidas ocorrerem no futuro?

Sua conversa não tratou *apenas* de influência, mas também de os dois influenciarem um ao outro. Até que ponto cada um estava disposto a ser influenciado? Levando em consideração tudo que aprendeu, o que você faria diferente?

6

PONTADAS E APERTOS

Elena e Sanjay, parte 3

Jessica é muito próxima do irmão, Ryan. Os dois estão solteiros e moram na mesma cidade. Eles têm vidas atarefadas e independentes, mas sempre gostaram de estar na companhia um do outro. Tradicionalmente, é Jessica quem costuma ligar para conversar e sugerir que se encontrem depois do trabalho para beber ou jantar. Porém, nos últimos meses, ela passou a se sentir um pouco ressentida por ser a única a tomar iniciativa; antes, as coisas pareciam mais equilibradas. Ela sabe que Ryan está muito ocupado no emprego novo e está naquela idade em que muitos fins de semana são preenchidos por despedidas de solteiro e casamentos, então não reclama. Quando Jessica o convida para sair, ele sempre é receptivo, então ela continua ligando e não quer criar caso por causa disso. Porém se sente um pouquinho mais irritada a cada telefonema por sempre precisar ser a pessoa que convida. Com o tempo, a irritação se transforma em raiva e mágoa.

Em uma sexta-feira, ela liga para o irmão para chamá-lo para o cinema depois do trabalho, e ele diz que sente muito, mas precisa terminar um relatório. Jessica explode.

– Como se já não bastasse você nunca me chamar para sair, agora não quer nem se dar ao trabalho de passar duas horas comigo. Já entendi que você não faz mais questão da minha companhia.

– Por que você está fazendo esse escarcéu? – responde Ryan, surpreso. – De onde saiu tanta carência? Nossa relação sempre foi tão fácil, Jessica. Se você tentar me encher de culpa, aí que vou ficar com menos vontade de encontrar com você.

Jessica chega à conclusão de que teria sido melhor não tocar no assunto. No entanto, se ela tivesse falado alguma coisa antes de seu incômodo se transformar em raiva, talvez conseguisse evitar uma briga séria, dizendo algo como: "Escute, Ryan, estou começando a me irritar por ser sempre eu quem chama você para sair, e achei melhor tocar no assunto antes de a situação piorar. Sei que você anda muito ocupado. Quero respeitar isso, mas também compartilhar que não me sinto bem sabendo que eu preciso ser a pessoa que entra em contato."

As pessoas costumam dizer, como Jessica, que evitam oferecer feedbacks críticos por bondade, pelo bem da outra pessoa. Mas é pelo bem da outra pessoa mesmo ou pelo nosso? Nessa situação, Jessica já estava irritada sem que Ryan soubesse o motivo. Esconder isso beneficiava ele ou o relacionamento? E se ele tiver o comportamento padrão de nunca entrar em contato com os outros, como se beneficiaria em nunca saber disso?

Jessica armou uma cilada para si mesma quando não prestou atenção no aumento da sua frustração. Em vez disso, menosprezou as próprias emoções, um hábito comum entre as pessoas. Porém, aquela velha história de "se você não controlar suas emoções, elas vão controlar você" é verdade.[15]

Na linguagem do Dinâmicas Interpessoais, nós diríamos que Jessica inicialmente sentiu uma "pontada" – como quem diz: "Ei, isso não é o fim do mundo, mas me incomoda." Pontadas são inevitáveis em todo relacionamento. Por exemplo, quando alguém faz uma piada que parece ser um pouco às suas custas, você reclama ou, em uma tentativa de "levar na esportiva", ri junto com todo mundo? Ou digamos que você tenha feito um favor para alguém e ache que essa pessoa não reconheceu seu esforço como deveria. Será melhor dizer alguma coisa ou isso seria encarado como mesquinharia? Ou talvez você tenha compartilhado algo pessoal, mas está se sentindo um pouco decepcionado porque a outra pessoa não deu muita atenção. Nada disso é um conflito grave; algumas situações passam batido, porém outras incomodam e, se você não lidar com elas, podem se tornar problemas maiores – que chamaríamos de "aperto".

No começo de um relacionamento, as duas partes se comportam da melhor maneira possível. Conforme vão se conhecendo, entretanto, é inevitável que uma faça algo que incomode a outra. Todos temos um estilo próprio de nos relacionar, de mencionar e solucionar problemas e, em um ambiente empresarial, de trabalhar. Essas diferenças podem ser compatíveis. Ou não. É um dilema: você quer ser completamente você mesmo, mas e se a sua personalidade incomodar a outra pessoa?

Questões interpessoais são inevitáveis, uma parte normal de construir e manter relacionamentos. Mas, como este capítulo mostra, é mais fácil lidar com problemas antes de eles se tornarem grandes conflitos. Por exemplo, nós dois estávamos trabalhando em um projeto importante quando David tirou uma folga para visitar os netos. Carole expressou frustração por ter que aguardar as respostas dele para algumas de suas dúvidas antes de dar andamento ao trabalho sozinha. David sentiu uma pontada, pensando na quantidade de vezes que esperou pacientemente até Carole encontrar tempo para o projeto enquanto ela lançava sua startup. Ele poderia ter escondido a irritação, mas sabia que o problema poderia se agravar. Então disse a Carole como se sentiu com os comentários dela. A comunicação aberta de David fez com que os dois lidassem com a questão de forma produtiva: Carole reconheceu a própria impaciência, pediu desculpas e expressou gratidão por todas as vezes que David compensou sua ausência. David disse que ela era uma ótima parceira, ela retribuiu o elogio, e os dois voltaram ao trabalho.

Quando pontadas são resolvidas no começo, é provável que nenhuma das partes saia muito magoada. Por outro lado, uma irritação não resolvida, quando finalmente é mencionada, pode ter se transformado em algo muito maior do que o evento que a causou, misturando-se a várias outras questões. Digamos que seu parceiro ande um pouco esquecido, e você se irrita com isso. Mas a pontada sempre é fraca, então você não reclama. Até que, um dia, ele chega em casa sem o leite que prometeu comprar, e você parte para a briga, falando principalmente do leite. Só que o leite não é o problema – ele foi apenas a gota d'água.

Recentemente, David teve um problema parecido com sua esposa, Eva.

Ele estava na cozinha, passando um café e se preparando para sair, quando Eva disse (um tanto nervosa): "Por que você deixou a colher suja na bancada? Por que não lavou?" Seria fácil para ele responder: "Que diferença faz uma colher? Eu limpo um monte de outras coisas."

Felizmente, ele ficou quieto, porque o problema não era a colher suja, mas o que ela representava. Eva tinha acabado de limpar a cozinha. Não apenas David ignorou a ação, como sua maneira despreocupada de deixar a colher suja na pia foi interpretada por Eva como um sinal de que ele a tratava como uma empregada. Foi apenas quando os dois chegaram ao problema real – a maneira como cada um demonstrava valorizar (ou não) o outro – que conseguiram ter uma conversa produtiva.

Elena e Sanjay, parte 3

Elena e Sanjay continuaram almoçando juntos praticamente todas as semanas e se conheceram ainda mais. Às vezes, eles conversavam sobre interesses pessoais, mas, no geral, falavam sobre trabalho e mudanças na empresa. Esses debates eram tranquilizadores para Elena, e seu sucesso contínuo no emprego aumentou muito sua autoconfiança. Ela parou de remoer os acontecimentos no trabalho anterior.

Sanjay ficava cada vez mais impressionado com a capacidade de Elena de enxergar o panorama geral em vez de se limitar a pontos de vista departamentais. Então, quando foi promovido para comandar o mercado da América Latina, ele convidou Elena, que havia crescido no México, para a equipe. Não apenas ele valorizava seu passado e sua perspectiva, como também não queria que Heather, que já trabalhava para ele, fosse a única mulher no grupo de sete pessoas.

Elena gostava do novo cargo e se sentia valorizada nas reuniões. Ela achava que as questões debatidas eram importantes e mergulhava de cabeça nas conversas. Desde o começo, Sanjay tinha deixado claro que queria que todos "tivessem uma visão abrangente" e "cobrassem uns aos outros para garantir os melhores resultados". Para Elena, era fácil ter uma perspectiva ampla, mas outros colegas tinham dificuldade e frequentemente expressavam opiniões com um ponto de vista limitado.

Elena ficou perplexa por Sanjay não chamar a atenção deles sobre essa tendência. Após observar o comportamento repetidas vezes, ela finalmente decidiu tocar no assunto depois de um dos colegas começar a defender demais a própria área.

– Nós precisamos pensar no panorama geral e no propósito mais amplo, em vez de ficarmos nos limitando – disse ela.

O grupo ficou em silêncio por um instante, e o colega transgressor concordou com a cabeça. Como ninguém acrescentou nada, a conversa seguiu em frente. Apesar do silêncio que acompanhou seu comentário, Elena se sentiu bem por ter falado alguma coisa e notou que, nas reuniões seguintes, os colegas demonstraram ter uma visão mais abrangente.

Uma semana depois, em um dos almoços de quinta-feira, Sanjay disse:

– Agora que você trabalha para mim, estou com medo de o restante da equipe se sentir excluída e achar que estamos falando sobre o projeto e tomando decisões. Que tal abrirmos esse almoço para todo mundo?

Apesar de Elena lamentar a perda, admirou a preocupação dele com os sentimentos dos colegas, então concordou. Nem todo mundo se juntou aos dois nas quintas-feiras, porém a maioria da equipe comparecia, aumentando o clima de amizade.

Enquanto isso, outras dinâmicas nas reuniões começaram a incomodar Elena. Apesar de ela gostar do tom informal e das brincadeiras amigáveis, às vezes o tom das piadas era um pouco sarcástico. *Eu queria que as pessoas fossem mais diretas*, pensou ela, mas decidiu deixar para lá. O fato mais grave era que, com frequência, os comentários que fazia não recebiam resposta alguma, mas cinco minutos depois um dos homens usava o mesmo argumento e era bem-recebido pela equipe, que debatia o tema sem qualquer menção de que ela havia dito aquilo antes. Quem mais costumava fazer isso era Steven, que parecia ter dificuldade em prestar atenção quando ela dava uma ideia, mas fazia as mesmas sugestões pouco depois. Elena ficava especialmente chocada ao ver que até Sanjay, de quem esperava mais, por ser tão sensível, parecia prestar mais atenção quando um homem comentava algo que ela havia acabado de dizer.

Um dia, ao sair com Heather de uma reunião em que o problema ocorrera novamente, Elena perguntou se ela havia percebido.

– É claro – respondeu Heather, e deu de ombros. Em um tom meio resignado, acrescentou: – Mas o que você esperava? E os homens interrompem muito mais a gente do que uns aos outros. O mundo é assim mesmo.

Elena não queria simplesmente aceitar a situação. Além disso, o comportamento de Sanjay a incomodava bastante: como ele era o líder, as expectativas dela em relação a ele eram maiores. Elena achava que ele entendia questões de gênero e imaginava que repreenderia esse comportamento problemático nas reuniões. Ela ficou com medo de falar sobre o assunto com o grupo e ser vista como "sensível demais". Também ficou com medo de conversar com Sanjay a respeito e ele achar que ela estava usando a amizade dos dois para pedir um favor. *Ah, isso é besteira*, pensou ela. *Vou deixar pra lá.*

No fim das contas, não foi tão fácil assim. À medida que o comportamento se repetia em reuniões seguintes, Elena foi ficando cada vez mais incomodada. Então o grupo da América Latina apresentou um relatório sobre o próprio progresso para o comitê executivo, e um dos vice-presidentes adorou uma abordagem apresentada. Sanjay disse:

– Sim, nós gostamos muito dessa recomendação.

Elena pensou: *A ideia foi basicamente minha, e tive que insistir nela; teria sido legal receber algum reconhecimento.* Quando saíram da sala, Elena foi caminhando ao lado de Sanjay e, em voz baixa, explicou por que estava incomodada.

– Nós somos uma equipe – respondeu ele –, e preciso que todo mundo vista a camisa do grupo.

Por que não falamos sobre as pontadas

As pessoas hesitam em mencionar pontadas por medo de parecerem sensíveis e mesquinhas. Você provavelmente conhece alguém que se ofende com qualquer bobagem, e não quer se comportar da mesma maneira. Ou talvez pense: *Não vale a pena*. Isso é verdade às vezes, mas se você parar para pensar um pouco mais, em algumas ocasiões vai perceber que a questão é mais importante do que imaginava. Tente o seguinte: coloque o pronome "eu" ou "você" no começo da frase, como "Eu não valho a pena" ou "Você não vale a pena". Continua sendo melhor não tocar no assunto? Você pode preferir permanecer quieto em algumas situações, porém é comum perceber que existem vários outros sentimentos por trás dos que você reconheceu no começo.

As pessoas também evitam falar sobre as pontadas porque ficam com medo de piorar a situação. Será que, se você reclamar, o outro vai revidar? Isso vai trazer à tona várias outras questões? Ou seria melhor se segurar porque o relacionamento – ou a outra pessoa – parece frágil? Quando falamos desse assunto em sala de aula, perguntamos aos alunos: "Se um comentário de vocês causasse uma pontada em algum amigo, vocês iriam querer que ele falasse alguma coisa?" Quase sempre, os alunos respondem que sim. Nós acrescentamos: "Então por que não querem fazer a mesma coisa quando são vocês que sentem a pontada?"

Um último motivo para nossa resistência a pontadas é que presumimos que o outro não fez por mal. Nós pensamos: *Se ele não queria me magoar, para que vou criar caso?* Esse raciocínio pode ter funcionado na primeira vez que Steven repetiu o comentário ignorado de Elena, mas é uma desculpa mesmo assim. Como veremos no próximo capítulo, existe uma diferença entre a *intenção* do outro e o *efeito* do comportamento dele. O fato de Elena estar incomodada era indiscutível – seu sentimento não precisava de justificativa para existir.

Na verdade, a probabilidade de Steven não ter feito por mal talvez a ajudasse a mencionar a pontada. Enquanto os dois saíam da reunião, ela poderia ter dito em um tom despreocupado:

– Obrigada por usar as minhas ideias que foram ignoradas, Steven. Mas eu preferia que você tivesse reconhecido que eu havia pensado nelas primeiro.

Seria bem provável que Steven respondesse:

– Desculpe, não percebi que fiz isso.

E Elena poderia acrescentar:

– Imaginei mesmo que não tivesse.

A pontada foi comentada, reconhecida e solucionada.

Enquanto Elena sente apenas uma pontada, ela consegue fazer o comentário de forma tranquila. Porém, se esperar até se irritar ainda mais e expressar essas mesmas palavras com os dentes trincados, Steven poderá achar que está sendo atacado. Ao lidar com a questão no começo, Elena provavelmente se sentirá melhor, e Steven poderá ficar mais atento às suas atitudes problemáticas. Se ele continuar a repetir os comentários dela sem lhe dar crédito, Elena então terá motivo para tocar no assunto de novo, sendo mais enfática.

Muitas pontadas desaparecem, mas pergunte a si mesmo: "Essa pontada vai persistir?" "Ela vai se acumular com outros problemas?" "Levará a uma briga maior sobre esquecer de comprar leite em vez daquilo que realmente está acontecendo?"

Quando uma pontada aumenta dessa maneira, ela corre o risco de se tornar um aperto. Apertos são bem mais problemáticos, porque, além da probabilidade de os ânimos já estarem exaltados, é provável que você tenha ficado com uma impressão negativa da outra pessoa. Elena ainda não havia alcançado esse nível, porém estava chegando perto, então foi uma boa ideia tocar no assunto com Sanjay enquanto saíam da reunião, apesar de ele não ter dado a resposta que ela esperava.

Conforme pontadas se transformam em apertos, começamos a criar uma história que pode incluir *suposições negativas* sobre a outra pessoa. Vejamos a pontada de Elena com Steven. Ela não o conhece muito bem, porém o hábito dele de "roubar" suas ideias (na interpretação dela) provavelmente a levará a questionar os motivos e o caráter do colega. Será fácil construir narrativas. *Ele não gosta de mulheres fortes. Ele quer ser o centro das atenções. Ele precisa receber elogios de figuras de autoridade.* Nenhuma dessas teorias – mesmo que nunca sejam ditas em voz altas – irá ajudá-la a construir uma relação positiva com esse colega importante.

Além disso, quando criamos uma história negativa, tendemos a *coletar dados específicos* ou, como nós gostamos de dizer, "construir argumentos que apoiam nossa opinião". A verdade é que, independentemente do quanto você acredita ser objetivo, todo mundo está sujeito a ser vítima do viés de confirmação.[16] Quando desenvolvemos uma crença, ou até uma suspeita, começamos a prestar mais atenção em incidentes que a confirmem, descartando tudo que se oponha a ela. É provável que Elena prestasse mais atenção nas situações em que suas ideias fossem ignoradas e reformuladas pelos outros, especialmente por Steven. Da mesma forma, ela se sentiria motivada a notar os momentos em que Sanjay parece ignorá-la ou minimizar as contribuições que dá à equipe. Ela também ficaria *menos* propensa a notar quando era ouvida, reconhecida ou apreciada pelos dois.

Mas teve graça?
O uso do humor ao mencionar pontadas

Vamos imaginar que Elena, em vez de falar com Steven depois da reunião, estivesse cansada de vê-lo "roubando" suas ideias e dissesse no meio da reunião: "Boa ideia, Steven, e é igualzinha à que eu acabei de dar. Acho que a gente precisa ter voz grossa para ser ouvida por aqui." Mesmo que isso seja dito com um sorriso e um tom despreocupado, como pode soar? Por um lado, o resultado pode ser positivo. Todo mundo ri, inclusive Steven, e ele reconhece que ela tem razão. Ele (e os outros) param de ter esse comportamento, e as contribuições de Elena começam a ser ouvidas.

O humor funciona nesse tipo de situação exatamente porque tem o poder de ajudar as pessoas a se conectar. Victor Borge disse: "A risada é a distância mais curta entre duas pessoas." Compartilhar uma piada ou um comentário agradável pode nos aproximar uns dos outros. É algo que melhora o clima e anima todo mundo. Quando brincamos e rimos, não apenas nos conhecemos melhor, como também sentimos um tipo especial de liberdade. Como sugere a pesquisa de nossas colegas Jennifer Aaker e Naomi Bagdonas: "O riso nos torna mais resistentes fisicamente a tensões e fatores estressantes... facilita a aproximação social e aumenta a confiança. Quando as pessoas riem juntas no trabalho, relacionamentos melhoram, e elas se sentem mais valorizadas e dignas de confiança."[17] No melhor dos cenários, a piada de Elena melhoraria sua relação com os colegas e faria a equipe ficar mais unida.

Por outro lado, o humor raramente funciona quando a piada é feita às custas dos outros ou é uma indireta sobre algo que não tem graça alguma. E Elena não sabe como Steven pode interpretar seu comentário. Caso fique com vergonha por receber uma advertência na frente dos colegas, talvez ele sinta mais do que uma pontada. Mesmo que não se ofenda, talvez ele e os outros interpretem o comentário apenas como uma piada, ignorando a mensagem. E, caso a mensagem seja ouvida, isso pode aumentar a distância entre os dois se ele passar a se proteger de futuras provocações e ela ficar à espreita de uma possível retaliação. É pouco provável que o comentário o incentive a se mostrar vulnerável. E é possível que passe a ideia de que Elena e os outros preferem que irritações sejam mencionadas de forma indireta – quando, na verdade, Elena já estava incomodada com esse hábito da equipe.

O humor também pode ser um escudo que usamos para nos esconder caso o outro se ofenda. E se Steven respondesse com: "Essa doeu; o que está acontecendo?" *Essa* poderia ser uma abertura para uma conversa sincera, na qual Elena declararia seus sentimentos de forma direta. Mas e se ela dissesse: "Ah, você não tem senso de humor?" Aí ele receberia duas provocações. Não apenas o problema teria sido ignorado, como toda a confiança que havia entre os dois se perderia. Além disso, talvez os outros colegas deixassem de ver Elena como uma pessoa direta e confiável.

O problema de usar o humor para transmitir mensagens é sua ambiguidade inerente. Não fica claro o quanto Elena está irritada com a mania de Steven de repetir suas ideias. Ela realmente se irritou ou só está um pouquinho incomodada? E não dá para saber como Steven encara o comentário. É melhor, especialmente se você se preocupa com o relacionamento, ter o tipo de conversa direta que Elena teria se mencionasse seu problema para Steven enquanto saíam da reunião.

Isso não quer dizer que o humor nunca funcione, mas você precisa interpretar o contexto. Sua pontada é muito incômoda? (Lembre que sua reação pode ter mais nuances do que parece.) Como é o senso de humor do outro? Algumas pessoas gostam de respostas sarcásticas, mesmo que sejam às custas delas, enquanto outras levam tudo a sério. Você também precisa levar em consideração o seu grau de intimidade com o interlocutor. Se a outra pessoa sabe que você gosta dela, um comentário sarcástico pode ter um bom resultado. E, finalmente, pense no ambiente. Quando todos esses fatores forem contabilizados, podemos usar o humor.

Por exemplo, David tem uma amiga chamada Jane Anne, que gosta de organizar jantares. Apesar de ser ótima cozinheira, ela passava boa parte das refeições pedindo desculpas, dizendo que a comida não tinha saído como o planejado; estava cozida demais, ou pouco temperada, ou uma dezena de outras críticas. O fato de os convidados negarem enfaticamente essas críticas, porque a comida dela sempre era ótima, não mudava em nada esse comportamento. Os elogios não faziam diferença para Jane Anne, que continuava exigindo demais de si mesma. Então, em certo jantar, após a mesma coisa acontecer, sua amiga Peggy disse: "Adorei a comida, Jane Anne, pode me passar a receita? Mas sem a autocrítica." As gargalhadas surtiram efeito, porque, depois dessa noite, os pedidos de desculpas de Jane Anne diminuíram bastante.

Nesse caso, Jane Anne e Peggy eram boas amigas, e Jane Anne sabia que Peggy gostava dela e a respeitava. Dava para perceber que Peggy queria não ofendê-la, mas impedir Jane Anne de continuar ofendendo *a si mesma*. Os outros convidados também eram amigos, então todo mundo entendeu a situação. Nesse caso, o feedback deu certo e é um bom exemplo de como o humor pode ser útil nas situações adequadas.

Elena provavelmente não deveria usar essa abordagem com Steven ou Sanjay. Ela tentou tocar no assunto enquanto ela e Sanjay saíam da reunião com o comitê executivo, mas não teve muito sucesso, o que aumentou sua irritação. Agora a pontada começa a se transformar em aperto, e ela decide que precisa ter uma conversa franca com Sanjay. O desafio é como fazer isso de modo a resolver o problema e continuar aprofundando a relação dos dois. Será necessário oferecer um feedback de comportamento específico – uma competência fundamental que explicaremos a seguir.

Para aprofundar o conhecimento

AUTORREFLEXÃO

1. <u>Imagine que você é Elena.</u> *Como você reagiria nas reuniões de equipe, quando suas ideias tendem a ser ignoradas e então usadas pelos outros? Você deixaria para lá ou diria alguma coisa? E depois da reunião com o comitê executivo, quando Sanjay fez pouco caso do seu questionamento, o que você faria? Seja específico sobre suas ações e falas.*

2. Como lidar com pontadas: Pense nas pontadas que você já sentiu.

    - Como você costuma reagir a elas? Você apenas aceita, deixa para lá, se fecha, busca uma oportunidade de causar uma pontada em retaliação ou fica chateado?

3. Relacionamento importante: Você sente uma pontada em algum relacionamento importante atualmente? Por que ainda não tocou no assunto?

4. Uso do humor: Como você costuma usar o humor? O que acontece quando faz isso? Você usa o humor de um jeito problemático? Você tem um amigo que usa o humor de forma positiva? Como ele faz isso?

PRÁTICA

Se você respondeu sim na questão 3, converse com a pessoa.

Nas próximas semanas, note os momentos em que sente uma pontada. Você consegue diferenciar quais podem ser ignorados e quais devem ser mencionados? Reconhece algum padrão nas suas escolhas? O que está disposto a fazer depois de reconhecer essas tendências?

Algum conhecido não reage bem quando você menciona uma pontada? Por exemplo, essa pessoa faz pouco caso do seu comentário, acusa você de ser sensível demais ou fica na defensiva? Se essas reações inibem suas tentativas de conversar sobre pontadas, como mencionar o problema para melhorar o relacionamento?

Se você tende a usar demais o humor, converse com alguns amigos mais íntimos e pergunte se aquilo que você diz sempre é interpretado da maneira intencionada. Talvez seja bom pedir detalhes sobre os comentários que funcionam e os que não funcionam.

Você conhece alguém que usa o humor de um jeito incômodo? Talvez o tom da pessoa seja depreciativo, ou ela tente transmitir uma mensagem com indiretas. Não é um problema grave, mas essa pontada faz você se sentir inseguro e impede que os dois se tornem mais íntimos. Pense em como tocar no assunto para melhorar o relacionamento e então siga seu plano.

COMPREENSÃO

Nessas conversas, você começou o processo de remover obstáculos para aprofundar a relação. Como foi? O que aprendeu sobre si mesmo e sobre aprofundar relacionamentos?

OBSERVAÇÃO: Experimentos práticos podem não dar certo no começo. O mais importante é que você e a outra pessoa aprendam com eles, inclusive habilidades desenvolvidas no processo de solucionar problemas.

7
POR QUE O FEEDBACK É O CAFÉ DA MANHÃ DOS CAMPEÕES

Elena e Sanjay, parte 4

Elena decidiu conversar com Sanjay e oferecer feedback. A questão era fazer isso de forma que ele levasse suas preocupações a sério. Ela não queria que ele se sentisse atacado ou criticado. Também não queria que ele achasse que ela estava pedindo um favor especial ou tirando vantagem da amizade entre os dois.

O *feedback de comportamento específico* ajudaria Elena a ser direta sem soar ofensiva. Essa é uma competência fundamental, que permite que você toque em assuntos difíceis sem deixar a outra pessoa na defensiva. Não apenas soluciona questões interpessoais, como também é essencial para o aprendizado pessoal e para construir relacionamentos significativos.

O método é ainda mais importante quando você deseja oferecer um feedback que parece inviável. Nós dois seguimos a linha contrária e acreditamos piamente que você pode dizer (quase) qualquer coisa para (quase) qualquer pessoa quando foca na sua própria realidade. Colocamos os "quase" entre parênteses porque, pela nossa experiência no meio acadêmico, temos o hábito de tomar cuidado com declarações categóricas. Porém, depois de tomarmos duas taças de vinho, deixamos os "quase" de lado.

Concordamos com Joel Peterson, nosso colega de Stanford e presidente do conselho da JetBlue, que diz: "O feedback é o café da manhã dos campeões."

Focar na própria realidade é mais complicado do que parece, já que existem três áreas diferentes de compreensão, ou realidades, quando duas pessoas interagem. Tomemos como exemplo a conversa entre Sanjay e Elena ao saírem da reunião com o comitê executivo, quando Elena expressou seu incômodo por Sanjay não reconhecer a contribuição dela no relatório do grupo. A primeira realidade é a *intenção* de Sanjay, que desejava que todo mundo "vestisse a camisa do grupo". Essa primeira área é conhecida apenas por Sanjay. Ela inclui *as necessidades, os motivos, as emoções e as intenções* dele. A segunda realidade é o seu *comportamento*, e essa é a área que ambos acessam. Ela consiste nas palavras, no tom, nos gestos e nas expressões faciais de Sanjay, entre outros. A terceira realidade é o *impacto* do comportamento dele sobre Elena, uma área em que Elena é especialista. Trata-se das reações (emoções e respostas) dela. Observe que, no começo, cada pessoa só tem conhecimento de duas das três realidades. Sanjay não sabe qual foi o impacto do seu comportamento sobre Elena, e Elena não sabe quais foram os motivos ou as intenções dele.

Se Elena focar na própria realidade, pode conversar sobre os problemas de forma direta e não acusatória, ajudando os dois a compreender o que está acontecendo. Ela pode mencionar o comportamento e compartilhar suas reações. Não é necessário saber quais eram as intenções de Sanjay. O feedback só se torna acusatório quando ela sai da própria realidade e faz comentários sobre as motivações do amigo. Quando explicamos esse modelo, pedimos aos alunos que imaginem uma rede de tênis entre a primeira e a segunda "realidade" – isto é, entre a intenção e o comportamento. No tênis, você não pode entrar no campo do oponente, e o mesmo vale para o feedback. *Você precisa ficar no seu lado da quadra.*

CICLO INTERPESSOAL: TRÊS REALIDADES

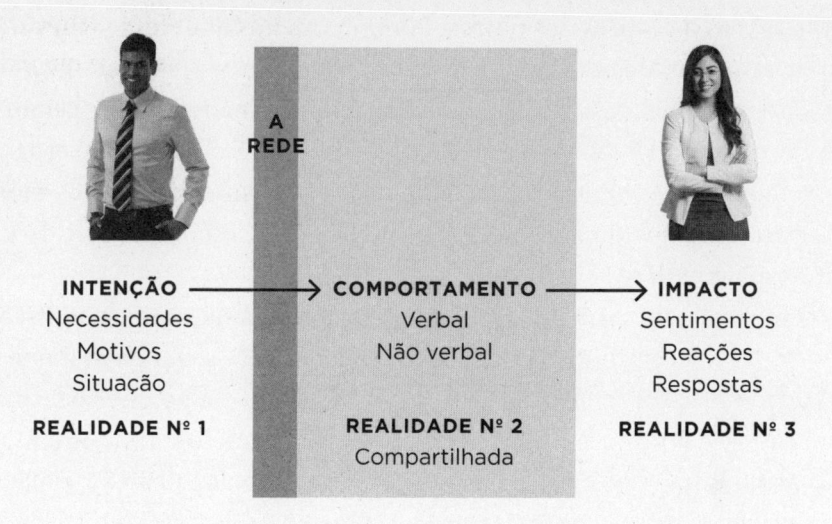

A REDE

INTENÇÃO → **COMPORTAMENTO** → **IMPACTO**
Necessidades / Verbal / Sentimentos
Motivos / Não verbal / Reações
Situação / / Respostas

REALIDADE Nº 1 — **REALIDADE Nº 2** (Compartilhada) — **REALIDADE Nº 3**

Por que a maioria dos feedbacks não surte efeito

Em geral, as pessoas não utilizam esse modelo de feedback. Elas não focam na própria realidade, mas atravessam a rede ao tirar conclusões sobre o outro. Elas dizem: "Você não quer ajudar", "Você só quer vencer a briga!", "Sinto que você só pensa em si mesmo" ou "Sinto que você não se importa". (E você já sabe o que achamos sobre palavras que indicam emoção. Porém, caso tenha esquecido, nenhuma dessas frases indica sentimentos!) Não é de admirar que muitos feedbacks causem mágoa e deixem as pessoas na defensiva, já que provavelmente fazem o outro se sentir incompreendido ou, pior, atacado.

Ironicamente, crianças têm mais facilidade em permanecer do seu lado da quadra do que adultos. Quando os filhos de Carole tinham 5 e 7 anos, ela ouviu a mais nova dizer para o mais velho: "Nick, essa é a terceira vez que você escolheu a brincadeira, e não gosto disso. Se eu não escolher a próxima, não vou brincar." A mais nova não tinha conhecimento suficiente para bolar um motivo ("Você quer controlar tudo") ou classificar o comportamento do irmão ("Você está fazendo bullying comigo"). Em vez disso, foi muito específica sobre o comportamento de Nick que a desagradava e expressou sua irritação. Simples assim! Depois disso, eles se alternaram em escolher as brincadeiras e... nunca mais brigaram. (Até parece!)

Adultos costumam cair na armadilha de pensar que entendem os motivos e as intenções dos outros. Porém, a menos que eles tenham sido explicitamente declarados, *aquilo que pressupomos é apenas um palpite*. As intenções das pessoas são a realidade delas, não a nossa. Lembre-se do ditado: "De boas intenções, o inferno está cheio." Na verdade, o problema é o *comportamento* do outro, e podem existir vários motivos para uma pessoa, mesmo com a melhor das intenções, agir de um jeito problemático.

O feedback também dá errado quando a pessoa que o oferece acredita estar descrevendo o comportamento do outro (a segunda realidade), mas não faz isso de verdade. Um comportamento é algo que você pode indicar – palavras, gestos e até o silêncio são exemplos. Um teste útil é se questionar: se outra pessoa assistisse a um vídeo da interação, ela diria que viu os mesmos comportamentos? Por outro lado, dizer "Você só quer ganhar a briga" não é um comportamento que pode ser observado; é um julgamento feito com base em uma série de comportamentos. O que exatamente a pessoa fez para você chegar a essa conclusão? Ela interrompeu seus argumentos e falou por cima de você, menosprezou o valor das suas contribuições ou continuou insistindo nos próprios argumentos até você desistir? Estas três últimas possibilidades são comportamentos.

Pode parecer preciosismo nosso, porém, se o outro tiver tendência a negar seu feedback, quanto mais detalhes você oferecer, mais ele terá dificuldade em fazer isso. Vai ser difícil para alguém desmerecer um feedback se você relembrar quatro vezes em que ele não deixou as pessoas concluírem seus argumentos. Foram esses comportamentos que fizeram você acreditar que ele queria vencer a briga, mas essa foi uma conclusão *sua*.

Outro problema comum é que você nem sempre está ciente de todas as formas como o comportamento da outra pessoa lhe afeta. Isso é importante, porque reconhecer as próprias reações e emoções, em especial, é a sua "especialidade" e a base da sua influência. Como Elena se sentiu quando Sanjay não reconheceu as contribuições dela? Ficou *levemente incomodada* ou *muito chateada*? Como isso, por sua vez, afetou seu comportamento com Sanjay? Ela perdeu um pouco da confiança nele? E, por fim, isso afetou sua vontade de sugerir novas ideias e diminuiu seu comprometimento com o trabalho? Sanjay provavelmente prestará mais atenção nessas reações, porque elas também dizem respeito ao desempenho dele, e compartilhá-las provavelmente fortaleceria o feedback de Elena.

O poder do feedback de comportamento específico

O feedback de comportamento específico é poderoso por muitos motivos. Se Elena focar na própria realidade – o comportamento observável de Sanjay e as reações dela –, seu feedback será irrefutável. Quando ela disser "Eu me senti pouco valorizada quando você não mencionou minha contribuição para aquela decisão", Sanjay não poderá responder "Não se sentiu, não", porque então entraria no lado dela da quadra. Porém se Elena saísse da própria realidade e presumisse as intenções dele, dizendo algo como "Você não reconheceu meu papel porque não acha importante dar crédito aos outros", ele poderia dizer "Não, isso não é verdade", e os dois chegariam a um impasse.

Há outra vantagem em Elena oferecer um feedback com base na própria realidade: é mais provável que Sanjay explique por que agiu daquela forma. Ao sair da reunião com o comitê executivo, quando Elena expressou seu incômodo, Sanjay rebateu: "Preciso que todo mundo vista a camisa do grupo." Agora ela sabe quais eram as intenções dele. Esse é um dos motivos pelos quais a pessoa que oferece feedback não precisa supor as intenções do outro: mais cedo ou mais tarde, ele mesmo vai lhe contar.

Ao tocar no assunto antes de decidir se afastar de Sanjay, Elena deu a ele um presente. Lembre que Sanjay só conhece duas de três realidades; ele não sabe como seu comportamento afetou Elena – apenas ela tem essa informação. Para ser um líder eficiente, ele precisa entender como seus atos e palavras estão sendo interpretados. Como dizem por aí, ele não é adivinho. O fato de Elena expressar sua pontada foi uma deixa para Sanjay enxergar que seus atos podem ter consequências problemáticas. Sua resposta imediata foi desmerecer a reclamação, porém ele provavelmente seria menos propenso a fazer isso caso ela tivesse compartilhado a própria realidade. De fato, Elena acabou ficando na dúvida sobre o que mais poderia falar.

O motivo de enfatizarmos o feedback de *comportamento específico* é que feedback em excesso deixa de ser direcionado e se torna inútil, talvez até destrutivo. Se o gerente de Joe disser a ele: "Joe, você tem um comportamento péssimo e isso atrapalha seu trabalho", Joe vai se sentir na defensiva e confuso. Ele não recebeu uma informação exata sobre o que fez de errado nem como melhorar. Quais atos são problemáticos? Todos? Que parte do trabalho está ruim? Tudo que Joe faz? Não é de surpreender que as pessoas evitem dar feedback e pensem que precisam "amenizar a situação" com trivialidades.

O foco no comportamento evita esses problemas. É dizer: "Joe, na reunião de hoje, percebi que você só falou da sua área e não se interessou pelas questões dos outros. Se você quiser que outras pessoas levem seus problemas a sério, precisa fazer o mesmo com elas." Esse feedback específico dá menos espaço para Joe pensar que *tudo* que ele é e faz está sendo questionado.

Muitas pessoas evitam oferecer feedbacks negativos por medo de causarem reações negativas e desmotivação. O problema é o termo "feedback negativo". Nós dois detestamos essa expressão, porque acreditamos que todo feedback comportamental é positivo, mesmo quando se refere a um ato problemático. *Comportamentos* podem mudar, e o feedback é uma oportunidade para melhoria. Nós preferimos a palavra "afirmativo" para descrever feedbacks sobre comportamentos que você gosta e que deseja citar como pontos fortes, e "evolucionário" para aqueles referentes a atitudes problemáticas.

Todo feedback é um dado. A informação pode transmitir algo sobre o emissor e também sobre o receptor (no geral, transmite sobre os dois). Porém, trata-se de dados, e quanto mais dados melhor. Em resumo, é preferível saber do que ignorar. Anos atrás, um aluno foi conversar com Carole depois da aula e disse que se sentiu desrespeitado quando ela olhou para o relógio de pulso enquanto ele respondia a uma pergunta (não havia relógio na sala, e ela precisava terminar de dar a matéria naquele dia). Apesar de o ato ter uma explicação, o feedback do aluno continha uma informação importante, e, sem ela, Carole jamais poderia lidar com o incômodo dele nem se sensibilizar com outros alunos que poderiam se sentir da mesma maneira no futuro. O feedback oferecido com a intenção de ajudar sempre é positivo.

Essas orientações também são importantes quando o feedback é afirmativo. Se você apenas me disser "Bom trabalho", posso me sentir satisfeito e orgulhoso na hora, porém seria um comentário sem muito significado. O que exatamente eu tinha feito para agradar? Como isso afetou você? O que eu posso aprender com essa situação para aplicar meus pontos fortes no futuro?

Nos próximos capítulos, voltaremos com frequência ao modelo do feedback de comportamento, porque a maneira como ele traz à tona e soluciona questões faz com que todas as partes sejam mais autênticas. Isso, por sua vez, não apenas mantém os relacionamentos no rumo certo, como também os aprimora e aprofunda, como veremos mais adiante.

Elena e Sanjay, parte 4

Elena entrou em contato com Sanjay para "conversar sobre uma questão relacionada à equipe da América Latina". Ele concordou de bom grado e a convidou para ir à sua sala naquela tarde.

Após cumprimentá-lo, Elena começou:

– Sanjay, precisamos conversar, porque estou cada vez mais frustrada com o grupo. Parte do problema são meus colegas, mas outra parte tem a ver com você, e quero muito resolver isso.

Sanjay pareceu surpreso.

– Não se preocupe – retomou Elena –, não é nada grave, mas estou incomodada, e isso começou a me deixar menos empolgada com o trabalho.

– O que houve? – perguntou Sanjay, preocupado.

– Como acho que você já percebeu, estou muito comprometida com o grupo e me esforço para dar ideias e colaborar com as reuniões. Mas já aconteceu de eu fazer um comentário, ninguém dizer nada e cinco minutos depois um dos homens repetir a mesma coisa e receber uma resposta. Nesses momentos, sinto que sou ignorada.

– Sim, já notei isso algumas vezes – respondeu Sanjay. – E sinto muito.

– Você percebeu e não disse nada? Isso me deixa ainda mais decepcionada.

– Bem, eu não sou babá de marmanjo – disse ele, um pouco na defensiva.

– Sanjay, você é o líder, então precisa dar o exemplo. E, quando não diz nada, normaliza esse tipo de comportamento. Mas isso é só parte do problema.

– Tem mais?

– Sim. Eu consigo lidar com meus colegas. Só que a situação fica ainda mais difícil e decepcionante quando você tende a ficar quieto quando faço um comentário, mas começa um debate quando um homem repete a mesma coisa alguns minutos depois.

– Não, eu não faço isso.

– Bem, na última reunião, isso aconteceu duas vezes – retrucou Elena, e identificou incidentes específicos, oferecendo detalhes.

Sanjay pensou por um instante.

– Puxa, você tem razão. E me desculpe. Vou prestar mais atenção. Mas você sabe que valorizo muito as suas contribuições. Nosso relatório para o comitê executivo ficou muito melhor por causa das suas ideias.

– Sim, Sanjay, eu sei que você valoriza minhas opiniões, e nunca acreditei que você ignorasse meus comentários de propósito. Talvez você não perceba quando age assim, e foi por isso que eu quis conversar. – Ela fez uma pausa rápida, antes de continuar: – Já que estamos aqui, fiquei frustrada com outra coisa.

– Com o quê?

– Foi na reunião com o comitê executivo ontem. A ideia que mais os agradou foi fruto de muita insistência minha, e não recebi nenhum reconhecimento seu.

– Mas é como eu disse, precisamos vestir a camisa do grupo. Estamos todos juntos nessa.

– Tudo bem. Na minha opinião, vestir a camisa não significa que precisamos perder nossa identidade nem que contribuições diferentes de cada um não devam ser reconhecidas. Estou comprometida por muitos motivos, e seria bom receber algum reconhecimento pelas minhas contribuições.

Sanjay pensou por um instante e disse:

– Não quero favoritismos. Todo mundo precisa se sentir valorizado.

– Sanjay, eu concordo com isso, mas acho que podemos ser valorizados de formas diferentes. Não é oito ou oitenta. Reconhecer as minhas contribuições não significa ignorar as dos outros. Acho que todo mundo gosta de se sentir valorizado. Escuta, você organiza as reuniões de um jeito ótimo, não deixa a gente perder o fio da meada e nos mantém focados nos objetivos, mas eu gostaria que minha dedicação fosse reconhecida. Não posso falar pela equipe inteira, mas ficaria surpresa se eu fosse a única a pensar assim. Foi por isso que toquei nesse assunto.

Sanjay ficou em silêncio por algum tempo e depois disse, baixinho:

– Eu sei disso, mas... Acho que não mencionei seu papel na reunião do comitê executivo porque fiquei com medo de as pessoas acharem que estou favorecendo você por causa da nossa amizade.

– Eu entendo. – Elena assentiu. – Não quero receber nenhum tratamento especial. Quero que você dê a cada um de nós crédito por aquilo que oferecemos. Reconhecer o que eu fiz não impede você de reconhecer a Heather ou o Steven, ou qualquer outra pessoa na equipe. Também quero deixar claro que a minha *intenção* ao dar todo esse feedback é mostrar o impacto negativo que seu comportamento causa em mim, e fazer isso cedo o suficiente para que a situação não se transforme em uma bola de neve. Fiz questão de ter esta conversa pelo valor que dou ao nosso relacionamento.

Sanjay concordou com a cabeça.

OBSERVE QUE, DESDE O começo da reunião na sala de Sanjay, Elena focou na própria realidade e não fez acusações nem atribuiu conotações negativas aos motivos ou intenções de Sanjay. (Ela atravessou a rede com atribuições *positivas* quando disse: "*Sei* que você valoriza minhas opiniões." As pessoas raramente entram na defensiva quando atribuímos intenções positivas, e o objetivo de Elena ao dizer isso foi separar intenções de resultados comportamentais.)

Elena falou sobre os próprios sentimentos e o que acontecia com ela. Também colocou a situação em perspectiva quando disse "não é nada grave" e reconheceu emoções amenas: *incomodada*, não *irritada*. Então ela falou sobre como sua dedicação ao projeto era afetada pelo comportamento de Sanjay, tirando o foco apenas dela e passando para algo que também poderia preocupá-lo. Ela deixou claro que estava tocando no assunto porque valorizava o relacionamento dos dois, o que também é um elemento importante do feedback eficiente. Além disso, em vez de assumir uma postura antagônica, ela transmitiu um interesse em comum. Ela falou sobre comportamentos específicos que a incomodaram e foi capaz de oferecer dois exemplos recentes. A importância deste último recurso é que esses comportamentos aconteceram pouco tempo antes da conversa. O feedback dado pouco depois de um evento tem um impacto maior porque o acontecimento ainda está fresco na mente de todos. Comentar um comportamento que ocorreu meses antes é bem menos útil, já que ele se tornou uma lembrança distante, talvez até distorcida.

Como Elena falava sobre um assunto importante para Sanjay, pôde ser direta. Muitas pessoas, especialmente ao lidar com figuras de autoridade, acreditam que precisam fazer rodeios. Elena não teve que fazer isso, já que as informações que desejava transmitir eram necessárias para que Sanjay aprimorasse seu papel como líder.

O ponto inicial é ser claro sobre o comportamento. No entanto, duas pessoas podem chegar a conclusões diferentes sobre a mesma atitude. Elena acredita que o fato de Sanjay não chamar a atenção dos membros da equipe (um comportamento observável) tem um impacto negativo e diminui sua autoridade, mas ele pode achar que está dando espaço para os outros assumirem essa responsabilidade e não ficarem dependendo dele. E aí? Nenhum dos dois sabe como o silêncio de Sanjay afeta os outros membros da equipe, mas, agora que identificaram o comportamento em questão, podem trabalhar juntos para descobrir qual é seu verdadeiro impacto.

Elena não bolou teorias sobre as intenções de Sanjay. Na verdade, foi Sanjay quem compartilhou os motivos por trás do seu comportamento. Por concordar com os objetivos dele, Elena se tornou uma aliada, não uma adversária, e explicou como aquela postura atrapalhava as metas de Sanjay. Todos saíram ganhando na conversa. Como já mencionamos, em muitos casos o problema não está nos objetivos de uma pessoa, mas na maneira como ela tenta alcançá-los. É por isso que o feedback é um presente.

As declarações de Elena (falando sobre si mesma, seus sentimentos e sobre o que precisava) foram irrefutáveis, porque refletiram sua realidade. Além disso, ao permanecer na sua quadra sem atacar Sanjay, Elena criou condições que o incentivaram a falar sobre a realidade dele – suas necessidades e preocupações. Observe que o desabafo dela levou ao desabafo dele; se ela tivesse feito perguntas recriminatórias, Sanjay provavelmente teria erguido suas barreiras.

Cuidado com o "sanduíche de feedback"

Com frequência, as pessoas usam o "sanduíche de feedback", acreditando que isso tornará o feedback mais fácil de engolir. "Sanduíche de feedback" significa começar com algo positivo (para preparar o terreno), depois dizer algo negativo e concluir com algo positivo para a pessoa se sentir bem.

"Joe, você fez um ótimo trabalho aqui, mas precisamos conversar sobre um problema. No entanto, você é um funcionário essencial."

Infelizmente, essa abordagem quase nunca dá certo. Assim que você começa com o positivo, o outro já entra na defensiva, esperando pelo "mas". Ele dispensa a boa notícia e não a absorve.

O sanduíche de feedback costuma ser utilizado porque você tem medo de que o receptor se sinta completamente rejeitado se não escutar um reforço positivo. Porém, isso cria confusão na hora de explicar o problema. A dificuldade não está na rispidez ou na negatividade do feedback, mas no fato de ele não ser específico o suficiente para ser útil. Isso também contamina o feedback afirmativo, porque ele passa a ser visto como uma tática – algo oferecido não como uma oportunidade de aprendizado, mas com o intuito de manipular.

Mas Elena não usou o sanduíche de feedback quando citou as várias qualidades de Sanjay como líder da equipe? Nós diríamos que não, na verdade. Assim que entrou na sala, ela começou com as questões que a incomodavam e só passou para os elogios no meio do processo do feedback. Ela tentou fazer com que Sanjay expandisse seu leque de responsabilidades para incluir o reconhecimento apropriado da contribuição de cada membro da equipe.

A abertura da caixa de Pandora

A conversa entre Sanjay e Elena pode parecer muito certinha, porém o mundo nem sempre é tão simples. Vamos imaginar que Sanjay tenha respondido ao feedback inicial de Elena assim: "Que bom que você tocou nesse assunto, Elena, porque também estou incomodado. Quero que o grupo tenha um bom relacionamento, e você costuma ser muito crítica."

O primeiro pensamento de Elena poderia ser: *Por que eu fui falar disso? Era melhor ter deixado pra lá.* Mas teria sido melhor mesmo? Muitas pessoas têm medo de oferecer feedback por acharem que o outro pode revidar. No entanto, se você estiver fazendo algo que incomoda, não é melhor saber? Nesse caso, pelo menos você terá opções. A ignorância vai deixá-lo de mãos atadas. Nós diríamos que é melhor para Sanjay saber sobre a pontada de Elena, e que é melhor para Elena saber que também causou uma pontada nele. Dependendo da resposta dela, isso pode ser uma oportunidade, não um problema.

Outra reação possível seria Elena ficar na defensiva por discordar sobre ser crítica demais. Observe que Sanjay atravessou a rede: ele a classificou em vez de descrever um comportamento. Esse é um momento de virada importante para Elena. Ela pode optar por começar uma briga ("Não sou, não!") ou controlar sua necessidade de erguer barreiras e usar o modelo de feedback para tentar compreender a reclamação dele. Esta última opção pode seguir este roteiro:

– Nossa, Sanjay, estou tentando não ficar na defensiva, porque não me considero uma pessoa crítica demais. Mas está claro que algo no meu comportamento fez você ter essa impressão. O que eu fiz?

– Bem, você pegou meio pesado com o pessoal sobre ninguém se esforçar para ter uma perspectiva mais abrangente.

– Tudo bem, entendo por que você ficou com essa impressão, mas isso me leva a duas questões. Você disse que queria que os membros da equipe cobrassem uns dos outros. É isso mesmo que você quer? E, se for, eu poderia ter feito isso de um jeito que parecesse menos crítico?

A partir daí, os dois poderiam ter um debate mais aprofundado. Sanjay poderia reconhecer que deseja que os membros da equipe cobrem uns dos outros quando estiverem saindo do caminho certo, mas não consegue pensar em outra forma de Elena fazer isso. Se Sanjay sugerisse *outra* forma mais eficaz de Elena apontar a questão, todos sairiam ganhando. Ela poderia se tornar mais eficiente, e Sanjay ficaria menos incomodado. Ninguém perderia.

Agora, Elena tem outra opção. Ela disse o que queria e poderia encerrar a conversa por aqui. No entanto, ela encara o momento como uma oportunidade para aprofundar a interação e reafirmar suas intenções, então pergunta:

– Não sei se estou falando besteira, mas tive a impressão de que você não gosta de bater de frente com os membros da equipe quando eles só falam da própria área. Fiquei me perguntando se você se sente à vontade com conflitos, e, de novo, sei que é um pouco arriscado perguntar esse tipo de coisa, mas meu único objetivo é ajudar.

– Sim, tenho dificuldade com isso – admite Sanjay. – Eu me sinto mais confortável quando tudo está calmo e as pessoas se dão bem.

– Agora estou confusa, Sanjay. Nas reuniões, já tivemos debates bem acirrados, e você pareceu tranquilo. Ou estou interpretando errado?

– Não, você tem razão. Mas estamos falando de uma coisa diferente. Não quero que as pessoas fiquem se atacando.

– Eu também não – diz Elena. – Quando chamei a atenção do pessoal por não pensar em uma perspectiva mais ampla, não quis dizer que eram idiotas ou incompetentes. Fiz um comentário sobre o comportamento das pessoas. Se nós podemos discordar sobre tarefas, também não podemos discordar sobre a maneira como as pessoas agem? E, Sanjay, nesta conversa, parece que estou atacando você? Pergunto porque, francamente, fiquei um pouco apreensiva com a maneira como você pode estar encarando isso tudo. Eu devia ter ficado quieta ou ter sido menos direta?

– Não, não – afirma Sanjay. – Apesar de não ter sido a conversa mais confortável do mundo, não me sinto atacado e fico feliz por você ir direto ao ponto. Na verdade, percebi a ironia de que isto é um bom exemplo de membros da equipe chamando a atenção uns dos outros.

– Bem, eu gosto de ser vista como uma pessoa direta. Então, se você não se incomodar, quero que seja direto comigo e me diga quando eu estiver sendo crítica ou rígida demais. E estou muito feliz por nós termos conversado. Estou mais tranquila agora, e também me sinto mais segura com a nossa amizade.

– É, eu também.

NESSE NOVO CENÁRIO, ELENA demonstrou algumas capacidades importantes que a ajudaram a lidar com uma situação potencialmente difícil:

- Ela conseguiu não entrar na defensiva. Elena se *sentiu* atacada. Mas não permitiu que essa reação a controlasse; ela foi capaz de reconhecê-la e seguir em frente.
- Elena usou o modelo de feedback. Ela (a) descreveu a própria realidade ("Não me considero uma pessoa crítica demais") sem se explicar ou justificar; (b) reconheceu que a reação de Sanjay era dele; e (c) perguntou qual comportamento específico passou essa impressão.

Pode parecer que Elena atravessou a rede ao dizer: "Fiquei me perguntando se você se sente à vontade com conflitos." Ela não está falando sobre a realidade de Sanjay? Na verdade, não, porque é só um palpite, sem declarar um fato, e incentiva um debate. Além disso, fora suas palavras, o que importa é a sua postura. Se ela realmente acreditar que não sabe, seu tom de voz e sua linguagem corporal vão transmitir isso. Essas mesmas palavras, em um tom diferente, podem formar uma pergunta tendenciosa que daria a entender que ela sabe a resposta. Aí, *sim*, a rede seria atravessada. Essa questão é sutil, porém importante. Não se trata tanto de usar as palavras certas, mas de manter a crença básica de que você não sabe o que está acontecendo com a outra pessoa. Esse é um ótimo exemplo de usar um palpite de forma produtiva. Elena não tinha certeza, mas fez uma suposição. Sua curiosidade sobre o comportamento de Sanjay a impediu de atravessar a rede.

Sanjay também demonstrou muitas competências. Conforme ele compartilhava mais de sua realidade (o medo de criar conflitos ou de chamar a atenção de alguém e isso se transformar em ataques pessoais), Elena ganhou mais percepção sobre as coisas que importam para ele. Sanjay também escutou. Ele ouviu o feedback de Elena e concordou com a importância de serem diretos uns com os outros. Sem dúvida, isso fez Elena se sentir mais valorizada, vendo que seu feedback seria levado em conta. Finalmente, no processo, os dois se conheceram melhor e aprofundaram o tipo de debates que podem ter no futuro. Nada mau, Pandora!

"Ei, você invadiu a minha quadra"

Quando o feedback de outra pessoa é uma atribuição da sua realidade interior, como foi o caso quando Sanjay acusou Elena de ser muito crítica, é difícil não ficar na defensiva. A primeira reação é rebater: "Não sou, não." A segunda é contra-atacar: "Eu só faço X porque você faz Y."

Essa é uma reação normal quando nos sentimos atacados, incompreendidos ou em desvantagem. Mas ficar na defensiva pode piorar a situação e impedir que as duas partes aprendam. Aceite que você se sente encurralado, mas não reaja como tal. Em vez disso, use o modelo de feedback para empurrar a pessoa de volta para o lado dela da quadra. Foi isso que Elena fez ao dizer:

"Nossa, Sanjay, estou tentando não ficar na defensiva, porque não me considero uma pessoa crítica demais [realidade nº 1]. Mas está claro que algo no meu comportamento [realidade nº 2] fez você ter essa impressão [realidade nº 3]. O que eu fiz?"

Ela transformou a acusação em uma experiência de aprendizado mútuo. Apesar de ser um conceito simples, nem sempre é fácil fazer isso. Uma das coisas mais interessantes e impressionantes que acontecem na faculdade de Administração de Stanford é a maneira como o modelo da quadra se torna mais e mais rotineiro em conversas diárias conforme a quantidade de participantes do Dinâmicas Interpessoais aumenta. Nós também ficamos animados ao ver que os alunos continuam usando o conteúdo por décadas. "Atravessar a rede" se tornou um termo cultural.

Um ótimo exemplo da utilidade desses conceitos envolveu uma jovem que conhecemos, que aprendeu sobre o modelo de feedback com um amigo mais velho. Um dia o professor de tênis de sua escola se irritou muito com ela e disse:

– Seu problema é a falta de comprometimento.

Calmamente, ela respondeu:

– Pode me explicar por que você acha isso? Nunca faltei a nenhum treino ou partida e nunca reclamo das suas escalações. Para mim, isso é demonstrar comprometimento. Mas, pelo visto, algo que estou fazendo leva você a pensar que não estou comprometida. O que é?

O professor então aumentou um pouco a voz e respondeu:

– Você aparece para treinar sem uniforme!

E ela respondeu:

– Ah... Ainda bem que perguntei. Eu nunca ia desconfiar que você define comprometimento assim. Se você tivesse me dito que sou desorganizada e esquecida, eu teria concordado na mesma hora. Já entendi. Venho treinar de novo amanhã... de uniforme.

O relacionamento dos dois melhorou muito depois que ela entendeu a fonte da irritação dele e lidou com o problema. Lembre-se, o feedback pode até vir em um embrulho feio – mas isso não significa que não exista um presente lá dentro.

Como você, por conta própria, só pode ter conhecimento de duas das três realidades, receber feedback é essencial para se tornar mais eficiente. Você precisa conhecer a terceira – o impacto do seu comportamento. Nós costumamos dizer: "Ninguém se conhece sozinho." Agora, por causa do feedback de Elena, Sanjay entende melhor seu comportamento como líder. Mas aquilo que incomoda Elena pode ser agradável para outros membros da equipe, porque nossos atos afetam as pessoas de formas diferentes.

Por exemplo, David tem o hábito de interromper as pessoas antes de elas terminarem de falar. Ele faz isso com Carole; Carole também o interrompe; e nenhum de nós se incomoda. Na verdade, achamos até energizante. Porém, um dia, David conversava com Donald, outro colega de trabalho, e notou que Donald franzia a testa.

– O que houve? – perguntou ele.

– Você me interrompeu – respondeu Donald.

David ficou confuso.

– Mas qual é o problema?

– Isso é falta de consideração – disse Donald.

As interrupções de David são boas ou ruins? Na verdade, essa é uma pergunta inútil. Interromper Carole é útil, porque ela encara isso como um sinal de atenção, mas é problemático para Donald, porque ele acredita ser um desrespeito. O feedback de Donald fez David se policiar mais enquanto lida com outras pessoas, e lhe deu a oportunidade de pensar nessa questão. Nas conversas seguintes, ele explicou a Donald que não teve a intenção de parecer desrespeitoso e que entendeu o impacto que seu comportamento teve. Ele disse que se esforçaria para não interromper mais, porém pediu que Donald tivesse um pouco de paciência quando ele tivesse um lapso. Assim, os dois conseguiram construir uma relação de trabalho positiva.

Um último ponto importante para levar em consideração é que o feedback diz tanto sobre o emissor quanto sobre o receptor. Quando o feedback de alguém fala dos motivos ou intenções do outro – "O problema é que você quer vencer todas as brigas" –, existe a insinuação de que a culpa é toda do outro. No entanto, quando a pessoa que dá o feedback permanece no seu lado da quadra – "Fico desanimado quando vejo que você sempre quer dar a última palavra nas nossas conversas" –, existe a possibilidade de o problema envolver as duas partes.

No Dinâmicas Interpessoais, nós sempre enfatizamos que *o feedback inicia conversas. Não as encerra.* O trabalho começa quando você compartilha seus sentimentos. É preciso desvendar todos os problemas e questionar quanto do que está acontecendo tem a ver com você. Veja: Sanjay ficou chateado quando Elena confrontou os membros da equipe – mas um dos motivos para isso foi a dificuldade dele em lidar com conflitos. Quando você se responsabiliza pela sua parte em uma divergência, fica mais fácil para a outra pessoa fazer o mesmo. Juntos, os dois podem buscar uma solução mais adequada para as necessidades de cada um.

A construção de relacionamentos em que as duas partes se sentem à vontade para dar e pedir feedbacks é fundamental para evitar que pontadas se tornem apertos e para ajudar cada pessoa a se aprimorar de formas novas e mais eficientes. Pode acreditar: quando as pessoas realmente se importam umas com as outras e desejam transmitir isso, o feedback é um presente. Ao compartilhar esse conceito com os alunos, costumamos adaptar um velho clichê: "Eu gosto tanto de você que estou disposto a dizer as piores coisas." Mesmo que a pessoa que recebe o feedback fique momentaneamente chocada, quando é oferecido com carinho verdadeiro e em prol da relação, o feedback sempre é um presente pelo qual devemos agradecer.

Para aprofundar o conhecimento

AUTORREFLEXÃO

1. <u>Coloque-se no lugar de Elena.</u> *Reflita sobre a sequência de eventos. Você tem um bom relacionamento com Sanjay, mas ele é seu chefe. Teria sido fácil fazer o que ela fez? Você teria insistido tanto? O que seria simples e o que seria mais desafiador? Como você tocaria no assunto?*

2. Apresentamos a seguir alguns motivos que podem dificultar a oferta do feedback. (Observe que alguns deles se confundem com os motivos pelos quais cedemos influência.) Quais se aplicam ao seu caso?

   - Não permanecer no seu lado da quadra; fazer suposições sobre os motivos e intenções do outro.

- Não identificar aquilo que você sente (especialmente emoções vulneráveis como mágoa, rejeição e tristeza).
- Não transmitir suas intenções ao oferecer o feedback.
- Oferecer feedback em termos muito gerais. Por exemplo, ser indireto, não especificar o comportamento real ou amenizar o impacto de forma que confunda o receptor.
- Reter/amenizar o feedback por querer ser bem-visto ou respeitado. Desejar ser querido, ser visto como uma "pessoa legal". Querer agradar os outros.
- Preocupar-se com a possibilidade de estar errado ou de o outro negar tudo. Pensar: *O problema é meu, então estou sendo egoísta por jogá-lo no colo de outra pessoa.*
- Ficar com medo de abalar o relacionamento ou destruí-lo para sempre; acreditar que a harmonia em uma relação depende da ausência de conflitos.
- Temer conflitos. Duvidar que você tenha as habilidades necessárias para lidar com eles.
- Sentir desconforto em desafiar ou confrontar os outros – especialmente figuras de autoridade.
- Ficar com medo de o outro rebater ou oferecer feedback de volta.

3. Você tem dificuldade em receber feedbacks, mesmo que sejam sobre comportamentos específicos? Você...

- fica na defensiva, nega que aquilo seja verdade, inventa desculpas ou justifica seu comportamento?
- começa a falar sobre o comportamento problemático do outro ou rebate com os defeitos dele?
- fica tão chateado que não assimila o feedback, fazendo com que a outra pessoa recue ou se sinta culpada por tocar no assunto?
- se fecha e se distancia da outra pessoa?
- diz que aceitou o feedback, mas o ignora?

PRÁTICA

Você sente dificuldade em dar ou receber feedback com uma das pessoas importantes que identificou no começo do livro? Caso a resposta seja negativa, escolha outra pessoa com quem seja difícil ter conversas sobre feedback. Para se preparar para o debate, comece com um diagnóstico. Reflita:

Qual é o problema de verdade?

Como você tocará no assunto de forma que a pessoa entenda que falar sobre isso pode ser mutuamente benéfico?

Quais são os comportamentos do outro e como eles afetam você?

Considerando que você não conhece a realidade da outra pessoa (isto é, não sabe o que acontece com ela, como encara a situação e/ou por que se comporta dessa maneira), o que pretende fazer para esclarecer esse ponto?

Agora que você fez o diagnóstico sozinho, encontre-se com a pessoa para melhorar suas capacidades de dar e receber feedback.

COMPREENSÃO

O que você aprendeu com a conversa sobre dar e receber feedback? E o que aprendeu sobre si mesmo? Você aprendeu algo mais sobre os desafios que identificou? Como pretende se comportar agora, com base no que está aprendendo?

Em vários momentos, nós afirmamos que encarar questões difíceis pode fortalecer um relacionamento. Neste e nos exercícios anteriores, você achou que isso é verdade? Caso a resposta seja negativa, o que aprendeu sobre as circunstâncias que não levaram ao fortalecimento da relação?

8

DESAFIOS QUE ENCONTRAMOS PARA USAR O FEEDBACK DE FORMA EFICIENTE

Quem dera todo mundo reagisse a feedbacks da forma como Sanjay reagiu. Sim, algumas pessoas não esquentam a cabeça ao encarar dificuldades, porém a vida nem sempre é tão fácil. Desavenças se tornam acaloradas quando as pessoas reagem com atitudes defensivas, negações, resistência e retaliações. Mesmo quando tudo se resolve, o caminho até se chegar a um consenso pode ter sido difícil e doloroso.

Talvez seja por isso que, em vez de seguir em linha reta com o modelo de feedback, muitas pessoas prefiram desviar do caminho, fugindo do assunto ou partindo para uma briga exaltada. Em vez de reconhecer sentimentos intensos, nós os ignoramos e recorremos a argumentos lógicos. Até as pessoas mais bem-informadas e bem-intencionadas são capazes de se esquecer da própria realidade e partir para cima do outro com acusações. Neste capítulo, vamos debater por que isso acontece e como podemos evitar essas armadilhas. No processo, dividimos a solução de problemas em etapas para você entender os pontos em que pode empacar.

Mesmo sendo desconfortável, achamos importante refletir sobre o que impede *você* de usar o feedback de forma eficiente. Naturalmente, uma vez que relacionamentos dependem de duas pessoas, a responsabilidade não é apenas sua, mas, por enquanto, preferimos focar em você. Não queremos transformá-lo no vilão da história, apenas enfatizar que seus atos e reações são, no fim das contas, as únicas coisas sob o seu controle.

Primeiro, um aviso: o modelo de feedback não é uma varinha de condão. É raro que um único feedback, por mais bem-elaborado que seja, solucione o problema. Digamos que você esteja chateado com um parente porque ele sempre encontra alguma coisa para criticar. É pouco provável que a questão seja resolvida com a simples menção do seu incômodo. É possível que existam muitas outras complicações, passadas e atuais, atreladas ao comportamento da pessoa e à sua reação. A maioria dos problemas interpessoais é complexa e cheia de nuances. Lembre-se de que você só conhece os *seus* sentimentos e as *suas* necessidades. Você só sabe uma parte da história. O feedback é o pontapé inicial para uma conversa, mas isso é só o começo.

Bloqueio de emoções

Quando conversas com feedback não dão certo, concluímos que elas são mesmo perigosas. Porém, entendemos que o problema estava não naquilo que debatemos, mas no que foi ignorado. Com muita frequência, a peça que falta são as emoções. Emoções são fundamentais para o modelo de feedback, então é essencial que elas sejam compreendidas e expressadas, em vez de usarmos algumas das desculpas a seguir para permanecermos em silêncio.

"EU NÃO DEVERIA SENTIR [INSIRA EMOÇÃO]"

Você acha que, quase independentemente da situação, existem alguns sentimentos que não deveria ter? "Eu não devia sentir inveja ou ciúme." "Sentir raiva dos outros é ruim." "Não fiquei magoado de verdade." Alguns desses pensamentos podem ser fruto de sua criação, dos seus valores pessoais ou da imagem que você deseja transmitir. Ou talvez você tenha medo de se permitir sentir essas emoções, ser dominado por elas e agir com a cabeça quente.

Mais uma vez, é importante diferenciar a maneira como você se sente das ações que toma. A primeira é impossível de controlar, já que não mandamos nos sentimentos. Porém, você tem completo controle sobre suas ações. Se você está irritado por sua amiga Sharon querer mandar na sua vida, você está irritado com Sharon. Reconhecer esse fato faz com que opções se apresentem. Você pode refletir sobre o *motivo* da sua irritação, e esse raciocínio pode bastar para diminuir bastante o incômodo. Ou você pode dizer a Sharon que está irritado – a simples afirmação também pode amenizar seus sentimentos. Ou você pode estar tão nervoso que precisa expressar toda a profundidade da sua raiva (porém sem atacá-la) na próxima vez em que ela tentar mandar em você.

Sentimentos nunca são "errados". O problema pode estar na sua maneira de expressá-los ou nos motivos que atribui a eles.

"NÃO CONSIGO JUSTIFICAR MEUS SENTIMENTOS NESTE CONTEXTO ESPECÍFICO"

Digamos que você esteja trabalhando em um projeto com um colega, e hoje ele pareça mais rígido e intransigente do que de costume. Você pensa, *Vou dar um desconto, porque sei que ele levou uma bronca do chefe,* mas continua se sentindo irritado – e, agora, está irritado com você mesmo por não conseguir deixar pra lá.

Seus sentimentos não têm ligação com o fato de você compreender os motivos por trás do comportamento de alguém ou de ter uma explicação lógica, apesar de isso poder influenciar a intensidade deles. Você pode aceitar a própria irritação ou dizer: "Sei que você teve um problema com seu chefe, mas não gosto da maneira como está falando comigo. Como podemos resolver essa situação?" É por isso que o feedback costuma ser apenas o começo da conversa.

"TENHO CERTEZA DE QUE ESSA SENSAÇÃO VAI PASSAR"

Algumas emoções passam, porém outras permanecem. Mesmo que você prefira não mencionar sua irritação e os sentimentos se dissipem logo depois, isso não significa que desapareceram por completo. Talvez tenham "estacionado" e voltem com ainda mais força na próxima vez em que Sharon oferecer um conselho. Um anúncio antigo de uma oficina de carros dizia "Pague agora ou pague depois", sendo a última opção a mais cara. Não será melhor lidar com Sharon agora, antes de a situação piorar?

"MEUS SENTIMENTOS SÃO CONTRADITÓRIOS", OU (+5) + (-5) = 0

Quando se trata de emoções, essa conta não bate! Geralmente, nós temos vários sentimentos sobre uma situação específica, e eles podem parecer conflitantes. (Lembre-se de que isso também é uma barreira para compartilharmos sentimentos, como falamos no Capítulo 3.) Por um lado, você está *irritado* com seu colega de trabalho por ele querer controlar tudo, mas, por outro, *aprecia* a disposição dele em trabalhar no projeto mesmo estando extremamente estressado. O perigo é permitir que a emoção positiva cancele a negativa e suprima os dois sentimentos, fazendo com que você fique quieto ou suavize seu feedback.

Como os dois sentimentos são verdadeiros, a conta emocional diz que (+5) + (-5) não é igual a zero; o resultado é simplesmente (+5) e (-5). Em vez de guardar suas emoções, expresse as duas. Ao fazer isso, você se mostra mais – tanto pelas emoções em si quanto por suas intensidades, porque as duas coisas transmitem algo importante sobre você. É possível também que as emoções não desapareçam até serem completamente expressas.

"ESTOU COM TANTA RAIVA QUE POSSO ACABAR FALANDO BESTEIRA"

O que acontece quando você se irrita com uma pessoa? Você fica tão furioso que esquece o quanto se importa com ela. Seu raciocínio é: *Sinto tanta raiva que nem quero saber por que ela fez isso. Posso acabar falando besteira.* E se você disser apenas a última frase, pedir por 20 minutos para se acalmar e então conversar sobre o assunto? Assim, a outra pessoa saberá como você se sente. Expressar o incômodo pode bastar para acalmar os ânimos. Porém, se não ajudar, 20 minutos devem ser suficientes. Você quer que a emoção seja controlável – não que evapore ou se intensifique. Esse tipo de controle e expressão emocional apropriados são elementos importantes da inteligência emocional.[18] Como Daniel Goleman observa, a inteligência emocional começa com a percepção de si mesmo e a capacidade de reconhecer sentimentos conforme eles surgem. A capacidade de conduzi-los (e não de reprimi-los!) vem em seguida.

Uma sensação especialmente difícil de controlar é a raiva. A maioria das pessoas não sabe que a raiva é um sentimento secundário. Quando alguém se sente exposto demais expressando certas emoções, como mágoa, rejeição ou inveja, costuma parecer mais seguro demonstrar raiva. Esse costuma ser o caso dos homens, que foram educados para não expressar vulnerabilidade. A transferência de um sentimento mais básico e vulnerável para a raiva pode ser tão automática que a pessoa incomodada nem se dá conta das emoções por trás disso. Expressar a raiva, entretanto, pode fazer com que as duas partes fiquem travadas em posições rígidas, defensivas.

Não estamos dizendo que sempre seja errado expressar raiva. E acreditamos na importância de nos permitir senti-la. Na verdade, reconhecer a raiva pode ser muito útil se você conseguir analisar o que está por trás dela e resistir ao impulso de passar para acusações e atribuições de culpa. Suas emoções são suas e, se você sente raiva, você sente raiva. O problema está em como você aplica o sentimento.

A *invenção de histórias*

É nítida nossa tendência para elaborar histórias sobre os motivos para alguém se comportar de determinada forma. Os seres humanos sentem uma necessidade enorme de dar sentido às suas experiências. Porém, quando se trata de feedback, poucas coisas causam tantos problemas quanto inventar histórias, especialmente se fazemos isso sem nos darmos conta.

Quando você passa de um palpite para um forte pressentimento, e então para a certeza, cria uma história que acaba de vez com a curiosidade. Isso acontece independentemente de a história ser um exemplo clássico de atravessar a rede ("Ele sempre quer dar a última palavra") ou uma junção de dados escolhidos a dedo para se encaixar em uma narrativa negativa ("Ele não me respeita; sempre fica olhando para o telefone quando tento conversar"). Nesse ponto, mesmo que você faça uma pergunta, provavelmente será uma pseudopergunta, como "O motivo para você sempre querer dar a última palavra não seria...", e isso não dá margem para um debate aberto.

Quando inventamos uma história, é fácil fazer atribuições. "Ele sempre quer dar a última palavra" logo se transforma em "Ele é inseguro". "Ela só gosta de falar sobre si mesma" vira "Ela é egoísta". Depois que fazemos atribuições (para as quais selecionamos dados que as confirmem,[19] como observamos antes), costumamos passar para rótulos. "Egoísta" se torna "narcisista". Atribuições e rótulos simplificam demais a situação e são de um reducionismo perigoso, porque criam uma visão muito específica da outra pessoa.

Então como lidar com essa tendência quase automática? Há várias opções. Uma é tentar entender por que você se incomoda tanto com a mania da sua amiga Susie de falar sobre si mesma e suas últimas conquistas. Será inveja por ela ter habilidades que você não domina? Ou você está esperando que ela pergunte sobre o que acontece na sua vida? Notar o próprio raciocínio é um ponto de partida importante (um lembrete de que o processo para se tornar mais competente em questões interpessoais requer, em boa parte, total atenção).

Outra opção é aproveitar a tendência de inventar histórias para bolar uma explicação positiva. Por exemplo, se a sua história inicial sobre por que Susie tagarela sobre si mesma contiver um motivo negativo, tente pensar em uma intenção positiva; na verdade, ela está tentando construir uma relação em que as duas pessoas se sintam à vontade para compartilhar e comemorar as próprias conquistas. A criação de uma versão alternativa pode causar incerteza suficiente para trazer de volta a curiosidade.

Uma terceira opção seria simplesmente explicar o que você está fazendo. "Susie, percebi que você fala bastante sobre suas realizações e sobre como tudo está dando certo. Isso me incomoda, e infelizmente só consigo concluir que você fica se vangloriando porque, no fundo, é insegura. Não quero fazer isso. *Eu* inventei essa história, e não estou sendo justa com você. Qual é a sua intenção quando me conta sobre as suas conquistas?" Você está reconhecendo que *as histórias são invenções suas,* e não uma verdade absoluta. Porém, isso só funciona se você aceitar a possibilidade de estar enganado.

Etapas da solução de problemas

Vamos partir do princípio de que você nunca caiu em nenhuma das armadilhas citadas anteriormente, mas deseja lidar com um problema chato e complexo, com muitas nuances. Você já tocou no assunto com um tom despreocupado, mas isso não surtiu muito efeito, e o comportamento problemático persiste. Agora, ele começa a se confundir com outras questões, e você está com medo de acabar tendo uma briga séria com a pessoa. Você decidiu tomar as rédeas da situação e enfrentar de verdade o problema. Como fazer isso sem deixar a interação sair de controle?

Há quatro etapas fundamentais para lidarmos com questões complexas. A primeira é convencer a outra pessoa a *levar o problema a sério*. A segunda é ela estar disposta a *compartilhar tudo o que acontece do lado dela da quadra*. A terceira é alcançar uma *solução satisfatória para todos*, não apenas se contentar com um mínimo que encerre a discussão. Finalmente, é necessário determinar se a relação *precisa de alguns reparos*, porque conversas controversas facilmente magoam as pessoas, e o relacionamento é prejudicado.

Seguir o modelo de feedback ajuda cada uma das etapas, e sabotá-lo pode ser prejudicial. Felizmente, não precisamos ser perfeitos; mesmo que você saia um pouco do caminho, pode evitar um desastre se perceber o que está fazendo. Lembre que *o único erro é se recusar a aprender com os erros*.

ETAPA 1: CONVENCER A OUTRA PESSOA A LEVAR O FEEDBACK A SÉRIO

No geral, quando você mostra que tem boas intenções, as pessoas escutam seus comentários. Existem algumas formas de fazer isso, e nenhuma delas anula a outra:

- "*É assim que seu comportamento me afeta.*" Essa abordagem básica funciona quando a outra pessoa tem carinho por você. Por exemplo: "Estou chateado porque, na reunião, você mudou de assunto três vezes antes de eu terminar de falar." No entanto, ela é menos eficiente quando a outra pessoa não se preocupa com o seu bem-estar. Ela pode fazer pouco caso da sua reclamação ou, pior, responder com um "Bom, problema seu!".

- *"Seu comportamento não bate com seus objetivos."* Esta afirmativa parte do princípio que a outra pessoa determinou objetivos: "Hans, você disse que queria que os outros participassem da conversa, mas a maneira como interrompeu Simon me faz pensar duas vezes antes de discordar de você, e provavelmente faz nossos colegas ficarem quietos." Esses objetivos também podem ser perceptíveis: "Quando vejo que você não escuta minhas ideias, me sinto menos aberto às suas, e você perde poder de influência sobre mim." Mesmo que o relacionamento entre os dois seja casual, você conquista a atenção do outro ao mostrar que a atitude dele vai contra os objetivos dele.
- *"Você pode estar alcançando suas metas, mas a um preço muito alto."* Quando você se incomodar com o comportamento de outra pessoa, pergunte a si mesmo: "Ela também está no prejuízo?" "Leah, também quero ver resultados nas reuniões, mas, quando ficamos correndo contra o tempo, não conseguimos pensar em ideias muito boas." Você concorda com Leah sobre o objetivo principal, mas chama a atenção dela ao indicar essas consequências indesejadas.
- *"Estou fazendo alguma coisa para causar o seu comportamento?"* A maioria dos problemas *inter*pessoais tem um motivo *inter*pessoal. Reconhecer a sua parte pode ajudar a outra pessoa a reconhecer a dela. "Kyle, minha tendência para sugerir soluções faz você ter menos vontade de iniciar conversas?"

OBSERVAÇÃO: Essas quatro variações do modelo de feedback se aplicam a todos os relacionamentos, como veremos com Maddie e o marido no Capítulo 12.

ETAPA 2: COMPARTILHAR TODOS OS PROBLEMAS

Vamos presumir que as duas partes estejam preparadas, prontas e dispostas a conversar. A tarefa agora é analisar os "problemas". "Problemas" está no plural porque o primeiro assunto discutido quase nunca é o único ponto de atrito, talvez nem o mais importante. No capítulo anterior, Elena começou falando sobre um problema: a frustração por ignorarem seus comentários nas reuniões de equipe. Então, conforme a conversa prosseguiu, isso se expandiu para incluir o fato de que Sanjay não apenas replicava esse comportamento, como também não creditou Elena por sua colaboração na reunião com o comitê executivo.

A pessoa que inicia o feedback tem vários incômodos por conta própria, e mencioná-los pode trazer à tona as preocupações da outra pessoa. Foi o que aconteceu quando Sanjay respondeu ao feedback inicial de Elena com: "Que bom que você tocou nesse assunto, Elena, porque também estou incomodado. Quero que o grupo tenha um bom relacionamento, e você costuma ser muito crítica." Uma conversa que parecia ser bem simples para Elena se tornou mais complicada.

A interação dos dois poderia ter descarrilhado. Não apenas havia outros problemas entre eles, como a acusação de Sanjay poderia ter feito Elena ficar na defensiva, rebatendo: "Bem, eu só chamei a atenção dos outros porque você não fez o seu trabalho." Sanjay então poderia rebater com outra acusação, e os dois começariam a tentar colocar a culpa um no outro. Nenhum deles estaria mais disposto a ouvir, porque o objetivo seria vencer. Eles se esqueceriam completamente do feedback de comportamento.

Quando os problemas são complexos e interligados, a situação pode se complicar. Imagine que você precisa atravessar um pântano lamacento para chegar a um terreno mais alto do outro lado. No começo, você busca pedras onde pisar para não sujar seus sapatos de lama. Porém, na metade do caminho, não se veem mais pedras. Você deve tomar uma decisão: "Sigo em frente e abro caminho pelo pântano ou dou meia-volta?" Dar meia-volta encerra a conversa, com uma pessoa saindo da sala ou dizendo um problemático "Vamos concordar em discordar". Esta última opção pode fazer sentido quando se trata de política ou de grandes diferenças ideológicas, mas não no contexto de construir relacionamentos fortes.

É difícil, porém *é* possível seguir em frente quando os dois lados estão empacados na defensiva. Talvez o caminho ainda pareça difícil, mas você pode desacelerar e tentar organizar os pensamentos. Se isso não der certo, deixe a briga de lado por um instante e pergunte: "O que está acontecendo?

Por que não saímos do lugar?" Isso ajuda os dois a refletirem sobre como chegaram ao pântano e como podem seguir em frente de forma produtiva até saírem da lama. Por outro lado, se a briga for apenas um pretexto para jogarem a culpa um no outro, isso não vai funcionar. As duas partes precisam encarar os comportamentos específicos que tiraram a conversa do caminho certo, compartilhando os sentimentos que surgiram. Esse também é um bom momento para reforçar que sua intenção ao oferecer o feedback era ajudar o outro e o relacionamento. Então vocês podem voltar a tentar encontrar uma solução para o problema.

ETAPA 3: RESOLUÇÃO

Em vez de buscar "uma resposta", é importante reconhecer que há mais de um resultado desejável. Primeiro, você quer garantir que a discussão *solucione os problemas iniciais de um jeito que agrade as duas pessoas*. Esses tipos de questão costumam ter mais de uma solução viável. Ficamos tentados a nos apegar à primeira que aparece apenas para aliviar a situação, para acabar com uma conversa difícil. Em vez disso, continue a pensar nas opções até descobrir uma que atenda às necessidades de ambos. O processo pode ser demorado e exigir várias conversas.

Depois, você quer que a discussão *melhore sua capacidade de resolver problemas*. Talvez isso envolva compreender como você se meteu nessa enrascada, mas também examinar a maneira como a solucionou. Você ficou travado em alguns momentos ou deu mais voltas do que o necessário? O objetivo é *aumentar* a disposição de cada pessoa a tocar em assuntos difíceis no futuro, não diminuir.

O terceiro e o quarto objetivos tratam de aspectos da relação em si. *Vocês se conhecem melhor* porque compartilharam informações sobre si mesmos durante a conversa? Novamente, foi isso que aconteceu com Sanjay e Elena, já que ela explicou como gosta de interagir com as pessoas e ele revelou que tem dificuldade com conflitos. E, por fim, a interação *melhorou a relação*? No caso de Sanjay e Elena, os dois chegaram ao consenso de que passariam a ser tão diretos quanto possível um com o outro no futuro.

ETAPA 4: REPARAÇÃO

Digamos que você tenha alcançado esses objetivos. Parabéns. Agora reflita: talvez seja necessário fazer alguns reparos no relacionamento. O processo pode ter sido complicado; certos comentários podem ter causado mágoa ou arrependimento. Nesse processo, a relação perdeu parte da importância? Alguma das partes, ou ambas, se sentiu desvalorizada?

Pedir desculpas é um componente essencial do processo de reparação, porém muitas pessoas não conseguem fazer isso. Algumas acham que seria uma "humilhação", enquanto outras temem ser interpretadas do jeito errado. Por exemplo, a outra pessoa pode entender que você está se responsabilizando por tudo, apesar de ser apenas uma expressão de insatisfação por estarem naquela situação. Mesmo assim, pedir desculpas é muito poderoso. É uma oferta de trégua que pode interromper a troca de farpas, ajudar as pessoas a se reconectarem após uma briga e servir como um desabafo que expõe sua vulnerabilidade e aumenta as chances de uma resposta recíproca. Um bom pedido de desculpas transmite que você sente muito de verdade (isto é, não se trata de um "desculpa se ofendi", que pode ser encarado como um comentário dissimulado). Para fazer isso, você precisa ser de fato sincero, já que a maioria das pessoas consegue captar quando as palavras não são genuínas.

Além do pedido de desculpas, é importante afirmar que o outro e o relacionamento são importantes: "Apesar dessas diferenças, quero deixar claro o quanto valorizo você e nossa relação." Uma demonstração real de empatia também faz diferença: "Sei como esta conversa foi difícil para você, e obrigado por aguentar firme."

Por último, faça contato no dia seguinte para ver se alguma das etapas precisa ser revisada. Depois de digerir a situação por um tempo, a solução parece tão abrangente quanto você pensou? Há algum assunto pendente que foi deixado de lado na pressa de encontrar uma resposta? No mínimo, o contato demonstra preocupação pelo outro e pelo relacionamento, e isso, por si só, já é uma forma de reparação.

Como lidar com mecanismos de defesa

Uma das grandes vantagens do feedback é que ele minimiza a vontade de ficar na defensiva. Quando a outra pessoa permanece no próprio lado da quadra, ela reage ao seu *comportamento*. Ela não julga seu caráter. Talvez você continue se sentindo um pouco atacado, mas não precisa encarar isso como uma rejeição total.

É preciso diferenciar *estar na defensiva* e precisar *se defender*. Se alguém faz uma acusação com a qual você não concorda, mostrar o erro seria estar na defensiva? Se alguém interpreta você do jeito errado, tentar justificar seu comportamento seria estar na defensiva? Se você for atacado, não é certo tentar se defender?

O problema não é necessariamente ficar na defensiva, mas os efeitos colaterais disso. Essa postura pode bloquear sua capacidade de ouvir um feedback, ou você pode dispensá-lo no mesmo instante com explicações, mesmo que tenha prestado atenção. Quando acreditamos que o feedback é exagerado, o fato de estarmos na defensiva nos impede de analisar quais aspectos podem ser válidos. Acreditar que um feedback é completamente errado faz com que você bloqueie o desejo de entender por que a pessoa se sente daquela forma. Então como podemos nos defender sem essas consequências limitantes?

Imagine a defesa como um espectro. Em uma extremidade, você está tão dominado pela emoção que não consegue ouvir mais nada do que a outra pessoa fala. (Em algum momento, todos nós já não passamos por isso?) Nesse estado sufocante, talvez seja melhor interromper o feedback. "Desculpe, mas estou tão nervoso que não aguento mais. Preciso de um tempo para absorver tudo antes de voltarmos a conversar."

No geral, não chegamos a esse ponto quando estamos na defensiva; você ainda consegue lidar e assimilar aquilo que alguém lhe diz. Reconheça o sentimento e segure a vontade de rebater. Em vez disso, tente compreender o que o outro fala. Deixe de lado a necessidade de "ter razão". A questão mais importante no momento é o feedback oferecido pelo outro – não defender sua identidade ou seu ego.

E se você der feedback e a *outra* pessoa ficar na defensiva? É a mesma coisa. Se você notar que o outro foi completamente tomado pela emoção, diga: "Estou preocupado. No seu lugar, eu me sentiria atordoado. É assim que você se sente? Não seria melhor fazermos uma pausa e voltarmos a esse assunto mais tarde?" Novamente, retome mesmo a conversa. Se ela causou tanto impacto no outro, deve ser importante.

É comum que as pessoas fiquem na defensiva quando recebem feedbacks. Elas dizem: "Espera aí, eu não faço isso sempre" ou "O motivo para eu fazer isso é tal e tal". Nesse momento, a tendência da pessoa que oferece o feedback é recuar ("Ah, é só uma bobagem"), porque ela presume que o outro não está disposto a aprender. Além de não resolver nada, fazer essa suposição pode ser um erro. Por que não encaramos esse tipo de comentário como um sinal de que a pessoa está tentando compreender a informação? Ela pode ter dificuldade para associar o feedback à visão que tem de si mesma, mas mesmo assim prestar atenção no que é dito.

Pense no que aconteceria se ela não rebatesse *nada*. Digamos que você deu um feedback importante para um colega de trabalho, e ele respondeu com toda calma e racionalidade do mundo: "Muito obrigado. Nunca me disseram isso antes. Vou levar o conselho em consideração e mudar imediatamente." Você acreditaria nisso? Não pareceria mais provável que seu feedback tivesse entrado por um ouvido e saído pelo outro?

Tente aceitar o valor da dificuldade da outra pessoa e não desista; mas entre na dança. Se ela disser "Espera aí, eu não faço isso sempre", você pode responder com "É verdade, não faz, mas fez em tal e tal momento [cite incidentes comportamentais específicos], e me incomodou/não combinou com seus objetivos/custou caro para você". Se for um relacionamento importante e o comportamento estiver atrapalhando, reforce esse ponto e seja persistente para o bem dos dois!

Não importa se você está recebendo ou dando feedback: ficar na defensiva costuma ser um sinal de que existe alguma verdade nele e, portanto, existe algo a ser explorado ali. Certa vez, um amigo terapeuta nos disse: "M*rda só cola se tiver onde colar." Pelo que vemos, isso costuma ser verdade. Quando alguém ataca você – mesmo com rispidez – com algo que não faz sentido, qualquer mecanismo de defesa dura pouco. Porém, se você permanecer na defensiva, parte da acusação pode ter atingido um ponto fraco. Talvez seja algo que você não quer admitir ou que pareça exagerado, mas colou mesmo assim. Depois de reconhecer esse fato, você passa a ter algumas opções sobre como reagir. Você é capaz de identificar a parte que parece pelo menos parcialmente verdade? Se for, diminua sua resistência, preste mais atenção no feedback do outro e, talvez, aprenda um pouco.

A *capacidade de aprender*

Como mencionamos no começo do livro, nossa vasta experiência com ensino, treinamentos e consultorias mostrou que o fator determinante para o desenvolvimento de relacionamentos e o crescimento individual é a capacidade de aprender. Ela também é essencial para o sucesso no trabalho, independentemente do seu cargo. Repetidas vezes, observamos que a relutância em aprender atrapalha o sucesso, e que a incapacidade de lidar com deficiências interpessoais (muito mais do que a falta de conhecimento técnico) limita carreiras.

Os aprendizados individual e interpessoal costumam estar entrelaçados, como viram Elena e Sanjay. Quando Elena deu a Sanjay o feedback sobre precisar de reconhecimento por suas contribuições para o trabalho, ele aprendeu sobre o efeito negativo de algumas de suas ações individuais. Porém, os dois também conversaram sobre como queriam tratar *um ao outro*. Elena perguntou se a maneira como oferecia feedback a Sanjay parecia um ataque e se ela deveria ser menos direta. Quando Sanjay respondeu que não era o caso, suas interações se tornaram mais tranquilas.

Aceitar o feedback de outra pessoa, como Sanjay fez, aumenta o próprio desenvolvimento, já que você descobre o que faz bem e o que pode fazer melhor. Então por que apresentar resistência? Parte do motivo são modelos mentais, como a crença de que a intenção da pessoa que oferece o feedback não é ajudar, mas diminuir você (e parecer superior). Talvez a pessoa tenha feito isso de forma tão contestadora que foi difícil escutar. Talvez ela tenha atravessado a quadra ou sido crítica. Você pode até aprender, mas isso vai fazer com que você hesite em pedir mais feedbacks dessa pessoa no futuro.

Reflita também se algo em *você* bloqueia seu aprendizado. Aceitar feedbacks ameaça alguma necessidade sua de manter certa imagem? Ou significaria admitir fracasso e inadequação? Nós já ouvimos pessoas dizerem: "Eu adoro aprender; só não quero que ninguém saiba que estou aprendendo." Sabemos que é tentador se apegar à imagem de ser infalível, mas isso pode custar caro.

Aceitar a veracidade do feedback de alguém não quer dizer que você precise mudar. É você quem decide o que fazer com a informação do feedback. Ele é um dado que expande suas opções. Como diz um colega nosso: "É como se fosse uma peça de roupa. Prove para ver se cabe." Alguém pode sugerir que você mude alguns comportamentos importantes, como sua tendência a fugir de conflitos. Porém, você tem medo de mudar isso e então acabar dizendo coisas de que pode se arrepender.

Uma opção é começar com algo pequeno e fazer experiências com pessoas e ambientes que lhe deixem relativamente seguro. Então, por exemplo, se você quer ser mais direto e parar de evitar conflitos, tente fazer isso com um amigo próximo. Seu amigo tem o hábito de cancelar planos em cima da hora, e isso é incômodo. Ao tocar no assunto com ele, você pode mencionar que está tentando ser mais direto. Esse comentário estaria 15% fora da sua zona de conforto e, portanto, seria um bom ponto de partida. Um contraste enorme seria entrar na sala da sua chefe e dizer que a mania dela de mudar de prioridades está enlouquecendo você.

Já dissemos várias vezes que o feedback é um presente – mas apenas porque, quando alguém lhe dá um presente, você não é obrigado a usá-lo. Talvez este não seja o melhor momento para tomar uma atitude. Encarar o feedback como uma informação que agrega e aumenta suas opções – não como uma ordem de mudança – faz com que seja mais fácil ouvi-lo e levá-lo em consideração.

Para aprofundar o conhecimento

AUTORREFLEXÃO

1. Desmerecer sentimentos: Você tem o hábito de desmerecer seus sentimentos de alguma das formas a seguir?

    - "Eu não deveria me sentir assim."
    - "Não consigo justificar minhas emoções nesse contexto."
    - "Tenho certeza de que essa sensação vai passar."
    - "Meus sentimentos são contraditórios." [(+5) + (-5) = 0]
    - "Estou com tanta raiva que vou acabar falando besteira."

Você usa outras justificativas para não reconhecer e/ou expressar seus sentimentos? Caso a resposta seja positiva, de onde vieram essas tendências?

2. Invenção de histórias: Você tem o hábito de inventar histórias sobre a realidade dos outros? Ou de transformar um palpite em certeza? Sob quais circunstâncias é mais fácil que isso aconteça?

3. Quatro etapas para solucionar problemas: Como seu comportamento nas quatro etapas a seguir poderia prejudicar a resolução de um problema?

- Convencer a outra pessoa a levar o feedback a sério.
- Compartilhar todos os problemas.
- Resolução.
- Reparação.

4. Mecanismos de defesa:

- Você na defensiva: Com que frequência você fica na defensiva? Que situações tendem a acionar essa reação? O que você faz quando se sente assim?
- O outro na defensiva: Como você reage quando a outra pessoa fica na defensiva?

PRÁTICA

Na autorreflexão, você indicou como enxerga o seu comportamento. Mas como o outro enxerga você? Consulte um dos seus relacionamentos importantes e compare algumas das suas percepções.

Esperamos que a autorreflexão e/ou as conversas com os outros tenham apontado várias áreas a serem desenvolvidas. Por exemplo: "Quero ser mais aberto a feedbacks e ficar menos na defensiva."

Escolha uma ou duas áreas em que você gostaria de se aprimorar e estabeleça objetivos. A mudança é mais fácil e mais provável quando você recebe o apoio de alguém. Consulte um dos seus relacionamentos e peça ajuda para alcançar seus objetivos de aprendizado.

COMPREENSÃO

Com base na sua leitura, nas suas reflexões e nas suas tentativas, o que você aprendeu sobre os desafios de usar o feedback de forma eficiente? E o que aprendeu sobre si mesmo?

O que pretende fazer de agora em diante, levando em consideração seu aprendizado? Observe que, a esta altura, você está montando uma caixa de ferramentas que pode ser útil em qualquer relacionamento, não apenas com as pessoas importantes identificadas no início do livro. Quanto mais você treinar com os outros e extrair lições dessa "prática", mais vai aprender.

9

AS PESSOAS SÃO CAPAZES DE MUDAR DE VERDADE?

Phil e Rachel: Pai e filha, partes 1, 2 e 3

Nos capítulos anteriores, observamos nossos personagens encararem comportamentos problemáticos e aprenderem a fazer as coisas de um jeito diferente. Elena descobriu que é preciso ser forte para demonstrar vulnerabilidade. Sanjay descobriu que evitar conflitos tem consequências. Liam descobriu que distancia as pessoas quando fica mudando de assunto de repente. Todas essas lições foram importantes, mas e os comportamentos que são mais básicos e passaram anos sendo reforçados? O feedback, por mais direto e bem-comunicado que seja, realmente é capaz de mudar padrões antigos?

Nós acreditamos que as pessoas conseguem mudar. É um processo difícil, que exige persistência, mas não teríamos permanecido no mercado por tantas décadas se não víssemos isso acontecer com frequência. As pessoas podem achar que é uma tarefa desafiadora e talvez não queiram mudar em um momento específico, mas isso não quer dizer que sejam incapazes.

Richard Beckhard, famoso teórico organizacional e professor do MIT, usou uma fórmula interessante para explicar as condições sob as quais as pessoas apresentam mais chances de mudar: $R < I \times V \times P$. A letra R significa "resistência à mudança". Para a mudança acontecer, o produto de três outras variáveis precisa ser maior do que a resistência. I significa "insatisfação", indicando que você precisa estar ciente do custo do seu comportamento atual. V significa "visão" e indica que você precisa enxergar a vantagem do novo comportamento e acreditar que o resultado valerá a pena. P significa "primeiros passos", indicando que você acredita ser capaz de aprender novas habilidades que facilitarão a mudança.

A história de Phil e Rachel ilustra como essa fórmula – e a mudança de padrões antigos – pode ser complicada.

Phil e Rachel, parte 1

Phil e sua filha Rachel eram médicos e trabalhavam no mesmo hospital, embora Rachel estivesse abrindo um consultório particular por conta própria. Os dois sempre foram próximos e gostavam de conversar sobre basquete (os dois foram da equipe da faculdade) e medicina.

Rachel reconhecia que o relacionamento dos dois não havia mudado muito desde a época de sua adolescência. O pai sempre foi muito dedicado ao sucesso dela – ele era seu maior defensor e incentivador, além de seu principal conselheiro profissional. Quando a filha mais nova de Rachel, Emma, expressou interesse por basquete, Phil renovou sua paixão por ensinar o esporte por diversão. Infelizmente, boa parte do que Phil estava habituado a oferecer eram conselhos – tanto para Emma quanto para Rachel. Isso tinha sido útil para Rachel na época em que ela jogava basquete na faculdade e estudava medicina, porém foi se mostrando cada vez menos proveitoso com o tempo.

Os dois não tinham muito assunto para conversar além de esportes e medicina, e Rachel queria conhecer melhor o mundo interior do pai. Quando sua mãe era viva, Rachel descobria o que ele sentia através dela; quase nunca recebia essas informações diretamente do pai. Se Rachel contava o que estava acontecendo na vida *dela*, ele tendia a responder com conselhos paternais e não com revelações próprias.

Desde a morte da mãe no ano anterior, Rachel fazia questão de convidar Phil para jantar com ela, o marido e as crianças em semanas alternadas, ou para saírem juntos no fim de semana. Ela também tentava tomar café da manhã ou almoçar com ele no hospital quando seus horários batiam.

Em um desses dias no refeitório do hospital, Phil e Rachel fizeram piada sobre o cardápio horrível do almoço, conversaram sobre questões internas do hospital e mencionaram alguns casos interessantes com que depararam, como costumavam fazer. Então Phil começou seu questionário de sempre.

– O que você decidiu sobre aumentar o consultório e chamar aquela sua amiga para ser sócia?

Rachel sentiu um aperto familiar no estômago. *Lá vamos nós de novo*, pensou ela. Fazia meses que ela estava pensando em aumentar o consultório e convidar Nadya, que era sua amiga de longa data e colega de trabalho, para uma sociedade.

– Ainda estou pensando no assunto – respondeu ela. – É como eu já disse, há muitos prós e contras para levar em consideração.

– Bem, acho que seria loucura não aproveitar a oportunidade de fisgar a Nadya agora. Ela é uma ótima médica, e vocês são amigas desde a faculdade, claramente se dão bem. É difícil encontrar alguém que nem ela por aí.

– A questão não é ela ser uma boa médica ou nós nos darmos bem, pai. É mais complicado do que isso.

– O que tem de tão complicado?

Rachel pensou em explicar novamente sobre as complicações financeiras e logísticas da decisão, mas resolveu não entrar no assunto. Phil continuou bebericando sua Coca e almoçando em silêncio, esperando pela resposta.

Depois de um minuto, Rachel finalmente disse:

– Pai, nós já conversamos sobre tudo isso várias vezes, e não quero falar sobre isso de novo.

– Que bobagem. Você devia fazer logo o convite e parar de ficar pensando demais.

Rachel começou a ficar com raiva. Ela se irritou com o conselho do pai e achou que suas preocupações estavam sendo desmerecidas. E também ficou frustrada consigo mesma: mais uma vez, deixou a conversa se concentrar em um tópico da sua vida profissional sobre o qual Phil tinha opiniões – que, inclusive, eram bem enfáticas. Como aquela era a milésima vez que eles tinham uma interação parecida, Rachel sentiu mais do que uma pontada; ela estava completamente de saco cheio.

Além disso, também ficou irritada por Phil não entender que seus conselhos eram indesejados. Apesar de ela já ter tentado explicar isso várias vezes, sempre com muita delicadeza, ele parecia não entender. *Não quero ser grossa, porque ele leva tudo para o lado pessoal,* pensou ela, *mas isso precisa acabar. Pelo amor de Deus, eu tenho 43 anos. Nossas conversas são iguais desde que eu tinha 18. Deve existir algum jeito de mudar isso. Não sei por mais quanto tempo vou conseguir ficar quieta sempre que ele simplificar demais uma questão difícil minha, me dizendo o que eu tenho que fazer como se fosse fácil.*

O horário do almoço estava quase acabando, e os dois precisavam visitar pacientes, então ela preferiu deixar para lá.

– Pai, esta conversa não vai chegar a lugar nenhum, então vamos mudar de assunto.

Phil pareceu magoado, e disse:

– Nossa, eu só queria ajudar.

– Bem, mas não ajudou – rebateu Rachel. Então, se controlando, ela continuou: – A Emma vai treinar com o time novo no sábado, à tarde. Você quer almoçar com a gente antes, para depois irmos assistir ao treino?

Phil pareceu aliviado e concordou com a cabeça.

– Quero, sim. Vou chegar ao meio-dia.

Os dois pegaram seus pratos e voltaram para seus respectivos trabalhos.

Rachel estava com a agenda cheia de pacientes naquela tarde, mas mesmo assim sua mente ficava voltando para a conversa do almoço. *É tão irritante ele não entender,* pensou ela. *Mas eu devo estar esperando demais. Ele passou a vida inteira sendo assim. Talvez seja verdade que é impossível mudar velhos hábitos.*

Ela também se lembrou de uma conversa recente com sua amiga Tomiko, que disse: "Tenho os mesmos problemas com meu pai. Olha, o Phil tem 68 anos. O que você queria? Ele sempre foi um pouco insensível. Quando eu comecei a entender que meu pai não mudaria, as coisas melhoraram muito entre nós. Na minha opinião, acho que é melhor você deixar isso pra lá e aceitar que ele vai continuar dando pitaco." Rachel ficou pensando se Tomiko tinha razão e se seria melhor desistir de tentar convencer Phil a levar essa questão a sério. Mas ela não ficou satisfeita com essa conclusão.

No almoço de sábado, Emma estava animada, tagarelando sobre o novo time de basquete da sua escola de ensino fundamental.

– Como é o treinador? – perguntou Phil.

– O *treinador* é uma *treinadora*, vovô – disse Emma. – Eu gosto dela, mas várias garotas não levam os treinos muito a sério, e a treinadora tem dificuldade para lidar com elas, então ainda não jogamos muito.

Phil franziu a testa.

– A temporada vai acabar em um piscar de olhos. Você precisa se dedicar de verdade, Emma.

Rachel sentiu um aperto no estômago de novo.

– Ela é dedicada, pai! Agora, Emma, vá se arrumar, precisamos sair daqui a pouco.

Enquanto Emma saía da sala, Phil se virou para Rachel e disse:

– Você devia ir lá e deixar claro para essa treinadora que, se ela não colocar ordem na casa, vai precisar de outro emprego.

– Pai, pelo amor de Deus. Ela acabou de começar.

– Estou dizendo – insistiu Phil –, quanto mais cedo você lidar com isso, melhor. Eu aprendi isso depois de passar anos assistindo aos seus jogos. Emma pode acabar perdendo o amor pelo esporte.

– Chega! Você está fazendo eu me sentir uma péssima mãe. E no começo da semana você fez eu me sentir uma péssima profissional, incapaz de tomar uma boa decisão sobre começar uma sociedade. Estou ficando cada vez mais irritada.

Phil foi pego de surpresa. Ele olhou para o chão, em silêncio. Então, respondeu na defensiva:

– Escute, só estou tentando ajudar. Quero o melhor para você. E com certeza não quero que você fique frustrada ou irritada. Se você preferir, não me meto mais na sua vida.

– Pai, essa não é a solução. Eu não quero que você pare de se meter na minha vida, mas a maneira como conversamos me incomoda. Precisamos ir para o treino agora, mas vamos falar mais sobre isso. Essa situação não faz bem para nenhum de nós dois.

Enquanto todos entravam no carro, Emma tagarelava com animação, porém Rachel e Phil permaneceram em silêncio. *O que eu posso fazer para ele se comportar de outro jeito?*, ponderou Rachel. *Será que ele é capaz de mudar?*

A situação de Rachel é comum. Você provavelmente já conversou com alguém sobre um comportamento incômodo, mas a pessoa continuou repetindo seus atos sem parecer entender. Quem está de fora da situação pode dar de ombros e dizer: "Ele é assim mesmo." Mas nós afirmamos que isso não é verdade. Há uma diferença enorme entre personalidade e comportamento. Personalidade é algo extremamente difícil de mudar – se você for extrovertido, talvez nunca consiga se tornar introvertido, por mais que tente. Isso não significa que você não possa aprender a dar mais espaço para os outros falarem, o que é um comportamento. Ninguém nasce com uma propensão genética a ser desatencioso ou egoísta. Será que o hábito de dar conselhos está no DNA de Phil? Hum, achamos que não.

Isso não quer dizer que seja fácil mudar hábitos antigos, mas é interessante refletir por que um comportamento é tão essencial para uma pessoa que ela parece incapaz de abandoná-lo. No caso de Phil, ele passou décadas dando conselhos que ajudaram Rachel no passado, reforçando seu valor. Além disso, ele é médico, um ofício em que dar conselhos não apenas é rotineiro, como historicamente esperado. O ambiente hospitalar também incentiva a racionalidade, que exige um controle das emoções. Então não é de surpreender que ele não revele muito de seus sentimentos para a filha.

Quando alguém segue comportamentos habituais, como Phil, os outros aprendem a se adaptar, reforçando esses comportamentos. Pacientes, enfermeiros ou residentes dificilmente reclamariam da mania de Phil de dar conselhos ou pediriam que ele se abrisse mais. Além disso, provavelmente com boas intenções, sua esposa incentivou sua relutância em compartilhar sentimentos com os filhos ao agir como a intérprete entre eles. E, apesar de um dos pontos fortes de Phil enquanto médico seja dar conselhos, quando ele exagera, como acontece com Rachel, isso se torna uma desvantagem. Será que um comportamento aprendido pode ser modificado?

A família de Carole tinha uma dinâmica semelhante. Seu pai era um homem de poucas palavras, um exemplo do tipo silencioso e forte da sua geração. De muitas formas, Carole foi o filho que seu pai nunca teve, e os dois tinham muito em comum – ambos eram competitivos, pragmáticos e ambiciosos. Carole sempre se sentiu próxima do pai e lembra com carinho de várias conversas que tiveram em que ele se mostrou bastante vulnerável, especialmente quando falava das experiências que teve na guerra. Apesar de ela sempre sentir que havia mais a ser revelado, nunca insistiu. Então ficou um pouco triste quando sua madrasta (a mulher com quem ele casou mais tarde, depois de ficar viúvo) contou que um dos maiores arrependimentos dele era não ter se envolvido mais na criação de Carole e de sua irmã. Carole nunca imaginou que ele se sentia assim, porque nunca o questionou. Agora, ela se pergunta o que poderia ter acontecido caso tivesse saído da sua zona de conforto e insistido em uma proximidade maior. O que mais ela descobriria sobre o pai? Ela se sentiria mais conhecida por ele? O relacionamento dos dois poderia ter sido ainda mais próximo?

Quando você rapidamente conclui que determinado conjunto de hábitos faz parte da "maneira como aquela pessoa é e sempre será", talvez esteja sendo injusto. Em vez disso, tente compreender todos os fatores envolvidos em perpetuar esse padrão de comportamento. Pedir a Phil para expor mais as suas emoções não é algo simples – os hábitos dele foram muito reforçados, e será difícil mudá-los –, mas isso não significa que Rachel devesse ficar quieta ou presumir que uma mudança seria impossível. O comportamento de Phil seria ainda mais reforçado.

Pense em um esporte em que você desenvolveu "hábitos errados". Por exemplo, digamos que tenha começado a jogar tênis com um *backhand* fraco e passado a trocar a raquete de mão para sempre bater com um *forehand*. Quando o treinador manda você treinar o *backhand*, seus primeiros golpes são abaixo da média. *Para que mudar quando eu estava indo bem?* Phil pode seguir um raciocínio parecido.

Apesar de compreender que o pai tem hábitos profundamente enraizados, seria fácil para Rachel colocar a culpa em Phil. *Por que ele não entende? Será que ele é incapaz de me ouvir?*, pensa ela. Mas parte do impasse não é culpa dela? Sim, Rachel expressou seus sentimentos (em palavras, no tom de voz e com sinais não verbais) e avisou sobre os comportamentos problemáticos, mas fez isso brigando com Phil, não demonstrando empatia e oferecendo um feedback detalhado que descrevia a situação por completo. Ela tomou atalhos que poderiam ser justificados pela falta de tempo (tanto no almoço no hospital quanto antes do treino de basquete), mas também poderiam ser um reflexo do seu conflito interior.

Por um lado, ela ficava cada vez mais frustrada com os conselhos repetidos de Phil, mas, por outro, a última coisa que queria era magoá-lo. Ela sabia que a vida dele devia estar difícil após a morte da esposa e não queria piorar a situação. *Eu o amo tanto*, pensava ela com frequência, *e ele me deixa* tão *irritada*... Por causa do bloqueio interior, os sentimentos dela pareciam desorganizados e confusos.

Outro problema é que Phil interpretou a reclamação dela como um pedido para ele parar completamente com os conselhos. No geral, quando pedimos a alguém para mudar um comportamento, não queremos uma transformação tão extrema. Como um dos nossos colegas costuma dizer, talvez seja mais fácil pensar no pedido como um botão de ajuste que deve modular o comportamento, diminuindo-o um pouco, e não como um botão de desligar. Pode haver momentos em que seria bom receber conselhos, e também seria bom reconhecer que Phil só precisa e deseja ser útil, e mostrar a ele outras maneiras de fazer isso. A questão é que Rachel poderia ajudar Phil nessa mudança.

Phil e Rachel, parte 2

Após o treino de basquete, Rachel pensou nos últimos almoços desagradáveis que tivera com Phil e percebeu que fugir de uma conversa de verdade poderia abalar o relacionamento deles. Ela entendeu que poderia se abrir mais e decidiu insistir em explicar para Phil como o comportamento dele afetava a relação.

Ela sugeriu que os dois fizessem uma caminhada no fim de semana seguinte para falarem sobre o assunto, e, apesar de não entender direito qual era o problema, Phil aceitou. No sábado, os dois se encontraram no início da trilha. Eles começaram a andar, e ela disse:

– Obrigada por vir conversar comigo, pai. Sei que você não gosta muito desse tipo de coisa, então fiquei feliz. – Phil apenas deu de ombros, então Rachel acrescentou: – Isso é muito difícil para mim.

– Por que é tão difícil? Pode falar.

– Acho que as coisas que preciso dizer vão magoar você, e não quero que isso aconteça – disse ela. – Mas também tenho medo de ficar quieta e acabar prejudicando nossa relação.

– Quando foi que você se tornou tão melodramática assim? O que quer dizer?

Rachel decidiu ignorar o primeiro comentário.

– Quero dizer que seus conselhos estão me irritando cada vez mais. Não importa quantas vezes eu diga que não gostei, você continua insistindo. Não sei direito o que fazer para resolver isso, mas acho que, se não resolvermos essa questão, o problema só vai piorar.

– Que problema? – perguntou Phil, parando na trilha.

Rachel ficou incrédula.

– *Sério?* Você acabou de dizer isso mesmo? O problema é que eu estou de saco cheio de todas as nossas conversas se transformarem em você me dando conselhos. E quando eu digo que o conselho não me ajuda, você me ignora e insiste. Então o problema maior passa a ser você não escutar que isso é um problema, apesar de eu já ter falado mil vezes a mesma coisa!

Phil pareceu muito magoado.

– Você está me pedindo que eu pare de te dar conselhos? Você quer que eu me torne uma pessoa que não sou, então, a menos que eu te obedeça, nosso relacionamento está fadado ao fracasso. Acho que sou um péssimo pai.

Rachel sentiu seus olhos se encherem de lágrimas enquanto os dois continuavam andando. Phil ficou quieto. *Talvez a Tomiko tenha razão*, pensou. Quando ela parou, ele parou também. Ela resolveu tentar de novo.

– Não, você não é um péssimo pai. Mas perco a paciência quando você reage desse jeito. Quando você fica se martirizando, não conseguimos resolver o problema. A situação deixou de ser só sobre os conselhos.

Os dois caminharam em um silêncio desconfortável por algum tempo, até Rachel finalmente quebrá-lo.

– Escuta, pai, a gente precisa encontrar um jeito de resolver isso. Só para deixar claro, não quero que você mude a sua personalidade. O problema são seus atos, seus comportamentos. E essas são coisas que você pode controlar.

Quando o feedback encontra resistência

Rachel tinha dois objetivos. O primeiro era não recuar. O segundo era tentar dar um feedback melhor para Phil sobre o hábito de dar conselhos e o comportamento dele quando ela tentava debater o assunto. Isso é mais difícil do que parece. Apesar de Rachel ter sido mais direta do que o normal durante a caminhada, sua abordagem não pareceu fazer tanta diferença, e a reação de Phil apenas aumentou sua frustração. Seria fácil para ela desistir ou perder a cabeça.

Com Ben e Liam, e depois com Elena e Sanjay, o feedback funcionou porque os dois lados compartilhavam a mesma sensação de responsabilidade conjunta por solucionar um problema. Apesar de Rachel ter oferecido um feedback que não a fez ultrapassar a rede, Phil não estava disposto a entrar no jogo. Em vez disso, seu comportamento dificultou a conversa.

Ele demonstrou mágoa, fazendo com que ela se sentisse culpada. Ele se fechou e falou pouco, depois mudou o foco da conversa de volta para os conselhos, se distanciando da dificuldade de escutarem um ao outro. As barreiras que Phil armou são comuns. Algumas outras também são usadas o tempo todo, apesar de Phil não ter recorrido a elas. (Algumas foram mencionadas no capítulo anterior, quando falamos sobre mecanismos de defesa.)

- Negar
"Não, não faço isso. Acho que você está imaginando coisas."

- Ficar na defensiva
"Eu quase não faço isso. Esse exemplo foi uma exceção, e todo mundo se comporta assim."

- Explicar/inventar desculpas
"Eu só fiz isso porque..." "É por causa desse seu comportamento que eu faço..."

- Revidar
"Bem, você faz coisas problemáticas. Tipo o seguinte:"

- Culpar
"Você tocou no assunto do jeito errado." "Foi porque você não lidou com o problema do jeito certo."

- Diminuir o outro
"Estou decepcionado com você." "Esperava mais de você."

- Questionar motivos
    "Você não está tocando nesse assunto só para sair por cima?"

Quando alguém cria essas barreiras, não escuta o recado. A pessoa que dá o feedback costuma recuar (como Rachel cogitou fazer) ou evitar oferecer outros no futuro.

Há algumas circunstâncias em que resistir faz sentido. O problema é quando o receptor usa essas respostas indiscriminadamente, evitando assimilar o feedback.

Em vez de desistir ou forçar a barra com a outra pessoa, pode ser melhor mudar o foco do feedback por um instante. Imagine que você quer dar feedback a um funcionário – vamos chamá-lo de Sam – sobre certo comportamento: ele tem o hábito de dizer que vai fazer as coisas e não cumprir, e sempre dá uma desculpa quando você toca no assunto. Esse padrão impede Sam de receber feedbacks e acaba com a vontade que você tem de oferecê-los.

Agora, o feedback pode passar para as desculpas que ele cria. "Sam, você tem o hábito de dar uma desculpa sempre que eu comento sobre uma tarefa inacabada, e isso me incomoda." Mas e se ele responder com outra desculpa? Um ciclo aparentemente irritante talvez vire uma oportunidade: você pode avisar no momento em que acontecer. "Sam, é disso que estou falando."

Rachel passa por uma situação parecida. O fato de Phil não entender o que ela quer dizer sobre os conselhos não é um evento isolado. Uma vez após a outra, ela toca no assunto e ele a ignora. No fundo, os dois são incapazes de solucionar um problema juntos, e é *isso* que ela precisa questionar.

Phil e Rachel, parte 3

– Pai – implorou Rachel –, diga alguma coisa.

– Não tenho nada a dizer.

Rachel chorou baixinho.

– Pai, isso não pode ser verdade. Você deve estar sentindo um monte de coisas, e quero que me conte. Da mesma forma que quero poder contar como estou me sentindo.

Seguiu-se um longo silêncio enquanto Phil parecia assimilar a informação, mas permaneceu quieto.

Rachel continuou:

– Vou tentar de novo. E quero muito que você me escute. Só estou falando sobre isso porque amo muito você e me importo com o nosso relacionamento. Nós podemos sentar naquela pedra e tentar conversar?

Phil parou de andar e olhou para ela. Ele concordou com a cabeça e a seguiu até uma pedra grande e reta, com vista para o vale. O sol da tarde atravessava a copa das árvores.

– Por favor, pai. Isso é muito importante para mim, para nós dois.

– Tudo bem. Explique de novo por que os meus conselhos são tão irritantes.

– Pai, seus conselhos não são o maior problema.

– Estou muito confuso. Eu me ofereci para conversar sobre meu hábito de dar conselhos, e agora você não quer falar disso. Pelo amor de Deus, o que você quer de mim?

Rachel hesitou, na dúvida se deveria continuar. Normalmente, ela responderia com um "Deixa pra lá", e os dois voltariam a caminhar. Mas ela entendeu que isso era parte do problema. *Se eu não falar agora, não vou falar nunca mais*, pensou.

– O maior problema é que eu sinto que você não me escuta nem me leva a sério quando lhe ofereço feedback ou tento conversar sobre algo que me incomoda.

Phil ficou quieto, observando o vale lá embaixo.

– Pai, esta conversa é muito difícil para mim, e o seu silêncio só dificulta as coisas.

– Estou me esforçando. Quando você tem um problema, ofereço soluções. Entendi que você não gosta disso, apesar de não saber em que momento meus conselhos passaram a incomodar.

– Pai, está acontecendo de novo, agora mesmo, entre nós.

Phil, um pouco irritado, disse:

– De que raios você está falando?

– Fico feliz por você querer conversar sobre a sua mania de dar conselhos, de verdade. E com certeza quero falar mais sobre isso também. Mas acabei de dizer que isso leva a um problema mais sério para mim, e você me ignorou. Esta conversa que estamos tendo agora é a dinâmica que quero consertar. De novo, sinto que você não me escuta. E mais, me sinto menosprezada. – Ela passou um braço ao redor dele e continuou: – Por favor, pai. Eu amo você, e isso é importante para mim.

Phil amoleceu, apesar de ser nítido que ele estava desconfortável.

– Tudo bem, estou começando a entender que você quer que eu preste mais atenção. Apesar de eu achar que estou prestando.

– Sim, pai, só que a questão não é você me ouvir, mas eu sentir que sou ouvida. São duas coisas diferentes.

– Hum, nunca pensei dessa forma. Então eu deveria dizer que ouvi o que você disse? Posso fazer isso.

– Seria bom, mas não é só isso. O que eu quero dizer com "ser ouvida" é: você está tentando me entender de verdade? Na última semana, eu disse várias vezes que estava irritada. Não só você ignorou isso, como não demonstrou qualquer preocupação nem tentou descobrir o que estava acontecendo comigo. Nós não podemos resolver nossos problemas se não tentarmos compreender um ao outro.

– Mas é por isso que ofereço soluções. É o meu jeito de mostrar que entendo e me importo.

– Pai, eu não preciso das suas soluções. Se você tentar me entender, e eu tentar entender você, as soluções vão aparecer.

– Acho isso difícil. Estou acostumado a dar respostas, não a fazer perguntas. Perguntas eram o forte da sua mãe. – Seguiu-se um longo momento de silêncio, e então ele continuou: – Mas acho que estou começando a entender aonde você quer chegar.

Rachel sorriu.

– E agora foi a primeira vez que senti que você me escutou em muito tempo.

Os dois voltaram a andar e continuaram a conversa sobre os conselhos, e Rachel sentiu que Phil se esforçava para não dar respostas. Em vez disso, ele parecia tentar compreender por que ela tinha ficado tão incomodada com suas interações passadas.

Voltando para a fórmula de Beckhard de R (resistência) $< I \times V \times P$, Rachel fez o pai compreender melhor sobre o preço que ele pagava ao causar a infelicidade dela (o I de insatisfação), o ajudou a entender o que poderia melhorar (uma visão – V – de como as coisas poderiam ser) e mostrou uma maneira de chegar lá (o P de "primeiros passos").

Como compreender as emoções do outro

Rachel queria que Phil entendesse como sua mania de dar conselhos era problemática para ela, e também que mudasse de postura quando ela falava sobre algo que acreditava ser importante – ela não queria que ele se fechasse. Além disso, ela queria se sentir emocionalmente compreendida. Quando estamos em um impasse, no meio de uma briga, com ânimos exaltados e as duas pessoas não conseguem se entender, é muito importante termos essa conexão com o outro.

Há duas maneiras de tentar compreender alguém emocionalmente. Uma é pensar naquilo que a outra pessoa precisa sentir, e a outra é pensar no que você precisa fazer.

Quando as pessoas se sentem emocionalmente compreendidas, se sentem ouvidas de verdade, aceitas, vistas, incluídas, e não julgadas. Isso requer escutar além das palavras e tentar captar o significado nas entrelinhas. As respostas de Phil só passaram essa impressão para Rachel no final da conversa. Não foi preciso que Phil concordasse com ela nem aceitasse que seus pedidos eram "certos" ou "corretos". Ele só precisou demonstrar (e finalmente demonstrou) que compreendia o que a filha sentia e por que se sentia assim a partir da perspectiva *dela*.

Há uma série de comportamentos que podem ajudar alguém a se sentir emocionalmente compreendido (e essa é a parte do *fazer*). Entre eles estão:

- Escutar de forma ativa, mostrando ao falante que você o entende. Parte disso é feito de forma não verbal, com contato visual e acenos de cabeça. A escuta diminui consideravelmente o ritmo da conversa. É essencial dar espaço para a outra pessoa digerir os próprios sentimentos, em vez de tentar convencê-la de que está errada ou rebater com as próprias emoções.
- Parafrasear/reconhecer sentimentos. Repetir o que a outra pessoa disse é uma forma poderosa de transmitir que você a ouviu e de descobrir na mesma hora se entendeu tudo corretamente.

- Empatia ativa – por exemplo, dizer coisas como "Deve ter sido horrível", ou apenas permanecer ao lado da pessoa e escutar de forma ativa enquanto ela digere seus sentimentos. Talvez você precise deixar de lado as próprias emoções por um instante, caso elas sejam diferentes das do seu interlocutor.
- Transmitir carinho. Novamente, isso pode ser feito por meio de palavras, mas também com gestos, como quando Rachel passou um braço ao redor do pai.
- Demonstrar curiosidade e interesse e parar de julgar. Isso significa fazer perguntas sem respostas predefinidas e tentar compreender de verdade o que está acontecendo com a outra pessoa.

É óbvio que raramente exibimos todos esses comportamentos ao mesmo tempo. No entanto, compreender as emoções do outro quase nunca depende do quanto você faz. Quando estamos atentos de verdade, é fácil sentir qual é o comportamento adequado. Às vezes, basta dizer "Que coisa horrível" com sinceridade. Rachel sentiu que seu pai estava compreendendo suas emoções quando ele parou para assimilar o que ela dizia e apenas respondeu: "Mas acho que estou começando a entender aonde você quer chegar."

Quando estamos muito emotivos, pode ser difícil deixar de lado nossas próprias emoções para conseguir ouvir de verdade a outra pessoa. Talvez seja necessário admitir primeiro que não será possível estar aberto aos sentimentos do outro agora. E, se você fizer isso, é importante voltar para a conversa quando estiver mais calmo. Não estamos dizendo que compreender as emoções de alguém seja uma forma de fugir de brigas ou conflitos. É apenas *uma* maneira de reagir quando outra pessoa está emocionalmente alterada. E é uma forma de criar uma conexão muito pessoal.

Uma conversa de cada vez

Rachel precisou ser muito persistente, mas fez um grande progresso. Teria sido fácil desistir do pai e concluir que ele nunca conseguiria escutá-la da maneira como ela queria. Talvez ela tenha percebido que estava pedindo por uma mudança imensa de comportamento quando ele disse "Acho isso difícil". No entanto, é raro que uma conversa, mesmo tão bem-sucedida quanto essa parece ter sido, consiga mudar completamente um hábito extremamente enraizado. Mas pelo menos é um começo; Phil agora entende como Rachel se sente e aprendeu novas formas de interagir. É quase certo que ele regrida e volte a seguir padrões familiares. É crucial que Rachel não desista. Esse é um processo de "dois passos para a frente e um para trás", e é importante que ela continue a reconhecer o progresso do pai, como fez ao dizer que finalmente sentia que ele a escutava. Com frequência, nos concentramos nos erros de uma pessoa, esquecendo como o reforço positivo pode causar impacto.

Lembre que, às vezes, uma linha reta é o caminho mais distante entre dois pontos. Uma conversa começa em um assunto, e então se torna aparente que existem outras questões mais importantes a serem debatidas. Quando isso acontecer, faça um intervalo. Dê um passo para trás. Existe uma barreira que precisa ser enfrentada? Assim como Rachel fez durante a caminhada com o pai, deixe o primeiro assunto de lado e *observe como vocês estão falando*. Note como se sentem. Use isso! Solucionar o problema mais profundo não apenas resolverá a dificuldade em questão, como também será útil para debates futuros, resultando em um relacionamento bem mais profundo e forte.

Para aprofundar o conhecimento

AUTORREFLEXÃO

1. Coloque-se no lugar de Rachel. *Apesar de estar frustrado com seu pai, você não quer magoá-lo. Como acha que lidaria com essa situação? Você desistiria? Quais das várias abordagens que ela usou você tentaria? Ou não tentaria?*

   Agora, coloque-se no lugar de Phil. *Você valoriza muito o relacionamento que tem com sua filha e não quer que se afastem, mas está confortável com a forma como interagem no momento e teria dificuldade para se comportar como Rachel deseja. Como você lidaria com essa situação? O que faria e diria?*

2. Padrões ultrapassados: Você tem um relacionamento (importante ou não) que valoriza, mas a maneira como interagem parece presa ao passado?

3. Sua contribuição: Você está, assim como Rachel, fazendo alguma coisa que dificulta a mudança nesse relacionamento? Por exemplo:

- Presumindo que "Essa pessoa é assim mesmo; é a personalidade dela".
- Oferecendo feedbacks pouco claros (sobre comportamentos específicos e o impacto que causam em você ou sobre suas necessidades).
- Presumindo que a mudança será mais fácil do que realmente é.
- Deixando de usar I x V x P (insatisfação x visão x primeiros passos).
- Desejando a mudança apenas para o próprio bem, sem levar em consideração o que o outro deseja.

PRÁTICA

Com base nessas reflexões, converse com a outra pessoa e veja se é possível redefinir a relação de forma que ambos se beneficiem.

COMPREENSÃO

Como foi? O que você aprendeu (sobre si mesmo e sobre como influenciar o outro)?

Olhando para trás, você poderia ter feito ou dito alguma coisa de um jeito diferente?

10

CONTROLE SUAS EMOÇÕES OU SE DEIXE CONTROLAR POR ELAS

Mia e Aniyah: Amigas de longa data, parte 1

Veja se esta cena é familiar: você está em um jantar que começa ótimo – com um de seus pais ou seu parceiro, com um amigo ou um filho –, quando, aparentemente sem motivo, a conversa toma um rumo problemático. Um comentário inocente leva a uma resposta atravessada, que leva a uma acusação, e as coisas descem ladeira abaixo. De repente, queixas surgem, mágoas antigas aparecem, e você não consegue entender por quê. É como se algo viesse se acumulando sem que você percebesse e de repente estourasse.

Apesar de não existir um diagnóstico que se encaixe em todos os casos, é muito provável que um descontrole emocional tenha influenciado a briga. "Descontrole" tem muitos significados. Emoções reprimidas podem ter se acumulado até chegarem ao ponto de explodir. Você também pode anestesiar seus sentimentos – e quase esquecer que eles existem.

Os capítulos anteriores trataram sobre muitos motivos que nos fazem ignorar nossas emoções. Este mostra o preço que pagamos por isso e como essa é a receita para criar condições explosivas, além de incentivar a intransigência das duas partes. Quanto mais você compreender seus sentimentos, menos chance terá de ser controlado por eles e mais opções terá para expressá-los de forma produtiva.

Mia e Aniyah, parte 1

Aniyah e Mia são amigas desde que foram colegas de quarto na faculdade, quando trocavam confidências sobre namorados, escolhas de carreira e a transição para a vida adulta. Esse relacionamento próximo, cheio de confiança, continuou após a formatura, apesar de as duas acabarem morando em cidades diferentes. Elas conversavam pelo telefone com frequência e se visitavam sempre que podiam. As duas estiveram presentes no casamento uma da outra e compartilharam as alegrias e as dificuldades de ter filhos.

Então Mia e o marido, Jake, se mudaram com a família para a Filadélfia, onde Aniyah e o marido, Christopher, moravam. Mia e Aniyah queriam que isso aproximasse os quatro, porém seus maridos nunca se entrosaram de verdade. As duas tentaram estabelecer uma rotina para jantar regularmente, mas, com filhos e empregos em tempo integral, os encontros foram menos frequentes do que gostariam.

Elas adoravam se encontrar, mas perceberam que sua velha intimidade havia diminuído. Esse assunto não era discutido, mas as duas trocavam menos confidências do que antes. *Talvez seja porque tenho Jake e outras amigas*, refletiu Mia. *Pode ser que nossa proximidade fosse necessária no passado, mas agora nem tanto. Sem falar que as crianças ocupam todo meu tempo. Ou talvez seja porque eu e Jake temos uma condição melhor do que Aniyah e Christopher, e isso os deixe desconfortáveis.* Ela resolveu deixar esses pensamentos de lado e estava animada com o próximo encontro com Aniyah.

As duas se encontraram em um dos seus restaurantes favoritos de comida francesa e passaram a primeira parte do jantar contando as novidades da vida, como sempre. Quase no fim da refeição, Aniyah reclamou:

– Estou sempre tão cansada... Tenho muita coisa pra fazer, e, por mais que eu tente cortar meu tempo de sono e de exercícios, estou sempre atrasada e não consigo resolver nada.

Mia concordou com a cabeça.

– Sei como é. Também faço um monte de coisas ao mesmo tempo, entre a promoção, as crianças e a construção da casa nova. Eu queria que o dia tivesse mais umas cinco horas!

Aniyah se sentiu um pouco ressentida, mas sabia que Mia não tinha falado por mal. Então ela respondeu:

– É, eu sei que você também vive ocupada. Mas pelo menos o seu cansaço é causado por várias coisas boas. Eu estou presa em um trabalho que não vai me levar a lugar algum e vivo me sentindo uma péssima mãe por não passar tempo suficiente com as crianças.

– Que conversa é essa? Você é uma ótima mãe!

– Obrigada, mas não concordo. Na semana passada mesmo, era para eu ter acompanhado a turma do Evan em um passeio da escola, mas precisei cancelar. Meu chefe pediu outra alteração em um relatório em cima da hora. O Evan ficou tão triste... – Os olhos de Aniyah se encheram de lágrimas. – Desculpe, não sei por que estou assim; acho que é o cansaço. Ou talvez eu ainda não tivesse percebido quanto todas essas coisas me incomodam.

– Talvez seja o momento de você procurar outro emprego.

– O que você está insinuando? – perguntou Aniyah.

– É só que já faz um tempo que escuto você reclamando sobre o trabalho, então me parece que seria melhor encontrar outra coisa.

Aniyah ficou decepcionada e irritada.

– É fácil para você falar, Mia. Sua vida é perfeita. Além do mais, nós precisamos do meu salário, e meu emprego paga bem.

As duas ficaram em silêncio, que só foi interrompido quando o garçom veio oferecer a sobremesa, que ambas recusaram.

– Só estou tentando ajudar, Aniyah, mas sinto como se você se incomodasse com cada coisa que eu digo. Por que está tão sensível?

– Às vezes, é bom ser sensível sobre o que acontece na vida dos outros.

– Como assim?

Aniyah soltou um suspiro profundo.

– Escute, estou muito cansada. Eu desabafei sobre um problema pessoal, e a sua reação foi me dizer para encontrar um emprego novo. Sei que você tem boas intenções, Mia, mas sinto como se não estivesse ouvindo como isso tudo é difícil para mim.

Aniyah pensou em todas as vezes que saiu de uma conversa com a amiga se sentindo bastante insegura. Mia sempre parecia ter todas as respostas. *Será que a Mia nunca tem dificuldade com nada?*, perguntou-se.

– De onde você tirou isso? É claro que eu sei que as coisas são difíceis para você! Como você pode achar que eu não sei?

– É o que eu penso. Além do mais, ficar ouvindo sobre a sua promoção e a casa nova que estão construindo só piora a situação. Sei que eu não deveria dizer isso, porque só desejo o melhor para você.

– Então eu devo deixar de falar sobre a minha vida e ficar só escutando sobre os seus problemas? Nossa, como é difícil conversar com você. Não sei o que dizer para não piorar as coisas. – *Como sempre*, pensou Mia, *Aniyah é sensível demais. Eu me sinto pisando em ovos sempre que converso com ela.* – Talvez seja melhor irmos embora agora.

Aniyah pagou sua metade da conta e disse em um tom resignado:

– Concordo.

– Bem, que maneira ótima de aproveitar uma noite longe do Jake e das crianças – disse Mia com sarcasmo enquanto seguiam para seus respectivos carros.

– Agora já está tarde – respondeu Aniyah –, e estou ainda mais cansada do que quando cheguei. Só preciso ir para casa. Desculpe.

– Eu também – disse Mia.

As duas entraram em seus carros, irritadas e ressentidas uma com a outra.

Soltando fumaça: O que aconteceu?

Em resumo, Mia e Aniyah foram contra tudo que falamos nos capítulos anteriores.

1. <u>Elas deixaram pontadas piorarem:</u> Cada uma tinha várias questões pendentes. Aniyah se incomodava por Mia raramente mencionar problemas pessoais. Aniyah achava que a amiga não demonstrava muita empatia em relação às suas dificuldades. Em vez disso, Mia deu um conselho, algo que Aniyah interpretou como um sinal de que ela realmente não a compreendia. Aniyah também sentia inveja por Mia estar bem de vida e crescendo no trabalho.

Mia também tinha pontadas acumuladas. Ela estava cansada de ouvir sempre as mesmas reclamações sobre o trabalho de Aniyah e sobre sua (aos olhos dela) relutância em tentar resolver o problema, sempre se fazendo de vítima. Ela queria ajudar Aniyah, mas ficava frustrada com a hipersensibilidade – na sua opinião – da amiga. Mia queria falar mais sobre o seu trabalho e a casa nova, porém não se sentia à vontade, porque percebia a inveja de Aniyah.

Nenhuma dessas questões era um grande problema, e provavelmente foi por isso que as duas não tocaram no assunto – mas, se tivessem desabafado, poderiam tê-las solucionado com mais facilidade. O acúmulo as tornou destrutivas.

2. <u>Elas não disseram o que sentiam:</u> Apesar de fazerem algumas declarações com "eu sinto", o "*me*" ficou faltando no meio da frase, fazendo com que elas expressassem pensamentos, não emoções. Ao mesmo tempo, o tom de voz e a escolha das palavras transmitiram alguns sentimentos reprimidos muito fortes.

3. <u>Elas jogaram a culpa uma na outra:</u> Se os maridos de Aniyah e Mia perguntassem "Como foi?" quando as duas chegassem em casa, cada uma falaria sobre os argumentos razoáveis que tentaram transmitir e como a outra estava errada. Quando Aniyah disse para Mia "Sinto como se não estivesse ouvindo como isso tudo é difícil para mim" e "Sua vida é perfeita", uma série de emoções reprimidas se transformou em um ataque. Isso deu permissão às duas para se sentirem injustiçadas e colocarem a culpa na outra. Quando Mia perguntou "Por que está tão sensível?", ela não fez uma pergunta de fato, mas uma acusação.

Colocar a culpa no outro costuma ser improdutivo. É algo que não incentiva a autocrítica e inibe a disposição de procurar problemas subjacentes, que dirá de solucioná-los. A outra pessoa se fecha, fica na defensiva e geralmente joga a culpa de volta em você.

4. <u>Elas não tentaram se entender:</u> Já que as duas achavam que estavam certas e que o comportamento da outra era problemático, e como

cada uma presumiu saber por que a amiga estava agindo daquela maneira, não houve muito espaço para a investigação do motivo. O momento mais oportuno para perguntas seria quando Aniyah lacrimejou depois de contar que perdera o passeio da escola do filho. Se Mia tivesse respondido com emoção e demonstrado empatia, dizendo "Aniyah, fiquei preocupada. O que está acontecendo?", a conversa poderia ter tomado um rumo diferente.

Em vez disso, Mia optou por fazer uma recomendação lógica ("Talvez você devesse procurar outro emprego"), cortando Aniyah e fazendo com que ela se sentisse ainda mais vulnerável. Mia perdeu a oportunidade, pois sua irritação acumulada bloqueou a empatia que normalmente sentiria por uma de suas melhores amigas.

Conforme a conversa prosseguiu, cada uma se tornou mais convencida de que estava certa e entrou no modo defensivo, diminuindo seu interesse em descobrir o que realmente acontecia com a outra. Em dado momento, Aniyah perguntou: "O que você está insinuando?" E depois, Mia disse: "De onde você tirou isso?" No entanto, nos dois casos, o tom delas foi mais defensivo/agressivo do que seria em uma manifestação real de interesse.

Ainda bem que a noite acabou por ali. As duas amigas não estavam lidando bem com as emoções, e seus sentimentos poderiam ter se acalorado a ponto de causar um dano irreversível à relação. É por isso que acreditamos fervorosamente que devemos controlar nossas emoções, ou seremos controlados por elas. "Controlar" não quer dizer "reprimir", como as duas fizeram. Na verdade, é uma questão de *expressá-las*, mas de um jeito produtivo.

Reconhecimento e controle de emoções

Quando David começou a conduzir grupos T (de treinamento) em Stanford, quase 50 anos atrás, era comum que os alunos respondessem "Não sei" quando alguém perguntava o que estavam sentindo. Nos anos seguintes, pesquisas sobre inteligência emocional e outros fatores fizeram com que a expressão de sentimentos fosse mais aceita pela sociedade, e o desconhecimento total se tornou bem menos comum. Porém, a maioria das pessoas tem o hábito de seguir primeiro a cabeça, tentando compreender o que está acontecendo de forma lógica, antes de prestar atenção nos próprios sentimentos ou nos da outra pessoa. É difícil escapar desse hábito. Nós dois trabalhamos nessa área há décadas, mas há momentos em que precisamos parar e nos perguntar: "O que eu estou sentindo de verdade?"

No caso de Carole, engolir sentimentos – anestesiá-los – foi um hábito que começou bem cedo. Sua mãe tinha um temperamento complicado, e as primeiras memórias de Carole envolvem estar escondida em algum lugar da casa, esperando a mãe parar de gritar, berrar e bater portas. Carole passou a ter um medo imenso da raiva, já que era uma emoção ruim e que deveria ser evitada. Ela sentia dificuldade em entender quando estava com raiva e em expressar o sentimento de forma apropriada. Como Brené Brown diz, não podemos escolher as emoções que vamos amenizar, já que "quando anestesiamos a raiva, a tristeza e o medo, fazemos o mesmo com a gratidão, o amor e a felicidade".[20]

O ambiente corporativo não costumava ser o maior aliado da expressão emocional. Por décadas, organizações enfatizaram a importância de separar emoções de trabalho. Em 1975, Carole foi contratada por uma das maiores empresas do mundo, tendo sido a primeira mulher a assumir um cargo não administrativo numa empresa listada na *Fortune 500*. Assim que começou, ela aprendeu que, para ter sucesso no mundo dos negócios, especialmente sendo uma mulher naquela época, precisaria se comportar como os homens – isto é, ser agressiva, forte, determinada e, acima de tudo, calma, racional e fria. Não havia espaço para sentimentos. Ela se tornou muito boa nisso, e viu resultados. No entanto, conforme crescia no cargo, mudava de empresa e se tornava uma executiva de alta patente, seu modelo racional começou a parecer limitante.

Em determinado momento, enquanto comandava uma empresa de venda e marketing de 50 milhões de dólares, durante um retiro com os gerentes da equipe, ela ficou emocionada ao fazer um discurso veemente sobre tudo que conseguiriam conquistar se trabalhassem juntos. A resposta foi um silêncio chocado. Um dos gerentes (um homem, aliás; só havia homens ali) disse:

– Nossa, pelo visto você também é humana.

E então Carole começou a chorar de verdade.

– Você já pensou que eu não fosse humana?

Ela cancelou todos os planos do dia e declarou que nada era mais importante do que debater sobre aquilo. Isso resultou em uma das conversas de negócios mais verdadeiras, autênticas e recompensadoras de sua carreira. Uma conversa sobre quem ela realmente era e sobre o que mais valorizava, com direito a revelações de cada um dos gerentes, que também explicaram quem eram e o que mais valorizavam. Todos expressaram esperança, tristeza, orgulho, decepção, frustração e carinho. Todos chegaram à conclusão de que estavam deixando metade de si mesmos, talvez a metade mais importante, no estacionamento da empresa. Quanto mais falavam, mais compreendiam uns aos outros.

Após o retiro, eles montaram uma equipe imbatível. Até hoje, Carole sabe que aqueles homens a seguiriam até qualquer lugar. Se isso tivesse acontecido em seu primeiro ano no emprego, quando tinha menos credibilidade e confiança, é pouco provável que o resultado tivesse sido tão bom.

As emoções também são deslegitimadas em outros ambientes. Boa parte do sistema educacional enfatiza lógica e razão, assim como nossas primeiras experiências de socialização: "Você não deveria ficar com raiva", "Você não deveria ficar magoado com críticas, porque o outro só queria ajudar", "Você não deveria ficar chateado com o seu irmãozinho" (apesar de ele ter roubado toda atenção que antes era apenas sua!). Os "não deveria" nos impedem de reconhecer aquilo que *sentimos*.

Pais com as melhores intenções do mundo ainda transmitem informações que desmerecem sentimentos. Quando o filho de David, Jeffrey, tinha 4 anos, David o levou para brincar no parquinho do bairro. Enquanto descia pelo escorrega, Jeffrey bateu com a cabeça na beirada do metal e começou a chorar. David foi correndo até ele, o pegou no colo e disse:

– Jeffrey, não está doendo.

Mas ele recebeu o que merecia. Com lágrimas ainda escorrendo dos olhos, Jeffrey rebateu:

– Como você sabe o que estou sentindo? Só eu sei o que estou sentindo.

David não quis desmerecer os sentimentos de Jeffrey. Só não estava sendo sincero sobre as próprias emoções. O comentário mais preciso (e solidário) teria sido: "Sinto muito que esteja com dor."

Mesmo quando as pessoas expressam sentimentos, elas tendem a diminuir sua intensidade. Nós classificamos as emoções em uma escala de 10 níveis, de muito leve a excessivo. É comum que as pessoas só percebam ou relatem uma emoção quando ela passa da pontuação 7. Realmente nem sempre vale a pena expressar sentimentos brandos, mas e os médios? Às vezes, em um grupo T, um participante diz: "Fiquei um *pouco* irritado com esse comentário." Então estendemos a mão exibindo cinco milímetros de espaço entre o dedão e o indicador e perguntamos, bem-humorados: "Só um pouco?" O aluno geralmente ri e diz "Na verdade, não", iniciando uma conversa mais precisa e proveitosa.

Reações somáticas (como um frio na barriga, o coração acelerado, um formigar no pescoço, um aperto na garganta ou mãos suadas) oferecem dicas importantes sobre emoções. Essas reações podem nos despertar do entorpecimento e nos ajudar a reconhecer a gravidade do que está acontecendo. Porém, com muita frequência, nós as ignoramos – apesar de pesquisas indicarem que fazer isso é prejudicial à saúde, à felicidade e à qualidade dos relacionamentos.[21] As emoções também "vazam" na rispidez da voz e em expressões faciais desdenhosas, resultando em interações ainda mais disfuncionais, como a que ocorreu entre Mia e Aniyah. Mas é provável que, no calor do momento, nenhuma das duas tenha entendido o que sentia.

O que Mia e Aniyah poderiam ter feito?

As duas amigas estavam em uma situação complicada. Ambas estavam exaustas, em um local público e cheias de emoções reprimidas. Talvez a melhor opção tenha sido mesmo encerrar a noite e tentar diminuir o estrago. Dito isso, como mencionamos, elas teriam mais alternativas se tivessem seguido por um caminho diferente no começo da conversa.

Vamos reescrever a história a partir do ponto em que Mia disse: "Só estou tentando ajudar, Aniyah, mas sinto como se você se incomodasse com cada coisa que eu digo. Por que está tão sensível?" Há pelo menos três opções aí. No centro de todas está o ciclo interpessoal do Capítulo 7 e o conceito de focar na própria realidade e permanecer no seu lado da quadra.

OPÇÃO 1: ATER-SE AOS SENTIMENTOS

Digamos que Aniyah tivesse respondido com uma revelação: "Mia, eu realmente fiquei chateada, em parte por causa do seu comentário, mas também por esta conversa inteira." Nós argumentaríamos que uma demonstração de vulnerabilidade pode ajudar a derrubar barreiras, porém seria demais esperar que Aniyah fizesse isso quando já se sentia desanimada e logo depois de ser acusada de excesso de sensibilidade. Mas, se ela tivesse expressado seu sofrimento, talvez Mia fizesse o mesmo e respondesse com empatia e um pedido de desculpas: "Sinto muito. Não quero magoar você. Como eu posso ajudar?"

Ou Mia poderia ter usado os próprios sentimentos para solucionar o impasse. Ela se corrigiria e diria algo como: "Ah, esse meu comentário foi horrível. Desculpe" ou "Estou me sentindo culpada pela forma como reagi com você hoje. Acho muito difícil escutar que você está infeliz. A minha vida também não é um mar de rosas".

Isso seria ótimo, mas façamos outro teste de plausibilidade. Qual seria a probabilidade de Mia mudar completamente de postura depois de fazer sua acusação, ainda mais levando em conta sua irritação crescente com as reclamações de Aniyah? Seria razoável esperar que ela revelasse esses sentimentos? Provavelmente não.

No entanto, existe uma forma de Mia e Aniyah compartilharem o que sentem sem terem que trocar a raiva pela compaixão em um piscar de olhos. Já falamos sobre como a raiva é uma emoção secundária e que existem sentimentos mais vulneráveis por trás dela. Se Mia ou Aniyah estivessem cientes disso, poderiam ter se perguntado: "*Por que* estou tão nervosa? O que está me deixando tão irritada?" Então seria possível passar para: "Sei que estou tão chateada e irritada porque também me sinto [magoada/ignorada/impotente, etc.]"

Essa sinceridade emocional por parte de qualquer uma delas seria o caminho mais fácil para impedir que a situação se agravasse. Mas é difícil fazer isso no calor do momento, então, apesar de a opção 1 existir, não é fácil aplicá-la.

OPÇÃO 2: RECONHECER E SUPERAR AS ARMADILHAS DO EGO

Há uma série de armadilhas do ego que Mia e Aniyah poderiam ter evitado durante a briga, como se recusar a pedir desculpa primeiro, pensando que admitir uma mágoa seria um sinal de fraqueza, ou precisar transformar a outra na vilã da história para se sentir melhor.

O falso orgulho nos engessa e frequentemente nos força a abrir mão do controle sobre o que vai acontecer. No geral, a situação pode ser resolvida quando percebemos que o ego está em ação. Admitir esse falso orgulho pode ser mais fácil do que a primeira opção. Será que alguma das duas seria capaz de reconhecer essas armadilhas ou outras posturas de superioridade e admitir o problema?

OPÇÃO 3: PROCESSAR O QUE ESTÁ ACONTECENDO E FOCAR NO FUTURO

Como debatemos antes, quando duas pessoas estão travadas, é importante dar um passo para trás e perguntar: "O que está acontecendo? Podemos sair dessa?" Mia ou Aniyah poderiam ter dito isso, evitando culparem uma à outra.

Uma das maneiras de evitar o agravamento da discussão seria conversar sobre o que elas esperavam do relacionamento. Mia e Aniyah não estavam mais tão próximas quanto antes. As duas sentiam falta das interações mais pessoais e carinhosas e da intimidade que tinham no passado. Qualquer uma das duas poderia ter dito: "A conversa de hoje é muito diferente das que costumávamos ter. Sinto falta do carinho e da proximidade que tínhamos no passado. Quero recuperar isso. E você?"

Se alguma delas tivesse recebido essa oferta de braços abertos, e se elas conseguissem evitar a armadilha de acusar uma à outra de sabotar a velha amizade, talvez conseguissem identificar o que cada uma desejava. Nesse ponto, seria possível debater algumas das pontadas acumuladas.

Observe que uma opção não anula a outra, e elas podem, no melhor dos mundos, ser usadas em conjunto. Recuar um passo para observar o que está acontecendo e se lembrar do relacionamento que desejam e do qual sentem saudade poderia ter ajudado as duas a ficarem dispostas a ouvir e revelar seus sentimentos. O maior aprendizado é que a compreensão dos sentimentos no momento em que surgem nos dá mais alternativas sobre como agir.

Todas as três opções exigem vulnerabilidade, algo desafiador quando você se sente magoado e incompreendido. Mas, como dizem por aí, quanto maior o risco, maior a recompensa.

É claro que Aniyah e Mia não escolheram nenhuma dessas opções no calor do momento. Isso não significa que seja tarde demais. Elas chegaram a um impasse, um obstáculo, mas obstáculos podem ser superados. O próximo capítulo explica como.

Para aprofundar o conhecimento

AUTORREFLEXÃO

1. <u>Primeiro, coloque-se no lugar de Aniyah.</u> *Como você reagiria em outro momento?* Depois coloque-se no lugar de Mia e se faça a mesma pergunta. Não responda como você acha que deveria reagir, mas como provavelmente reagiria.

2. Inflexibilidade: Pense nos momentos em que você "empacou" numa briga. É possível perceber um padrão de como seu ego atrapalha? Reflita se alguma das declarações a seguir faz sentido:

- Tenho dificuldade em pedir desculpa primeiro.
- Tenho dificuldade em dizer que me arrependi.
- Tenho dificuldade em admitir que errei.
- Costumo achar que estou certo.
- Tenho dificuldade em compreender o ponto de vista do outro.
- Preciso mostrar que o outro é mais responsável pelo problema do que eu.
- Tento encontrar motivos para colocar a culpa no outro.
- Tenho dificuldade em dizer que estou magoado.

- Quando alguém me magoa, tenho dificuldade em me livrar do ressentimento.
- Costumo encarar feedbacks negativos ou críticas como um ataque pessoal e fico na defensiva.
- Assumo um ar de superioridade quando acredito que a outra pessoa está errada.

Usamos esses recursos para nos proteger. Sobre o(s) item(ns) selecionado(s), o que você acha que aconteceria se mudasse de comportamento?

3. Impasses: Mia e Aniyah chegaram ao seu impasse por quatro motivos importantes. Em relação às situações identificadas nos itens anteriores, qual(is) das seguintes opções costuma acontecer com você?

- Acúmulo de pontadas.
- Guardar sentimentos para si mesmo (mas começar discussões dominadas pela lógica ou fazer acusações).
- Colocar a culpa no outro.
- Não tentar entender o outro.

PRÁTICA

Pense em algum relacionamento importante em que você já tenha se sentido empacado em certo momento. Com base na lista da autorreflexão, quais itens costumam acontecer com você ou com a outra pessoa? Converse com ela e veja se conseguem encontrar uma forma de evitar que isso aconteça de novo.

Você tem um desentendimento (em um relacionamento importante ou qualquer outro) não resolvido? Pense em como solucionar esse impasse e faça uma tentativa.

COMPREENSÃO

Como foram as conversas? O que você aprendeu sobre si mesmo e sobre esses tipos de discussão? O que se compromete a fazer da próxima vez que empacar durante uma conversa? Qual aprendizado você mais quer aplicar?

11

COMO RESOLVER UM IMPASSE

Mia e Aniyah, partes 2 e 3

Vamos voltar por um instante para a metáfora do Capítulo 2 sobre escalar o Monte Washington. Mia e Aniyah esperavam um trajeto tranquilo até o primeiro paredão. Então o clima mudou, nuvens pesadas surgiram, e elas ficaram ensopadas. Agora, estão no pé da parte mais difícil da escalada. Elas devem tentar subir? Será difícil, e as pedras estão escorregadias. Será que devem voltar? Se seguirem em frente, podem se machucar, mas se chegarem ao prado toda a dificuldade agregará importância à conquista, e a vista ficará ainda mais bonita.

Dito isso, talvez o esforço não compense. Talvez seja melhor bater em retirada. Elas precisam tomar uma decisão, que dependerá completamente do seu compromisso uma com a outra, da capacidade de lidarem com a situação difícil e de acharem que vale a pena encarar outros conflitos para salvar o relacionamento.

Apesar de se sentir empacada, Aniyah tem diversas opções. Ela pode desistir da longa relação das duas ou esperar para ver se Mia dará o primeiro passo. No entanto, isso pode significar abrir mão do controle sobre o que vai acontecer. Ela pode tomar a iniciativa e entrar em contato com Mia.

Mas, se fizer isso, o que deve dizer? Se ela compartilhar seus sentimentos, Mia a classificará de novo como sensível demais? E se Aniyah disser que a briga foi culpa de Mia? Isso não pioraria a situação? Ela conta com várias alternativas, mas cada uma cobra um preço.

Mia e Aniyah, parte 2

Naquela noite, enquanto voltava para casa, Aniyah ficou pensando no jantar e foi ficando cada vez mais chateada. Quando parou na sua garagem, estava aos prantos. Seu marido, Christopher, a encontrou na porta. Quanto mais ela descrevia o que tinha acontecido, pior se sentia. Por fim concluiu:
– Talvez seja melhor desistir da amizade. Não vale a pena tanto estresse.
– Você quer mesmo desistir de uma amizade de mais de 25 anos? – perguntou Christopher. – Vocês duas passaram por tantas coisas juntas!
– Bem, o desastre de hoje foi mais culpa dela do que minha, então se a relação for importante para Mia ela é que precisa dar o primeiro passo.
Christopher ficou em silêncio por um momento, e depois disse:
– Você quer mesmo abrir mão do controle e deixar o resultado só por conta dela?
– Não sei. A única certeza que tenho é que estou exausta, e preciso muito ir para a cama e ter uma boa noite de sono.
No dia seguinte, enquanto dirigia para o trabalho, Aniyah refletiu sobre os comentários de Christopher. Ela e Mia *tinham* passado por muitas coisas juntas, e Aniyah sentia falta da proximidade entre as duas. Na verdade, isso era o que mais incomodava. Ela se sentia triste e vazia ao mesmo tempo. E ficou se perguntando se Mia se sentia da mesma forma. *Relacionamentos terminam*, refletiu ela. *Será que Mia quer isso?*
Ela cogitou entrar em contato com Mia, mas não sabia como começar a conversa. O comentário "Por que está tão sensível?" continuava a incomodá-la, e ela não queria tocar no assunto de um jeito que reforçasse essa visão de Mia. Ela pensou em ligar, mas decidiu não fazer isso. *Não sei se vou conseguir medir minhas palavras*, pensou, *especialmente se ela me ofender de novo...* Em vez disso, resolveu mandar um e-mail para Mia e tentar ser mais ponderada.

Naquela noite, Aniyah escreveu para Mia: "Não sei você, mas eu ainda estou me sentindo mal sobre o rumo que as coisas tomaram no jantar de ontem. Temos uma amizade bem longa e somos importantes uma para a outra há muitos anos. Não sei como você se sente, mas eu gostaria de marcar outro encontro para tentarmos resolver isso. Mas não vamos jantar. Acho que precisamos de um lugar mais tranquilo e de um pouco mais de tempo do que o de uma refeição."

No dia seguinte, Mia respondeu: "Fiquei feliz por receber seu e-mail. Que tal a gente se encontrar ao meio-dia, no sábado sem ser este o outro, no coreto da horta comunitária, que vive vazio? Fica bom para você?"

Aniyah ficou aliviada pela resposta rápida de Mia, mas havia poucos indícios no e-mail de que ela compartilhava da sua tristeza. *Será que eu vou parecer carente de novo?*, pensou ela. Mas a ideia tinha sido sua, então ela respondeu: "Sim, fica. Até lá."

A horta comunitária era próxima da casa de Aniyah e, no caminho até lá no sábado seguinte, ela ficou satisfeita por Mia ter escolhido um lugar que seria mais fácil para ela. Mas também estava nervosa, pensando que o encontro talvez não fosse uma boa ideia. *O que vai acontecer?*, perguntou-se Aniyah. *Será que não vamos chegar a lugar nenhum, ou só iremos piorar as coisas?*

Mia já estava no coreto, e, como previsto, não havia mais ninguém ali. Era um dia lindo, com a temperatura perfeita, e o pequeno coreto era aconchegante e acolhedor. Mia cumprimentou Aniyah com um abraço, se sentou e gesticulou para que a amiga fizesse o mesmo.

– Então – disse Mia –, você queria conversar?

– Eu estava torcendo para você querer conversar também.

Mia suspirou.

– O que *há* com você?

Aniyah imediatamente ficou na defensiva.

– O que há comigo? O que há com *você*? Como você pode ser tão insensível? Sinto como se você não se importasse com nossa amizade.

Mia disse:

– Só porque eu não fico nervosa com qualquer coisinha e não reajo da mesma maneira que você não significa que sou insensível ou que não me importo!

– Espere – disse Aniyah. – Não vamos começar com isso de novo.

– Não – concordou Mia. – Não vamos.

As duas ficaram em silêncio por um tempo, e então Mia perguntou:

– O que está acontecendo, Aniyah?

– A questão é essa. Por que a responsabilidade é toda minha? Você também não está preocupada com a nossa amizade?

– Eu nunca disse que a responsabilidade era só sua! – rebateu Mia, um pouco na defensiva. Então ela amenizou seu tom. – Só estou nervosa. Eu me importo muito com a nossa relação, e me sinto de mãos atadas.

– Eu me sinto melhor sabendo disso, mas é a primeira vez que você diz que está incomodada com isso. Eu não sei o quanto você se importa com a nossa amizade. Você sente falta da intimidade e da proximidade tanto quanto eu?

– É claro. Isso não é óbvio? Preciso dizer com todas as letras?

– Na verdade, não é óbvio. O e-mail que eu mandei sugerindo um encontro é um exemplo. Eu me expus dizendo que me sentia mal pelo jantar e como isso afetaria nossa relação, e sua resposta foi: "Fiquei feliz por receber seu e-mail." Eu continuei sem saber se você sentia a mesma coisa.

– Mas não estou entendendo. Por que preciso dizer isso?

– Porque ajudaria – respondeu Aniyah. – Não sei ler mentes. Escuta, você diz que eu sou carente e acabou de falar que me preocupo com tudo. Isso faz com que eu me sinta inferior, como se fosse uma pessoa problemática, o que me deixa insegura. Sim, é claro que gosto de me sentir querida, mas você também não gosta? Não estamos em pé de igualdade nesta amizade?

Mia fez uma pausa para absorver isso, e então, em um tom mais baixo, disse:

– Tudo bem... Estou começando a entender agora, e desculpe. Sim, eu também fiquei chateada e queria ter deixado isso mais claro.

Depois de um momento de silêncio, as duas começaram a relaxar. Então Mia acrescentou com a voz ainda mais baixa:

– Estou fazendo mais alguma coisa que afasta você?

– Bem, na verdade, sim – disse Aniyah. – Já faz um tempo que as coisas na sua vida caminham perfeitamente, enquanto eu estou passando por um período complicado, e isso faz com que seja muito difícil passar tempo com você.

– Então eu devia parar de falar sobre o que acontece comigo porque são coisas boas? Essa é a única forma de mantermos uma relação? Você quer que eu omita partes enormes da minha vida e de mim mesma? Isso parece meio egoísta.

– Não, claro que não. Para sermos próximas, precisamos nos sentir à vontade para falar sobre tudo. Escuta, você me acusou de ser sensível demais. Por outro lado, não escutei você reconhecer que deve ser difícil para mim ficar ouvindo todos os detalhes caros da sua casa nova. Isso não é ser um pouco insensível?

Mia ficou com os olhos cheios de lágrimas.

– Desculpe, mas você é a única pessoa com quem posso compartilhar completamente o meu sucesso.

– E eu quero ser essa pessoa – respondeu Aniyah, baixinho. Ela fez uma pausa. – O que está acontecendo? Por que as lágrimas?

Mia então começou a chorar abertamente.

– Você sabe do meu passado, crescendo com crianças de famílias ricas. Nós não éramos pobres, mas sempre tivemos menos dinheiro que os outros. É muito bom ser bem-sucedida, e não quero ficar me gabando, mas com que outra pessoa posso falar sobre essas coisas?

– Ah, Mia, eu *quero* comemorar com você. – Aniyah segurou a mão dela. – E acredite, estou feliz por você e quero que compartilhe as coisas comigo. – Aniyah deixou essa declaração no ar por alguns minutos enquanto dava espaço para Mia chorar. – Mesmo assim – acrescentou ela depois que Mia secou as lágrimas –, preciso admitir que algumas das nossas conversas fazem com que eu me sinta pior sobre as coisas que não estão dando certo na minha vida. Eu me sinto incompetente com muita frequência, e é doloroso demais me sentir assim mesmo quando estou com uma das minhas melhores amigas.

– Mas o que eu posso fazer? – perguntou Mia.

– Sei que você só quer ajudar – disse Aniyah. – Mas, sempre que eu comento sobre o que está acontecendo, você me dá conselhos despreocupados como "Talvez seja o momento de mudar de emprego". Quando eu reajo de um jeito negativo, você diz que sou sensível demais. Na verdade, fico sentada lá me preocupando com qual será a próxima coisa que você vai dizer ou, pior, com o que está pensando e guardando para si mesma.

– É difícil ouvir isso, mas eu entendo. Não quero ser assim com você. Eu nem imaginava que você estivesse tão mal. Desculpe por dizer que você é sensível demais. E é verdade, eu fui insensível.

– Muito obrigada – respondeu Aniyah. – Isso ajudou bastante. Estou me sentindo mais compreendida do que no jantar. Se você fosse só uma conhecida, já seria difícil, mas odeio sentir inveja da sua vida, e não sei como lidar com essa situação.

– Também não sei – admitiu Mia –, mas estou feliz por conseguirmos nos abrir. Acho que vamos dar um jeito.

Por um tríz

Mia e Aniyah resolveram o impasse, mas foi por um triz. O jantar em si poderia ter sido a gota d'água para qualquer uma das duas. Ou Aniyah poderia esperar Mia dar o primeiro passo depois da briga, como cogitou fazer no começo. Mia poderia não ter respondido ao e-mail de Aniyah de imediato, fazendo com que Aniyah desistisse. Finalmente, a amizade poderia ter sido desfeita durante a conversa no coreto, quando começaram as acusações de insensibilidade e carência.

Em situações controversas como essa, é comum ficar travado pelo medo de tocar em assuntos que tornarão a briga pior. Outra tendência é simplificar demais o conflito em termos de certo e errado, acreditando que a culpa é toda da outra pessoa e que você não tem nenhuma responsabilidade. Esse tipo de simplificação diminui as possibilidades de reconciliação, porque as duas pessoas hesitam em dar o primeiro passo. Nesse estado, vocês param de se ouvir, dificultando tentativas de encontrar resoluções produtivas.

Quando você se sente magoado e distante de alguém por quem sente muito carinho, sua maior necessidade é ser escutado e completamente compreendido – como já foi observado, esses são dois aspectos fundamentais para se compreender alguém emocionalmente. Porém, para que isso aconteça, você precisa entender suas próprias necessidades e emoções, e então expressá-las em voz alta. Ninguém sabe ler mentes. Apenas depois disso se torna possível solucionar o problema.

Tanto Mia quanto Aniyah encararam uma série de alternativas importantes. Em cada bifurcação, elas podiam decidir virar na direção do problema, e uma da outra, ou seguir na direção contrária. Elas chegaram a um desses pontos imediatamente após o jantar desastroso. Felizmente, Aniyah se virou para Mia. Apesar da mágoa, ela estava disposta a correr um risco e aumentar seu nível de vulnerabilidade, entrando em contato e escrevendo que se sentia mal pelo jantar, afirmando que o relacionamento tinha importância. Essa vulnerabilidade tende a ser recíproca, como enfatizamos ao longo do livro. No entanto, Mia não respondeu ao e-mail no mesmo tom, perdendo uma oportunidade de aumentar a conexão.

No início da conversa no coreto, as duas chegaram a outra bifurcação. Elas estavam trocando acusações, com Aniyah chamando Mia de insensível e Mia rebatendo que pelo menos *ela* não ficava "nervosa com qualquer coisinha". Esse foi um momento potencialmente explosivo na conversa e é o motivo para muitas pessoas preferirem não mencionar questões interpessoais difíceis. O medo é que os ataques e contra-ataques aumentem até se tornarem acusações cada vez mais negativas, e então nenhuma das partes saberá como recuperar a relação. Faria todo sentido se Aniyah tivesse se levantado e dito "Já chega – que grande amiga você é...", e então escutado uma resposta parecida de Mia.

A questão importante aqui é que tanto Aniyah quanto Mia tiveram o poder de impedir que a conversa se agravasse. Foi isso que aconteceu quando Aniyah disse: "Espere. Não vamos começar com isso de novo."

Felizmente, Mia respondeu de forma positiva, mas elas ainda não estavam a salvo. Brigas muito intensas costumam indicar a existência de vários problemas que você talvez nem perceba. Quando emoções intensas, como a raiva, saem de controle, é como jogar gasolina na fogueira, o que causa um incêndio imenso. Porém, se controlados e compreendidos, esses sentimentos podem nos ajudar a enxergar que *quanto mais emoções sentimos, mais provável é a existência de algo mais profundo por trás de tudo.*

Ao perguntar "Você também não está preocupada com a nossa amizade?", Aniyah começou a solucionar o impasse, já que Mia finalmente conseguiu expressar seus sentimentos. "Só estou *nervosa*. Eu me importo muito com a nossa relação, e me sinto *de mãos atadas*." Mia se mostrou um pouco vulnerável e ajudou Aniyah a compartilhar mais dos problemas que a incomodavam.

Isso permitiu que as duas se interessassem em ouvir e, assim, começassem a compreender o que estava por trás dos atos e reações da outra. Elas também estavam mais do que dispostas a nomear problemas importantes na relação, como inveja e o tipo de apoio que precisavam uma da outra.

Aniyah também teve outra atitude que levou a uma reviravolta positiva na conversa. Além de prestar atenção nos próprios sentimentos, ela focou no comportamento de Mia e no que a incomodava. Em vez de continuar os ataques sobre a insensibilidade da amiga, Aniyah explicou que a maneira como Mia respondeu o e-mail, seu hábito de dar conselhos e sua relutância em expressar os próprios sentimentos causaram problemas. Lembre que o feedback se torna mais preciso e fácil de escutar se for direcionado a comportamentos específicos, quando a pessoa que o oferece foca na própria realidade.

A forma das duas de resolver o impasse não foi perfeita, mas tudo bem. Para lidarmos com questões interpessoais difíceis, não precisamos usar as palavras certas no momento certo. As duas podiam ter compartilhado seus sentimentos antes (e prestado mais atenção nas emoções da outra). Elas podiam ter entendido que atravessaram a rede. Elas cambalearam, mas voltaram a se equilibrar. A lição mais valiosa nessa conversa é a importância da persistência. Elas podiam ter seguido em direções opostas a qualquer momento, prejudicando ainda mais a amizade. Foi preciso paciência, autocontrole e a disposição de insistir um pouco mais para que ambas permanecessem firmes e não se abandonassem. Porém, como Mia e Aniyah descobriram, o esforço valeu a pena.

Mia e Aniyah, parte 3

Aniyah pensou no comentário que Mia fez sobre a forma como foi criada.

– Eu sabia um pouco sobre a sua infância – disse Aniyah –, mas, mesmo na faculdade, nunca tocamos muito nesse assunto. Parece que as coisas foram mais complicadas do que eu imaginava.

Foi então que Mia realmente se abriu.

– É, era uma cultura bem nojenta, parando para pensar. Todas as crianças usavam roupas de marca, passavam as férias em Cannes, moravam em mansões. As pessoas viviam querendo contar vantagem. Eu não chegava nem perto dessas coisas. Usava roupas de brechó, nunca tinha nem viajado para outro estado, e morávamos em um apartamento minúsculo. Eu nunca convidava ninguém para ir lá em casa e fazia de tudo para esconder que eu não me encaixava.

– Mia, eu nem imaginava que as coisas tinham sido tão difíceis – respondeu Aniyah. – Não acredito que somos amigas há tanto tempo, e eu não sabia quase nada sobre isso. Nossa, sinto muito.

Mia concordou com a cabeça, grata, e continuou:

– Quando fui à reunião de 25 anos da formatura do ensino médio, no ano passado, me senti igual a todo mundo pela primeira vez, como se eu finalmente tivesse vencido na vida. No geral, tive empregos melhores que os deles, e isso foi muito gratificante. Mas quando comecei a escutar todo mundo falando sobre suas casas nos Hamptons e seus apartamentos com vista para o Central Park, um querendo parecer melhor do que o outro, como antes, perdi completamente a vontade de contar sobre as coisas boas da minha vida. Odeio gente que fica se gabando assim. Acho muito desagradável e não suporto a ideia de que riqueza seja um requisito para fazer amizade com as pessoas. – Mia fez uma pausa. – E, como eu não quero ser igual a eles e não quero que ninguém se sinta inferior como eu me sentia, não falo muito sobre tudo de bom que acontece comigo para ninguém além de você e Jake. – Mia começou a chorar.

Aniyah sentiu o coração amolecer ao começar a entender Mia de verdade. Ela balançou um pouco a cabeça e disse:

– Que irônico eu estar me sentindo do mesmo jeito que você se sentia com seus amigos na escola. Que bom que estamos conversando sobre essas coisas!

– É doloroso escutar isso, mas é verdade – disse Mia baixinho. – Que irônico. Desculpe por ter me comportado daquele jeito.

As duas se sentiam mais relaxadas e conversaram sobre lembranças da infância por um tempo. Então Aniyah sugeriu que dessem uma volta pelo parque. Enquanto caminhavam, Aniyah contou mais sobre como se sentia estagnada no trabalho e como a expectativa pela iminente mudança na gerência a segurava no emprego. Desta vez, Mia concordou com a cabeça, solidária, e deu espaço para a amiga desabafar.

Passeando pelo parque, Mia e Aniyah falaram mais sobre o que precisavam uma da outra e, no processo, reafirmaram seu compromisso com a amizade. Aniyah assegurou que queria dar a Mia a chance de comemorar seu sucesso, e Mia prometeu oferecer menos soluções rápidas e apenas escutar.

Como assumir a responsabilidade

Este capítulo – na verdade, o livro inteiro – lida com duas afirmações entrelaçadas: *Em quase todos os casos, temos opções* e *A forma como a outra pessoa reage facilita a execução de algumas alternativas e dificulta outras.*

Mia e Aniyah poderiam ter evitado esse conflito ou encontrado uma solução mais depressa, sem depender da outra. Com frequência, nós dois vimos alunos, colegas de trabalho, clientes e amigos abrirem mão dessa liberdade para agir. Por outro lado, as pessoas influenciam umas às outras, e relacionamentos profundos dependem de estarmos cientes de como libertamos ou restringimos os outros, e também de como os atos deles nos afetam. Lembre que os outros podem nos *influenciar*, mas não precisam nos *controlar*.

Esses dois conceitos se unem quando falamos sobre assumir uma responsabilidade adequada, sem exageros ou minimizações. Naquele jantar desastroso, nem Mia nem Aniyah se responsabilizaram pelo que acontecia – tudo era culpa da outra. Então, no processo de expressar seus sentimentos e preocupações durante o encontro seguinte, cada uma começou a reconhecer os próprios atos, assim como a apontar quais comportamentos da amiga facilitaram ou dificultaram sua capacidade de agir da melhor maneira.

Não se responsabilizar pela reação do outro pode ser perigoso. Se Mia tivesse dito "Você já é bem grandinha e não deveria se deixar abalar pelos meus comentários depreciativos", não estaria se responsabilizando pelo relacionamento. Por outro lado, assumir responsabilidade demais também pode ser complicado, como aconteceria caso Mia dissesse "É tudo culpa minha". Isso transformaria Aniyah em uma vítima indefesa. A maneira como as amigas se comportaram deu validade às duas afirmações: *Tenho uma escolha* e *Você me afeta*.

Também vale observar que, às vezes, é mais fácil compartilhar problemas do que sucessos que desejamos comemorar. Este último pode nos deixar vulneráveis, com medo de que a outra pessoa ache que somos "convencidos". Porém, parte de ser um bom amigo é ficar na torcida e ficar feliz quando as coisas dão certo para o outro, em vez de classificá-lo como um esnobe. Era isso que Mia esperava de Aniyah.

Depois que resolveram o impasse, Aniyah e Mia se esforçaram ainda mais para encontrar uma forma de solucionar o problema e consertar a relação. Elas falaram sobre o passado – os motivos para terem certas reações ou carências. Assim, desencavaram várias questões pendentes na amizade. Inicialmente, muitas pessoas só compartilham emoções que parecem mais seguras e superficiais. Isso faz com que a maioria dos problemas não venha à tona. Você acaba precisando ter paciência para descobrir o que realmente está acontecendo com cada um. Mia e Aniyah só conseguiram fazer isso depois de fazerem uma série de acordos que as permitissem ficar mais à vontade e se apoiarem completamente.

É POSSÍVEL QUE MIA E ANIYAH tivessem tido um jantar agradável, sem brigas, se Mia tivesse sido solidária e perguntado "Você parece muito desanimada. O que está acontecendo?" ou se Aniyah tivesse dito "Sabe de uma coisa, Mia, acho que sua sugestão não é útil". Mia provavelmente pediria desculpas e mudaria de assunto. Essa teria sido uma forma de lidar com a pontada no momento em que ocorreu, evitando o embate. A noite teria sido bem melhor... porém as duas não teriam a discussão que revelou tantas questões não resolvidas e as reaproximou.

Apesar de serem estressantes e até perigosos, conflitos são úteis. Eles revelam problemas de uma forma muito direta. Emoções podem vir à tona e indicar o que realmente está acontecendo, mostrando a posição das duas partes. No caso de Mia e Aniyah, em que vários incidentes foram se acumulando, o conflito revelou tudo, permitindo que os problemas fossem resolvidos. A briga, por mais dolorosa que tenha sido, forçou as duas a identificar o que realmente era importante. A capacidade de lidar com essas questões levou a uma resolução produtiva e reafirmou o compromisso que ambas tinham com a amiga e com a relação. Elas foram capazes de transformar uma interação inicialmente negativa em um resultado positivo. Usar conflitos de forma produtiva é uma questão complexa, que trataremos com mais detalhes no próximo capítulo.

Para aprofundar o conhecimento

AUTORREFLEXÃO

1. Primeiro, coloque-se no lugar de Aniyah, e depois no de Mia. *Pense no que elas compartilharam: Você teria facilidade/dificuldade em revelar tanta coisa? Teria travado de alguma forma? Reflita um pouco mais sobre como você lidaria com a situação.*

2. Inferioridade: É difícil tomar a iniciativa quando nos sentimos em uma posição inferior. Coloque-se no lugar de Aniyah de novo: Você teria dificuldade em se mostrar vulnerável? Já houve momentos durante conflitos em que se sentiu inferior e esperou a outra pessoa dar o primeiro passo? O que você fez? O que suas respostas a essas perguntas revelam sobre você?

3. Relacionamentos importantes: Pense em situações específicas em que um dos seus relacionamentos importantes fez você se sentir inferior. O que aconteceu e como você reagiu?

4. Superioridade: Você acha que seu comportamento diante de alguma de suas relações importantes causa sensação de inferioridade na outra pessoa ou faz com que ela sinta dificuldade em se mostrar vulnerável para você?

PRÁTICA

Nas perguntas 3 e 4, talvez você tenha identificado relações em que você ou a outra pessoa se sintam inferiores. Converse sobre isso com ela e veja o que podem fazer para reverter a situação.

COMPREENSÃO

O que você aprendeu com as discussões sobre vulnerabilidade? Elas aumentaram sua disposição em se mostrar vulnerável a outras pessoas? O que aprendeu sobre como facilitar a vulnerabilidade do outro? Você teve facilidade em se mostrar vulnerável?

12

COMO USAR CONFLITOS DE FORMA PRODUTIVA

Maddie e Adam, partes 2, 3 e 4

A briga de Mia e Aniyah revelou alguns problemas centrais – que Aniyah se sentia ignorada, que Mia se sentia censurada e que as duas não se sentiam mais tão próximas quanto antes. Quando elas entenderam a raiz do conflito, fizeram ajustes na maneira de interagir. O problema não foi simples, mas teve uma solução fácil.

Muitos problemas, no entanto, não possuem soluções simples. Digamos que você conte com seus pais para cuidar dos seus filhos enquanto você trabalha, e eles fazem isso de bom grado, porém são muito rígidos com as crianças. Você se incomoda com isso, mas tem medo de reclamar e acabar sem a ajuda de que tanto precisa. Parece que suas necessidades são mutuamente excludentes: você quer que alguém cuide dos seus filhos de graça, de um jeito tranquilo, e eles querem ser firmes. E se acusarem você de estar se aproveitando da generosidade deles? E se isso trouxer à tona sentimentos reprimidos sobre a rigidez deles quando você era jovem? Há o risco de se mexer em um vespeiro de problemas.

Quando se trata desse tipo de conflito, todo mundo precisa colocar a mão na massa, porque as coisas ficarão complicadas antes de se resolverem.

Maddie e Adam, do Capítulo 5, passaram exatamente por isso enquanto lidavam com questões de trabalho e filhos.

Maddie e Adam, parte 2

Algumas semanas depois de Adam e Maddie discutirem sobre suas diferenças de opinião – sem concluírem nada –, Maddie almoçou com sua amiga Teresa. Teresa finalmente tinha encontrado alguém para cuidar dos seus filhos e voltara a trabalhar em tempo integral.

– Dá pra resolver – disse ela. – Só não é barato.

Maddie perguntou como ela havia resolvido a questão com o marido.

– Não foi fácil – respondeu Teresa –, tivemos que negociar um pouco, inclusive para ele concordar em ser mais presente e ativo na casa, mas chegamos a um acordo.

Naquela noite, Adam chegou depois de Maddie colocar as crianças na cama. Ele havia ligado mais cedo para avisar que tinha boas notícias, então ela o esperou para que pudessem jantar e conversar. Ela estava com fome, cansada e mal-humorada. E também não conseguia parar de pensar nas coisas que Teresa dissera.

Adam entrou pela porta com um sorriso enorme e declarou:

– Tenho uma novidade maravilhosa. Mal posso esperar para contar para você enquanto jantamos.

Os dois sentaram, e ele orgulhosamente anunciou que tinha recebido uma oferta para um projeto novo e que seria uma oportunidade maravilhosa. Ele aprenderia muito e poderia ser cotado para uma promoção importante. Maddie ouviu, mas não falou muito. Adam descreveu as novas responsabilidades exigidas pelo projeto, dizendo que um dos sacrifícios seria "trabalhar até mais tarde e nos fins de semana por algum tempo, mas vai valer a pena".

Maddie suspirou e disse baixinho:

– Bom para você.

– Só isso? – respondeu Adam.

– Bem, Adam, isso só piora o que estou tentando falar com você há meses. Já estou infeliz com o tanto de responsabilidade que tenho com as crianças e a casa, e agora você vem me contar que vai ficar ainda *menos* presente. É difícil ficar animada com isso, por mais que seja ótimo para você.

– Essa história de novo?

– Sim, essa história de novo! – rebateu Maddie. – E ela não vai desaparecer. – Os dois ficaram se encarando por um minuto, e então ela continuou: – Almocei com a Teresa hoje, e ela me contou sobre uma creche ótima que encontrou para conseguir voltar a trabalhar. Talvez ajudasse se a gente pesquisasse e tentasse encontrar uma forma de aumentar meu tempo livre, especialmente se você vai passar mais noites e fins de semana trabalhando.

– Mas não podemos bancar nada assim. Creches custam uma fortuna. Não podemos gastar essa grana agora, a reforma da cozinha levou boa parte das nossas economias.

– Bem, então acho que você deveria pensar em recusar o projeto.

– Isso não faz sentido nenhum – respondeu Adam. – Essa oportunidade vai nos ajudar a ter muito mais bem-estar no futuro.

Maddie cogitou pegar os pratos e levá-los para a cozinha em silêncio, mas se controlou. Ela preferiu dizer:

– Adam, não posso ficar feliz por você, porque sinto mais ressentimento do que qualquer outra coisa. Não vou aceitar tudo quieta desta vez. Cansei! As coisas precisam mudar, e nós temos que conversar. Suas decisões no trabalho me afetam pessoalmente e estão prejudicando nossa relação.

– Como assim?

– Escute, você tem tudo. Você tem um trabalho empolgante que é interessante, desafiador e importante, e interage com um monte de adultos. Eu fico trancada em casa com duas crianças de 3 e 5 anos.

– Isso não é gratificante?

– Sim, de certa forma. Mas você trocaria de lugar comigo? Como você se sentiria se passasse o dia inteiro indo ao mercado, limpando a cozinha, brincando com criancinhas, por mais fofas que elas sejam, sem nenhuma conversa com outro adulto nem desafios intelectuais? Você gostaria disso?

– Espere um pouco. Não me coloque como o vilão da história. Nós *concordamos* com esse esquema: só eu trabalharia por um tempo e você cuidaria das crianças e da casa. Dois pais trabalhando seria estressante demais. Nós decidimos isso juntos.

– Eu sei, e sinto muito – disse Maddie –, mas não posso mais concordar com isso. Quando tomamos essa decisão, eu não tinha noção de como seria difícil.

– Não sei o que fazer para ajudar, querida. Eu te amo.

– Sei que você me ama, a questão não é essa. A questão é que estou começando a achar que demonstramos amor de formas diferentes. Escute, eu quero apoiar você e comemorar seus sucessos no trabalho. Eu estou e quero continuar comprometida com o seu crescimento. Mas *além disso* preciso que você tenha o mesmo comprometimento com o meu. Não sinto que isso acontece; fico com medo de você achar que seria ótimo se eu passasse a vida inteira cuidando das crianças e da casa. Isso não é apoiar minha felicidade e o meu crescimento. E passo muito tempo me sentindo infeliz.

– Então você quer que eu recuse o projeto?

– Não, claro que não. Quero apoiar e valorizar você da maneira como merece, mas preciso que você me apoie também.

– Acho que não sei como fazer isso. Você geralmente vira as costas sempre que começamos essa conversa. Fico de mãos atadas.

– Sério? Não acredito! Nunca imaginei que você se sentisse assim. Achei que não se importasse com meus sentimentos ou só quisesse estar certo.

– Bem, você tem razão sobre a parte de eu querer estar certo. – Ele abriu um sorriso envergonhado. – Mas também me importo com o que acontece com você. Você é minha esposa, minha parceira de vida.

– E você tem razão sobre eu fugir das conversas, mas não era porque não havia nada que você pudesse fazer. Eu me afastava porque tinha medo de brigar e do que isso causaria. Acho que, agora, sinto mais medo do que pode acontecer se eu continuar fugindo.

– Do que você tem medo? – perguntou Adam, em um tom suave.

– Quando nos casamos, tínhamos um relacionamento de igual para igual. Nós tomávamos decisões importantes juntos e ajudávamos um ao outro a crescer. Acho que perdemos isso. Fico com medo de você desmerecer as coisas que digo ou responder de um jeito que me faça sentir pior, tipo me lembrando das recompensas da maternidade ou de como as crianças vão crescer se sentindo próximas de mim. E estou me dando conta de que, ficando quieta sobre o meu ressentimento, também estou errada. Por mais difícil que seja agora, acho que o primeiro passo que devo dar para resolver o que está acontecendo entre nós é parar de fugir.

Como Maddie recuperou seu poder

Quando duas pessoas não compartilham questões importantes, como Maddie e Adam fizeram, elas costumam ficar empacadas e não conseguem encontrar formas produtivas de solucionar a situação. Maddie tinha dois problemas com Adam: o primeiro eram suas divergências sobre quem cuidaria das crianças, mas o segundo, que a impedia de lidar com o primeiro, era o desequilíbrio de poder que a fazia acreditar que não conseguiria influenciá-lo.

Maddie começou a diminuir a diferença de poder quando parou de ser controlada pelo medo do conflito que poderia ocorrer caso ela fosse mais enfática ao expressar seus sentimentos e preocupações. Ela questionou a legitimidade dos papéis de gênero definidos pela sociedade e defendidos por sua mãe, e questionou o acordo que tinha feito antes com Adam, argumentando que não havia previsto todas as consequências. Ela se posicionou e não fugiu como fazia no passado. Maddie também usou todas as quatro variações do modelo básico de feedback:

É assim que seu comportamento me afeta. Ela falou sobre seus sentimentos de infelicidade e ressentimento.

Seu comportamento não bate com seus objetivos. Ela falou sobre não incentivar nem ficar tão empolgada pela possibilidade de um novo projeto de Adam quanto ele gostaria.

Você pode estar alcançando suas metas, mas a um preço muito alto. Ela reconheceu que ele estava conquistando seus objetivos de crescer profissionalmente, mas às custas do relacionamento dos dois e de sua meta conjunta de ter um casamento justo e igualitário.

Estou fazendo alguma coisa para causar o seu comportamento? Ela se responsabilizou por sua parte do problema, admitindo que fugia das conversas e evitava conflitos.

A conversa teria sido muito diferente se Maddie tivesse atravessado a rede com acusações. Imagine se ela tivesse dito: "Sinto que você só se importa consigo mesmo", "Sinto que você prioriza o seu sucesso antes da minha felicidade e do nosso casamento", "Você só quer me usar para criar seus filhos e limpar a casa" ou "Você não passa de um típico homem autocentrado e explorador". Adam dificilmente aceitaria qualquer uma dessas acusações e entraria no modo defensivo. A pessoa que acusa a outra pode se sentir bem ao liberar a raiva acumulada, mas causará um afastamento.

Como enfatizamos, uma fonte importante de poder vem da percepção das próprias emoções. O ressentimento de Maddie pela nova oportunidade de Adam fez com que ela percebesse como a situação entre os dois tinha se tornado ruim. Ao compreender os próprios sentimentos, você passa a ter mais informações para tomar decisões fundamentadas. Se ela tivesse se convencido mais uma vez de que seus sentimentos eram errados (*Eu devia estar feliz por cuidar das crianças – elas só terão essa idade uma vez –, e faz sentido para a família inteira que Adam ganhe o salário mais alto possível agora, então eu deveria me sentir feliz por ele*), não teria mencionado questões muito importantes para o casamento nem cativado a atenção de Adam.

O objetivo nesse momento não é convencer Adam a aceitar a solução de pagar uma creche, como ela sugeriu. Essa seria uma decisão precipitada. Na verdade, ele precisa começar a participar da conversa para debater os problemas com seriedade. Afinal de contas, Maddie só conhecia o próprio ponto de vista e precisava que Adam a ajudasse a encontrar uma solução. Porém, os dois tinham mais trabalho pela frente para chegar a esse ponto.

Para trazer à tona os problemas no casamento, cada um precisava estar disposto a permanecer firme, apesar de isso resultar em mais conflitos no começo. Divergências intensas geram emoções fortes e fazem com que seja difícil escutar as preocupações do outro, levando a opiniões ainda mais firmes e aumentando o risco de a briga se agravar. No entanto, como vimos com Mia e Aniyah, a mesma intensidade de emoções também pode sinalizar a importância de uma questão, o que pode aumentar a disposição para arregaçar as mangas e botar a mão na massa.

Maddie e Adam fizeram progresso, mas ainda não chegaram ao ponto de solucionar o problema. Isso não significa que a situação deles seja grave. As cartas foram colocadas na mesa, e está nítido que Maddie não pretende recuar.

Maddie e Adam, parte 3

Adam absorveu tudo.

– É muito difícil ouvir isso – disse ele –, mas estou feliz por termos essa conversa.

Maddie relaxou.

– Obrigada, me sinto melhor agora. – Os dois ficaram sentados em silêncio por um instante, refletindo sobre a situação em que se encontravam. Então ela acrescentou: – Precisamos voltar a tomar as decisões mais importantes juntos e redefinir a maneira como apoiamos um ao outro.

– Sim – disse Adam. – Mas... como?

– Eu sugeri algo que acho que realmente ajudaria. Um tempo de creche. Mas você descartou essa ideia na mesma hora, dizendo que é caro.

– Porque *é*!

– Espere um pouco! Sim, é caro, mas quem disse que é caro *demais*? É você quem decide o que é *caro demais*?

– Sou eu que fico sofrendo com nossas contas todo mês. Não vejo você fazendo isso.

– Esse tipo de coisa me irrita – disse Maddie, elevando a voz. – É neste ponto que eu geralmente abandono nossas conversas, mas não vou fazer isso de novo. Adam, nem sei o que dizer. Como você tem coragem de insinuar que não me importo com o dinheiro que nós gastamos? Você sabe muitíssimo bem que eu economizo em tudo. Fui eu que busquei por opções mais baratas para a reforma da cozinha. Agora você me deixou muito magoada!

– Desculpe – disse Adam na defensiva –, mas eu me preocupo *muito* com dinheiro.

– Pelo amor de Deus, você acha que eu não? Só estou pedindo um tempo de creche para eu conseguir fazer qualquer coisa além de cuidar das crianças e da casa todo santo dia.

Adam cruzou os braços.

– Bem, colocar os dois na creche não é a resposta. Você sabe o que todos os nossos amigos dizem, crianças em creches vivem doentes. Você teria que faltar ao trabalho de qualquer forma para buscá-las, só que continuaríamos pagando a alguém para cuidar delas, e nós dois acabaríamos estressados. Essa ideia não faz sentido nenhum. Que outra alternativa você tem?

– Não gosto do que está acontecendo de novo! Eu ofereço sugestões, e você me corta. Se não gostou da minha ideia, então pense em uma melhor. As crianças e nossa família são responsabilidade de nós dois. Os filhos também são seus. É um problema *nosso*, não só *meu*.

Adam não respondeu.

Maddie perguntou:

– No que você está pensando?

– Em nada.

– Como pode não estar pensando em nada? Você deve estar pensando em *alguma coisa*.

– Bem, acho que, se isso é realmente importante, você vai ter que ganhar o suficiente para pagar a creche.

– Espere um pouco, Adam. Essa não parece uma solução justa. O que vai acontecer se eu não conseguir pagar tudo no começo? Assim fica parecendo que a creche é uma responsabilidade minha, não *nossa*. E é *nossa*. Você parou de se preocupar comigo? Do jeito que fala, parece que estou pedindo por um luxo.

Adam pensou um pouco e finalmente disse:

– É só que isso muda todos os nossos planos. As coisas ficariam uma bagunça, e não sei o que fazer.

– Só estou pedindo para você pensar em opções e não rejeitar as minhas ideias de cara. O que você acha que devemos fazer?

De novo, Adam ficou em silêncio. Então ele disse:

– Não quero mais continuar esta conversa.

– Eu também não estou me divertindo. Mas tenho certeza de que nada vai melhorar se você se recusar a falar sobre isso, e eu me importo demais com nosso casamento para deixar esse assunto pra lá.

– Nós já falamos muito e não chegamos a lugar nenhum. – Ele estava de braços cruzados. Olhou para baixo e ficou quieto.

– Acho que fugir não vai ajudar – respondeu Maddie. – Vamos tentar aguentar um pouco mais até encontrarmos uma solução. Já interrompemos esta conversa vezes demais, e estou com medo do que pode acontecer se fizermos isso de novo.

Os dois ficaram sentados em silêncio, em lados opostos da mesa, sem saber o que mais poderia ser dito.

Por que conflitos são assustadores

No começo, parecia que a interação entre Maddie e Adam iria por água abaixo. É por isso que muitos de nós temem conflitos: discussões nervosas e emotivas, acusações, um aumento da agressividade e mais teimosia. Não há dúvida de que conflitos são desconfortáveis e difíceis na melhor das hipóteses, às vezes até mesmo apavorantes. No auge de um conflito interpessoal, temermos causar danos irreparáveis ou acabar com a relação. Porém, interromper uma conversa nesse ponto só aumenta a probabilidade de causarmos aquilo que mais tememos: um impasse permanente. E mais: ninguém aprende nada.

Apesar de uma das partes poder facilmente levar as coisas para o lado pessoal, esse tipo de agravamento não precisa sair de controle. Veja o que aconteceu quando Adam insinuou que Maddie não se preocupava com as finanças da casa: Maddie poderia ter reprimido seus sentimentos (como fazia no passado) ou ir ao outro extremo e explodir com ataques. Em vez disso, ela elevou a voz e disse que esse tipo de coisa a irrita. Foi clara. Suas palavras e o seu tom corresponderam à situação. Deu certo, apesar de ser necessário enfatizar que não existe um método "certo" para fazer isso. Apesar da raiva que sentiu quando Adam a acusou de não se preocupar muito com as despesas da família, ela respondeu com *fatos*: "Você sabe muitíssimo bem que eu economizo em tudo. Fui eu que busquei opções mais baratas para a reforma da cozinha." Então ela compartilhou seus sentimentos em vez de atacar Adam. ("Agora você me deixou muito magoada!") Em todas essas declarações, ela demonstrou a importância de permanecer fiel aos próprios sentimentos e aos fatos.

Quando Maddie disse a Adam que estava irritada e magoada, em vez de, por exemplo, classificar Adam como sovina, ela permaneceu no seu lado da quadra. Essa escolha provavelmente foi tomada para evitar que a conversa se agravasse, direcionando-a para solucionar o problema.

Em certo ponto, Adam começou a criar barreiras para Maddie, dizendo "Nós já falamos muito e não chegamos a lugar nenhum", de braços cruzados, olhando para baixo e em silêncio. Como o psicólogo John Gottman observa em sua pesquisa, a recusa em conversar é extremamente exasperante.[22] A primeira tentativa de Adam de bloquear a conversa foi anulada quando Maddie respondeu: "Acho que fugir não vai ajudar. Vamos tentar aguentar um pouco mais até encontrarmos uma solução." Observe que, apesar de Maddie não ter recuado, ela não foi insistente, dizendo algo como "Droga, não vou deixar você simplesmente parar de falar". Isso faria Adam se sentir encurralado. Ela preferiu reforçar sua intenção, indicando o quanto se importava com o relacionamento. Ela permaneceu em um nível emocional parecido com o de Adam e não se afastou dos fatos.

Maddie e Adam, parte 4

Depois de uma longa pausa, Maddie quebrou o silêncio e perguntou com uma curiosidade genuína:

– Por que você tem tanta dificuldade com essa questão de dinheiro e creche?

Adam permaneceu quieto por mais um tempo, tentando decidir por onde começar.

– Acho que lembro muito do Reed – disse ele, se referindo ao melhor amigo da faculdade. – Depois que nos formamos, ele arrumou um emprego com um salário melhor do que o meu. Mas o dinheiro o deixou inconsequente. Ele sempre precisava ter os carros mais novos e mais chiques, se endividou loucamente para comprar uma casa grande, enquanto nós ainda morávamos de aluguel. A esposa dele também gostava de gastar dinheiro, e os dois faziam viagens caras. Lembra como sempre iam para Fiji e Cingapura? Era por isso que nós nunca íamos junto. Mas então ele faliu, e não só perdeu tudo, como também acabou com o casamento. Sempre penso nisso e fico com medo, porque não quero que nada assim aconteça com a gente.

Maddie sentiu seus olhos se encherem de lágrimas.

– Eu sabia que eles tinham se divorciado, mas nunca tinha ouvido a história toda nem fazia ideia do impacto que isso havia causado em você. Dá para ver que essa é uma questão delicada para você, Adam, e obrigada por me contar. Acho que entender essa parte pode nos ajudar a chegar a algum lugar. Consigo entender sua preocupação com dinheiro, e apoio isso.

Mas nós não somos nem um pouco parecidos com o Reed, e uma creche não vai falir a gente. Por mais que eu queira apoiar você, preciso que você me apoie também.

Adam concordou com a cabeça, e os dois voltaram para um silêncio pensativo, mas agora mantendo o contato visual.

Maddie interrompeu o silêncio de novo.

– Você sabe que eu não estaria tendo esta conversa com você, cansada como estou, se não te amasse. Continuo comprometida com você e com o nosso casamento.

– Eu também. Ando tão focado no trabalho que não reparei no que estava acontecendo, mas agora entendo que você esteja decepcionada, triste e com medo.

– Nós dois estamos exaustos – disse Maddie –, e talvez seja melhor irmos dormir, mas precisamos concordar em voltar a este assunto amanhã. Como é sábado, vai ser mais fácil encontrar tempo. Minha mãe já combinou de levar as crianças ao zoológico.

– Tudo bem, acho que é uma boa ideia.

AINDA BEM QUE MADDIE respondeu ao bloqueio de Adam com empatia e curiosidade ("Por que você tem tanta dificuldade com essa questão de dinheiro e creche?"), em vez de ficar insistindo. Ela ampliou o alcance da conversa sem se afastar do assunto original. Convidou Adam a compartilhar mais e lhe deu espaço para fazer isso. As conversas de Adam e Maddie mostram como os estágios da solução de problemas que descrevemos anteriormente não são lineares nem precisos. Quando se trata de uma questão complexa ou difícil, é especialmente importante dar passos para reparar a relação mesmo que os problemas permaneçam sem solução. A curiosidade de Maddie foi autêntica, transmitindo seu carinho e sua preocupação. Ela conseguiu ser direta sobre suas necessidades e preocupações, e se conectou com Adam, fazendo com que fosse mais fácil tratar dos problemas e começar o processo de reparação.

Quanto mais rápido começarem as tentativas de consertar as coisas, mais produtivo será o resultado. Se Maddie tivesse optado pelo desdém ou abandonado a conversa, ou se Adam tivesse se fechado, o relacionamento poderia sofrer muito mais. Em vez disso, eles continuaram a conversar até os dois reafirmarem seu compromisso e sentirem que tinham sido ouvidos e emocionalmente compreendidos.

Também foi importante dar um *intervalo*. Quando você se sente exausto ou tão emocionalmente saturado que não aguenta mais, uma pausa faz sentido. Porém, existe uma distinção importante entre se recusar a lidar com uma situação e se permitir tempo e espaço para acalmar os pensamentos e as emoções. Esse tipo de autorreflexão é quase impossível quando você se sente extremamente emotivo. A parte fundamental foi que Adam e Maddie determinaram um momento específico para retornar ao assunto. Isso os impediu de evitar o problema até a próxima vez que ele desse as caras, quando viria atrelado a mais raiva ainda.

Um dos lemas do movimento de evolução pessoal dos anos 1960 era "Nunca deixe o sol se pôr em uma discussão". Nós discordamos completamente. Uma pausa pode trazer a perspectiva necessária, enquanto o desejo de "acabar logo com isso" pode levar a brigas que não causam uma boa sensação quando colocamos a cabeça no travesseiro.

Outro elemento útil foi o fato de fazerem pausas rápidas durante a discussão. Um dos problemas com brigas é que o ritmo da conversa pode ser tão rápido que não há tempo para pensar em abordagens diferentes. Apesar de o silêncio entre Maddie e Adam parecer um impasse no começo, foi só quando ficaram quietos que Maddie conseguiu trocar a argumentação pela curiosidade. Intervalos curtos não precisam ser uma maneira de evitar o assunto. Eles podem ser oportunidades de avaliar emoções e observar se elas indicam questões mais profundas.

Os momentos em que o casal ficou sentado em silêncio poderiam facilmente parecer frustrantes e levar um deles a fazer *alguma coisa*. Mas existe uma frase sobre isso de que gostamos muito: "Não faça alguma coisa; sente-se um pouco." No curso Dinâmicas Interpessoais, nosso conselho é "Confie no processo". Isso significa: "Neste momento, talvez eu realmente não entenda o que está acontecendo ou qual é a solução, mas, se continuarmos expressando nossos sentimentos, tudo ficará claro e dará certo." Foi essa a postura que Maddie teve ao dizer "Nada vai melhorar se você se recusar a falar sobre isso" e "Vamos tentar aguentar um pouco mais até encontrarmos uma solução".

Nesse processo, Maddie e Adam começaram a redefinir as regras do jogo:

1. Nada de fugir – vamos ficar aqui até resolvermos isso.
2. Nós dois temos a responsabilidade de pensar em soluções.
3. Nós dois precisamos arcar com os custos e concordar com eles.

Apesar de terem feito esses acordos, Adam e Maddie ainda não haviam entrado na fase de solucionar o problema. Eles progrediram quando pararam de tentar mostrar que o outro estava errado e começaram a compreender o que era importante para cada um. Eles entenderam que o problema ia muito além de quem cuidaria das crianças. Apesar de ainda terem um caminho longo pela frente, os dois fizeram um avanço importante rumo à resolução. Eles ainda não chegaram ao nível excepcional, mas prepararam o terreno para isso.

Para aprofundar o conhecimento

AUTORREFLEXÃO

1. Coloque-se no lugar de Maddie. *Ela está em uma posição difícil, já que sente necessidade de resolver o problema sem abalar o casamento. Pensando em tudo que ela disse e tentou fazer, como você lidaria com a situação? Quais momentos seriam especialmente difíceis?*

2. Abordagens eficientes: Depois que Maddie superou seu medo de conflitos, conseguiu usá-los de forma produtiva. Ela:

   - aguentou firme e não recuou;
   - não recorreu a ofensas;
   - reconheceu sua parte no problema e não colocou a culpa inteira em Adam;
   - usou o modelo de feedback e suas variações sem fazer acusações;
   - permaneceu em contato com as próprias emoções e as utilizou de forma eficiente;

- não ficou na defensiva quando Adam fez um comentário negativo sobre a maneira como ela lidava com as finanças da casa, rebatendo com fatos;
- ofereceu mais soluções possíveis;
- não deixou que saíssem do assunto e não fugiu;
- conseguiu ter curiosidade e perguntar sobre o que estava acontecendo com Adam;
- concordou com os objetivos dele e foi enfática ao discordar sobre as maneiras de alcançá-los.

Em situações de conflito sobre assuntos importantes que causam sentimentos exacerbados, quantas dessas abordagens você costuma usar? Quais são mais fáceis? Quais são mais difíceis?

3. Relacionamento importante: Algum de seus relacionamentos importantes lida bem com conflitos? O que exatamente ele faz? Por outro lado, existe alguém que tenha dificuldade com isso? O que essa pessoa faz?

PRÁTICA

Se você identificou uma pessoa que lida bem com conflitos, pergunte a ela como consegue fazer isso quando se sente nervosa ou atacada.

Se você se relaciona com alguém que sente dificuldade, converse sobre como melhorar isso.

COMPREENSÃO

O que você aprendeu sobre administrar conflitos e sobre seus pontos fortes e limitações? Que passos vai tomar para se aprimorar ainda mais?

Se você conversou com alguém que sente dificuldade com conflitos, como isso afetou seu relacionamento? Que lições sobre iniciar uma situação potencialmente difícil podem ser usadas em outras conversas ou com pessoas diferentes?

Parte II
A escalada até o pico

NO PRADO

Você e seu companheiro *acabaram de escalar o paredão. Foi um bom exercício, mas exigiu muita energia, e os dois resolvem sentar em um prado acolhedor para descansar. O topo da montanha se agiganta adiante, mas a visão ao redor é muito bonita, e a grama, macia.*

Portanto, no prado, você tem mais opções. Ficar onde está e apreciar tudo o que conquistou? Seguir pela grama, contornando a lateral da montanha, e entrar em uma das cavernas acolhedoras? Continuar até o topo? Nuvens escuras se formam no pico do Monte Washington, mas você já chegou até ali e gosta de desafios. A vista do cume é espetacular depois que a névoa se dissipa, e você também se sente preparado para encarar qualquer tempo ruim.

Mas por enquanto não é preciso tomar decisão alguma...

Nos capítulos anteriores, você adquiriu um conjunto inestimável de competências – especialmente se seguiu as sugestões do *Para aprofundar o conhecimento*. Você aprendeu a construir bons relacionamentos e transformá-los em algo forte, resistente e mutuamente recompensador. Aprendeu que consegue percorrer caminhos fáceis e as escaladas mais desafiadoras. (Se quiser relembrar as competências da parte I, elas podem ser encontradas no anexo B deste livro.)

Essas habilidades são relevantes para todos os relacionamentos, seja com conhecidos ou amigos próximos. São aplicáveis não apenas quando se trata de parentes e amigos, mas também no trabalho, com colegas, subordinados e até com seu chefe. Não por acaso, o curso Dinâmicas Interpessoais é lecionado há mais de cinco décadas em Stanford e em outras faculdades de Administração renomadas. Pessoas fazem negócios com pessoas, então conseguir utilizar essas competências do jeito correto no trabalho é determinante para o sucesso profissional.

Mesmo que você pare de ler agora, já terá adquirido muito conhecimento. Porém, nestes capítulos finais, mostraremos como as cinco relações apresentadas no livro tentam alcançar o nível excepcional no espectro. Apenas algumas chegam lá. As pessoas em cada relacionamento encaram um dilema crucial, e o uso (ou não) dessas competências afeta sua capacidade de fazer a relação sair de forte e funcional para alcançar o excepcional, algo tão profundo que quase parece mágica.

Todos os cinco relacionamentos se desenvolveram de forma significativa. Os envolvidos se conheceram melhor, estabeleceram algumas regras que tornam possível lidar com questões incômodas, aprenderam a expressar suas necessidades sem colocar a culpa no outro e, em graus diferentes, se esforçaram para solucionar os problemas de forma eficaz. Mas o que é preciso fazer para alcançar o excepcional e como eles vão saber se chegaram lá? Como qualquer um pode saber?

Não existe um momento exato em que isso acontece, e, de certa forma, cada um deve entender por conta própria. Mas você saberá que alcançou o excepcional quando não precisar esconder grandes partes de si mesmo que são relevantes para a relação – e a outra pessoa também não. É o instante em que se torna fácil dizer que você se sente hesitante ou confuso sobre algo que acontece na relação, para que a questão possa ser debatida. É quando você se torna capaz de lidar com problemas grandes, mesmo com medo.

Ainda assim, o excepcional não é uma linha de chegada, mas possui seu próprio espectro. As pessoas sempre podem revelar mais, apoiar mais e desafiar mais, passar a aprimorar novas áreas. Você passa a compreender as nuances da conexão mais profunda, e suas "antenas" certamente se tornam mais sintonizadas.

Muitas vezes, relacionamentos se tornam excepcionais de forma natural, em um ciclo iterativo, que se aprofunda aos poucos. Isso pode acontecer em relações de longo prazo com parentes, amigos e colegas de trabalho, com quem diferenças e desavenças são solucionadas e não impedem uma aproximação. Não há conflitos graves e difíceis nem problemas espinhosos. Ninguém mede as palavras ao sentir pontadas, e, mais importante, os dois sabem que devem resolvê-las enquanto ainda estão relativamente pequenas. Cada um se compromete com o aprendizado do outro e não tem medo de apontar coisas que podem trazer benefícios. Falar a verdade e ter confrontos carinhosos são normas estabelecidas no começo e mantidas ao longo do relacionamento. Uma *quantidade* grande de passos passa por uma transformação *qualitativa* inquestionável com o tempo.

Em outros casos, relações se tornam excepcionais como resultado de decisões importantes, como veremos nos próximos três capítulos. No Capítulo 13, voltaremos a Maddie e Adam para analisar o que é preciso fazer para solucionar questões controversas. O Capítulo 14 descreve um momento crucial para Elena e Sanjay, em que a imposição de limites fortalece a relação em vez de prejudicá-la. E no Capítulo 15 exploramos o dilema de Mia e Aniyah sobre o que fazer quando uma das pessoas precisa desesperadamente de algo que desperta uma insegurança dolorosa na outra.

Nem todos os relacionamentos próximos alcançam o nível excepcional. No Capítulo 16, veremos vários exemplos disso, e analisaremos o porquê. Também falaremos sobre a questão complicada que são os relacionamentos excepcionais no trabalho. Resumindo: eles são possíveis, porém precisam de um cuidado extra.

Por fim, relações não se desenvolvem em linha reta. No último capítulo, veremos como nós dois destruímos nosso relacionamento excepcional por um tempo. Explicamos o que deu errado, como nos recuperamos e como isso nos aproximou ainda mais.

Assim, apesar de nem todos os relacionamentos excepcionais precisarem de crises para evoluir, elas são o tema de quatro dos cinco últimos capítulos, porque o maior empecilho para alcançarmos o excepcional costuma ser o hábito de fugir de conflitos. Voltando à analogia da escalada da montanha, vamos imaginar que esta seja a primeira vez que você e seu companheiro fazem esse caminho. Os dois querem chegar ao topo, porém a montanha está cercada por nuvens escuras, e o vento sopra bem forte. Seria fácil permanecer no prado e não se esforçar mais. Em muitas relações, o trajeto até o excepcional pode ser uma escalada tranquila, porém outros relacionamentos apresentam grandes desafios. Esperamos que os capítulos finais incentivem você a enfrentá-los.

13

RESOLUÇÃO DE QUESTÕES CONTROVERSAS

Maddie e Adam, partes 5 e 6

Quando duas pessoas sentam para resolver problemas juntas, a solução costuma ser muito melhor do que as que elas encontrariam sozinhas. Elas cogitam uma gama maior de opções, notam falhas no raciocínio uma da outra e se beneficiam do estilo de ambas. Uma pode se sentir mais confortável correndo riscos, enquanto a outra é mais cautelosa. Ou uma pode focar nos sucessos conquistados, enquanto a outra enxerga os problemas pendentes. Ambas se equilibram, porém isso só funciona quando elas sabem usar suas tendências de forma produtiva.

Maddie e Adam, parte 5

Na manhã seguinte após a conversa de Adam e Maddie, a mãe de Maddie buscou os netos para um passeio, e o casal sentou à mesa da cozinha para tomar café.

– Pensei muito na nossa conversa de ontem – disse Adam. – E quero que você saiba que entendi. Você tem razão, eu estive focado demais na minha carreira e no que eu quero, e nem tanto no que acontece com você. Desculpe por isso.

Maddie ficou com os olhos cheios de lágrimas.

– Obrigada por dizer isso.

– Tudo bem, então vamos recapitular – disse Adam, que começou a repassar as questões que Maddie queria resolver. Ela também repassou as questões dele. – Então, o que fazemos agora?

– Antes de dormir, fiquei pensando e cheguei a algumas alternativas – disse Maddie. – No caso dos Winniker, a mãe de Janie foi morar com eles, mas, apesar de você se dar bem com minha mãe, acho que nenhum de nós gosta dessa ideia. – Adam concordou com a cabeça. – Nós podíamos contratar uma babá que morasse aqui, mas nossa casa não é tão grande assim, e gostamos de ter privacidade.

– Também pensei nisso, mas rejeitei a ideia pelo mesmo motivo.

– Uma terceira opção seria avaliarmos bem as despesas mensais juntos para ver quanto dinheiro podemos separar para a creche. Com essa informação, posso começar a pensar em possibilidades de um emprego em meio expediente ou talvez fazer mais trabalho voluntário.

– Mas todo o dinheiro que sobra vai para a nossa reserva de emergência. Eu me sentiria mais tranquilo se não mexêssemos nisso.

– Eu também, mas não podemos ter tudo. Você disse que receberia um aumento por causa do projeto novo e que isso facilitaria uma promoção no futuro, que viria com outro aumento. Nós dois não estamos investindo no presente para receber recompensas no futuro?

Adam pensou um pouco.

– É verdade – disse ele, por fim. – Faz sentido.

– Mas? – perguntou Maddie. – Eu conheço você. Por que está preocupado?

Adam riu.

– É, você me conhece bem demais. Só não sei se tenho uma resposta. Meu lado lógico consegue entender a ideia de investir no futuro, mas ainda fico incomodado. Não sei por quê. – Depois de pensar um pouco, ele continuou: – Uma das coisas que mais me incomoda é que nós tínhamos feito um acordo depois que o Derek nasceu, você ficaria em casa com as crianças. Só que, agora, você quer romper o acordo.

– Sério? – perguntou Maddie. Ela estava na defensiva, mas não cedeu à tentação de começar uma briga. – Nem imaginei que isso poderia ser um problema. Sim, nós fizemos um acordo, e sei que minha vontade de mudá-lo complica um pouco nossa situação. Mas as coisas mudam o tempo todo. Por que essa mudança é tão difícil?

– Sei que as coisas mudam, mas a questão é essa. A vida já é incerta demais, e eu queria que algumas coisas fossem estáveis, como nós e nossos acordos. É muito difícil ter expectativas sobre como o futuro seria e se deparar com uma realidade diferente.

– Mas espere um pouco – interferiu Maddie. – Há muitas coisas estáveis na nossa vida, como nosso casamento e nosso comprometimento com as crianças. Além disso, já que você está falando sobre manter acordos, e o nosso combinado de nos preocuparmos com o crescimento um do outro? Você estava disposto a esquecer essa parte. Por que o outro acordo é tão importante?

Adam pensou por um instante.

– Eu sei, e concordo com você quando penso friamente. Acho que o fato de um de nós ter concordado em ficar em casa foi muito importante para mim. Talvez eu seja tradicional demais ou esteja exagerando, mas já vimos muitas famílias completamente estressadas porque os dois pais trabalham. Só quero um pouco de calma na nossa vida, sabe? E não quero terceirizar muito o trabalho de criar nossos filhos. É importante para mim que um de nós faça isso. Estou com vergonha; parece meio machista dizer isso, porque não quero abrir mão do meu trabalho. Eu *estou* comprometido com o seu crescimento e a sua felicidade. E não tenho uma justificativa para os meus sentimentos, mas eles existem.

Maddie relaxou.

– Obrigada por me contar essas coisas. Eu meio que imaginava que fosse isso, mas faz uma diferença imensa ouvir você admitir. Escute, querido, eu ainda vou cuidar das crianças, mesmo se elas ficarem um tempo na creche. E sei que você dá muita importância a acordos, então precisamos ter o cuidado de diferenciar decisões finais de "acordos em fase de testes". Mas parece que, por enquanto, a ideia da creche é a melhor alternativa. Podemos analisar se isso é viável?

Adam concordou com a cabeça.

– Tudo bem. Só de termos esclarecido tudo, já me sinto melhor. Vamos tentar.

Maddie sorriu, satisfeita.

– Obrigada. Mas ainda precisamos pesquisar bastante antes de tomarmos uma decisão. Preciso descobrir se seria viável conseguir um trabalho de meio expediente e procurar opções de creche. Vamos dar uma olhada no nosso orçamento para descobrir em que pontos podemos fazer cortes. Tudo bem?

Adam concordou lentamente com a cabeça.

– Acho que qualquer decisão deve ser testada por um tempo para vermos o que acontece.

MADDIE E ADAM FIZERAM um bom trabalho na sua primeira tentativa de solucionar o problema, evitando algumas armadilhas muito comuns:

- Chegar a uma conclusão rápido demais: Conflitos são estressantes, e o desejo de acabar logo com eles pode levar à aceitação precipitada da primeira opção sugerida. Problemas complexos costumam ter mais de uma solução viável e frequentemente envolvem questões importantes para as duas pessoas. Por sorte, Maddie e Adam não caíram nessa armadilha. Eles se certificaram de que a conversa *focasse em encontrar uma solução que agradasse os dois.*
- Determinar "ou uma coisa ou outra": Um caso extremo dessa armadilha seria o seguinte: "*Ou* nós pagamos por uma creche em tempo integral *ou* nada vai mudar." Eles evitaram isso quando Maddie levantou várias alternativas. Foi Maddie quem fez o trabalho pesado – se eles tivessem pensado juntos, poderiam ter encontrado ainda *mais* opções, como pedir à mãe de Maddie para ajudar em alguns dias da semana.
- Brigar sobre soluções em vez de se concentrar nas necessidades: Essa armadilha acontece quando as pessoas enfocam precipitadamente os lados positivos e negativos das soluções em vez de dar um passo para trás e identificar o problema principal.[23] Pagar pela creche é *uma* solução – mas não necessariamente a única – para a necessidade mais básica de Maddie de ser intelectualmente desafiada e interagir com adultos.

- Encarar opiniões como fatos: Adam caiu nessa armadilha quando acreditou que não havia dinheiro para pagar pela creche, mesmo sem analisar as finanças da família. Da mesma forma, ao contar sobre a nova oportunidade de trabalho, ele explicou que precisaria passar mais noites e fins de semana no escritório, mas até que ponto isso era verdade? Ele questionou seu chefe sobre essa possibilidade ou estava supondo?
- Confundir "testes" com decisões finais: Algo que parece certo agora pode mudar no futuro, como Maddie descobriu ao notar sua insatisfação com o combinado que tinha feito com Adam. Um acordo em fase de testes existe para que as duas partes busquem mais informações. Avaliar o andamento de um acordo em fase de testes permite que modificações sejam feitas antes da conclusão final.
- Desmerecer necessidades pessoais: Fatos e lógica são importantes: indicam o que é possível. Porém, como já enfatizamos, equilibrar as necessidades de cada pessoa é igualmente importante. Adam fez um bom trabalho ao reconhecer que algumas de suas inseguranças não eram lógicas, mas existiam mesmo assim. Se ele não tivesse feito isso, qualquer resolução seria incompleta e provavelmente insustentável.
- Não levar em consideração estilos pessoais: Todo mundo tem hábitos, necessidades e tendências. Adam parece ser um pouco mais rígido sobre acordos, e Maddie levou isso em consideração, diferenciando um teste de uma decisão final.
- Decidir quem implementa o quê: Assim como há opções (e preferências) sobre qual será a decisão, também existem opções (e preferências) sobre como ela será conduzida. Adam não deve dizer a Maddie quais empregos ela deve buscar, assim como ela não deve dizer a ele como conversar sobre questões de trabalho/tempo livre com o chefe. Os dois podem chegar juntos a uma conclusão sobre *o que* deve ser feito sem detalharem *como*.

Maddie e Adam, parte 6

Na quarta-feira seguinte, Adam e Maddie sentaram no sofá para tomar uma taça de vinho depois de colocarem as crianças para dormir.

– Preciso admitir uma coisa – disse Adam. – Apesar de eu ter concordado com o que conversamos no sábado, ainda estou com alguns receios.

Maddie pareceu preocupada.

– Você não quer voltar atrás, né?

– Não se preocupe. – Adam riu. – E acho que você vai gostar do que vou dizer. Eu precisava conversar sobre isso tudo com alguém, então fui almoçar com o Drew hoje.

– *O quê? Você falou sobre nossos problemas pessoais com outra pessoa!*

– Calma, está tudo bem – disse Adam. – Você sabe que eu e o Drew somos próximos. Não saí contando para qualquer pessoa. O Drew me contou sobre os problemas que tem com o filho, e eu precisava falar sobre a nossa decisão em voz alta. Eu estava remoendo o assunto na minha cabeça. E não se preocupe, não coloquei você como a vilã da história. Na verdade, ele ficou do seu lado e foi muito direto comigo. – Adam riu. – Grande amigo!

– O que ele disse?

– Basicamente a mesma coisa que você. Na verdade, ele meio que me deu uma bronca, dizendo que eu só estava pensando em mim mesmo. Ele chegou até a dizer que eu não merecia você – comentou Adam em um tom tranquilo. – E isso me fez pensar bastante.

– Bem, como você está disposto a repensar as coisas – falou Maddie com um sorriso –, é claro que você me merece!

– Não é que eu não tenha escutado no outro dia. Mas foi bom ouvir outra perspectiva. E ele falou sobre como resolve os problemas com a esposa, então não me senti tão sozinho.

Maddie concordou com a cabeça.

– Nunca achei que nós precisássemos parecer um casal perfeito para o mundo. – Depois de um tempo em silêncio, ela continuou: – Andei pensando também sobre por que acho tão importante voltar ao trabalho. Quero interagir com adultos e continuar me aprimorando, como eu já disse, mas há algo mais. Você lembra que minha mãe abandonou a faculdade depois que casou? Ela precisou trabalhar para ajudar meu pai a terminar o curso de Engenharia. Como ela não tinha um diploma, só conseguia trabalhos administrativos, coisas que não eram muito estimulantes. E pediu demissão depois que eu e meus irmãos nascemos. Ela nunca teve uma carreira, e sei que ela se arrepende disso. – Maddie começou a chorar. – Tenho medo de acabar do mesmo jeito.

Adam pôs a taça de lado e a abraçou.

Depois de recuperar o controle, Maddie continuou:

– Agora que falei isso, acho que tem mais. Meu pai amava minha mãe, mas não sei se ele a respeitava pela pessoa que era. Sim, ele a respeitava por nos criar e cuidar bem da casa, mas não é a mesma coisa. Acho que tenho medo de isso acontecer com a gente.

Adam absorveu essa informação em silêncio por um minuto.

– Odeio admitir – disse ele, por fim –, mas entendo sua preocupação. Admiro muito o que você faz pelas crianças, mas... é, talvez isso limite nossas conversas. Não sei se é uma questão de respeito, mas entendo o que você quer dizer. – Ele fez outra pausa enquanto os dois pensavam, e então continuou: – Tudo bem, entendo por que essa questão é tão importante. Para nós dois.

No fim de semana seguinte, Adam e Maddie analisaram as contas da casa e calcularam um orçamento para a creche, liberando parte do tempo dela.

– Isso deve bastar para eu conseguir um trabalho de meio expediente por enquanto – afirmou ela –, mas não quero ficar presa nessa decisão. Vamos ver o que acontece. Talvez eu queira mais, ou menos.

Após conversarem um pouco, eles concordaram em fazer um teste por seis meses.

– Só para deixar claro, esse é um experimento para nós dois, né? – perguntou Adam.

Maddie concordou com a cabeça.

– Claro. Obrigada por topar.

AO LONGO DAS CONVERSAS do casal, a discussão foi mudando. A questão deixou de ser um "problema de Maddie" e se tornou algo que os dois precisavam solucionar juntos. Ambos estavam prontos para analisar soluções diferentes, pensar em opções e encontrar uma forma de tomar a decisão em conjunto. Eles conseguiram encontrar uma alternativa temporária para o cuidado das crianças.

Quando uma ou as duas partes não querem abrir mão de alguma coisa, pode ser que o problema seja uma questão profunda do passado. É importante que haja tempo e espaço para esses temas surgirem na conversa e serem explorados. Entender como uma pessoa é influenciada pelo passado pode nos ajudar a não tirar conclusões precipitadas. Isso valeu tanto para Adam quanto para Maddie. Seria fácil para Maddie concluir que o marido era sovina, mas ela se afastou da situação, se permitiu sentir curiosidade e perguntou: "Por que você tem tanta dificuldade com essa questão de dinheiro e creche?"

A pergunta em si foi importante, assim como a disposição de Adam de refletir sobre a resposta. Se os dois não tivessem criado um clima de apoio e comprometimento, talvez nunca chegassem a esse ponto. Não foi fácil para Adam desabafar sobre seu amigo da faculdade, porque Maddie poderia invalidar sua preocupação usando a lógica. ("Ah, Adam. Isso aconteceu com o Reed – nós nunca faríamos nada assim!") Em vez disso, ele se mostrou vulnerável e revelou esse peso do passado, o que ajudou Maddie a fazer o mesmo depois. Ao colocar em palavras os medos que sentia pela maneira como foi criada, ela colaborou com a conversa e fez com que os dois se aproximassem ainda mais.

Conforme juntamos as peças do quebra-cabeça para solucionar o problema, é importante prestar atenção na diferença entre os momentos – presente, passado e futuro –, como Maddie e Adam fizeram. O presente identifica fontes de incômodos e necessidades insatisfeitas (por exemplo, a necessidade dela de ser intelectualmente estimulada e as preocupações financeiras dele). O passado ilustra o que foi perdido e mostra como você chegou aonde está. O futuro traz foco no resultado final desejado, ajudando a destruir o obstáculo da troca de recriminações. Com frequência, a discussão passa por esses momentos diferentes para que se consiga encontrar a melhor resposta.

O papel da terceira pessoa

Por diversos motivos, é normal que as pessoas busquem ajuda. Às vezes, você quer descobrir como os outros lidariam com uma situação parecida, e foi isso que Maddie fez ao perguntar para a amiga Teresa como ela havia resolvido a questão sobre quem cuidaria dos filhos. Você também pode estar em busca de uma opinião mais imparcial, como Adam. Afinal de contas, Maddie estava convencida daquilo que queria, porém Drew não ganharia nada com aquilo. Adam pensou que o amigo poderia oferecer uma perspectiva mais objetiva, talvez uma nova maneira de encarar a questão.

Essa ideia parte do princípio de que Drew seria neutro e conhece as duas pessoas envolvidas. Mas apesar de conhecer Maddie, ele é amigo de Adam então os dois têm bem mais intimidade. A ideia também presume que Drew tenha conhecimento de todas as informações relevantes. Por mais objetivo que Adam queira ser, ele e Maddie provavelmente contariam a história de formas diferentes. Para Drew conseguir ajudar, é preciso reconhecer essas limitações.

No entanto, Drew conseguiu apoiar os objetivos conjuntos de Adam e Maddie, e a perspectiva dele ajudou. Drew foi muito direto com Adam, mas também ajudaria se o deixasse apenas desabafar ou se tivesse feito perguntas sem respostas predefinidas para ampliar a visão de Adam sobre a situação. Na nossa opinião, consultar uma terceira pessoa para encontrar soluções não é uma boa ideia, porque ela não saberá todas as informações relevantes. Mas pode ser interessante ter alguém para pensar com você, que ajude a esclarecer suas necessidades para que *você* possa resolver a questão com a outra pessoa interessada.

Vários resultados

O conflito entre Adam e Maddie foi difícil para os dois. Então valeu a pena? No fim das contas, eles:

- encontraram uma solução prática para o problema imediato;
- tornaram-se mais capazes de discutir e solucionar problemas futuros;
- fortaleceram o relacionamento;
- passaram a se conhecer melhor.

Como resultado desse processo difícil, Adam e Maddie agora se compreendem de um jeito mais profundo. Seus esforços fizeram com que evoluíssem no espectro familiar e entrassem com tudo no reino do relacionamento excepcional. Porém, o maior progresso pode ter sido no segundo item: sua capacidade de lidar com questões polêmicas no futuro. Enquanto buscavam uma solução para as questões financeiras e sobre quem cuidaria das crianças, eles aumentaram a probabilidade de conseguirem conversar e resolver questões futuras de forma mais produtiva. Maddie concordou em não fugir dos problemas nem se deixar intimidar por acordos do passado que se tornaram problemáticos. Adam concordou em pensar nas necessidades de Maddie e fazer não apenas o que fosse melhor para si mesmo. Além disso, ele admitiu que as crianças e a casa não eram problemas apenas de Maddie e reconheceu que precisava compartilhar dessas responsabilidades. Mais importante, os dois identificaram as questões que criavam bloqueios.

Acordos como esses são os primeiros passos importantes, mas precisam ser reforçados. Alguém pode dar um passo em falso e deixar de cumprir sua parte. Porém, o erro é menos grave do que o que pode acontecer caso ninguém lide com ele. Na verdade, violações – quando corrigidas – são capazes de cimentar a lição para as duas partes e solidificar a recuperação. Vamos imaginar que, no futuro, Adam toque em um assunto difícil e Maddie comece a evitá-lo. Ele se sairia bem se dissesse: "Nós concordamos que você não fugiria para lavar a louça quando estivéssemos no meio de uma conversa difícil. O que está acontecendo?"

Quanto mais complicada for uma situação (e uma relação), mais será provável que surjam questões durante o processo de solucionar o problema. É como descascar uma cebola. A camada exterior esconde o que está no interior. Então descobrimos a adversidade que precisa ser debatida e, por baixo, as questões ainda mais pessoais, vulneráveis. Talvez isso inclua o impacto de experiências passadas importantes. Cada pessoa precisa perseverar para descobrir o que realmente está acontecendo.

Nada disso é fácil. É preciso dar tempo ao tempo, e quanto maior o conflito, mais demorado será encontrar uma resolução. Soluções exigem paciência, habilidade e comprometimento para compreender o problema e tentar encontrar uma resposta.

Para aprofundar o conhecimento

AUTORREFLEXÃO

1. <u>Coloque-se no lugar de Maddie.</u> *Em vários momentos, ela e Adam poderiam ter desistido ou saído do caminho certo, mas ela persistiu até conseguirem encontrar uma solução prática. Em cada momento decisivo, o que você teria feito? Seria difícil reproduzir alguma das atitudes de Maddie? Você empacaria em algum momento?*

2. Relacionamento importante: É provável que você e algum dos seus relacionamentos importantes já tenham passado por um incidente de difícil resolução. Em quais das armadilhas a seguir você e a outra pessoa caíram?

   - Determinar "ou uma coisa ou outra".
   - Brigar sobre soluções em vez de se concentrar nas necessidades.
   - Encarar opiniões como fatos.
   - Confundir testes com decisões finais.
   - Desmerecer necessidades pessoais.
   - Não levar em consideração estilos pessoais.
   - Decidir quem implementa o quê.

3. Terceira pessoa: Você encontrou algum dos problemas a seguir quando foi a terceira pessoa ou consultou uma? A terceira pessoa:

   - não entendeu o que deveria fazer (apenas escutar, ampliar a perspectiva, identificar suposições não comprovadas, etc.).
   - acreditou ser responsável por encontrar uma solução.
   - desconsiderou que não sabia informações cruciais (a perspectiva da pessoa que não estava presente).
   - foi induzida a defender um lado da história.

PRÁTICA

Se você identificou uma questão que precisa ser debatida com um dos seus relacionamentos importantes, agora é o momento de usar todas as habilidades que aprendeu para aprimorar seu processo de tomar decisões/solucionar problemas.

COMPREENSÃO

Como foi a conversa? Vocês conseguiram alcançar os quatro objetivos da resolução de problemas, melhorando a capacidade das duas partes de encontrar soluções, ajudando ambas a se conhecerem melhor e fortalecendo ainda mais o relacionamento?

O que falta para vocês conseguirem aprimorar suas competências e fazer a relação evoluir ao longo do espectro?

14
LIMITES E EXPECTATIVAS

Elena e Sanjay, partes 5 e 6

Um colega pede carona até o aeroporto depois do trabalho, e você cede. Não será necessário desviar muito do seu caminho, e o pedido parece justo. Mas outro amigo, que está passando por dificuldades financeiras e não tem carro, sempre pede para você buscá-lo no aeroporto, não importa a hora do dia. Esse pedido também pode parecer razoável por causa da importância da amizade – ou não. Caso você se incomode, como determinar limites entre o que parece justo e o que é excessivo? E mais, quando for excessivo, até que ponto podemos ser sinceros? Devemos simplesmente aceitar e ficar quietos para não abalar a amizade?

Todo mundo tem expectativas sobre o que pode ser pedido em estágios diferentes de uma relação. As suas expectativas podem ter se desenvolvido a partir de experiências passadas ou com base no que você faria pela outra pessoa. Amigos raramente falam sobre expectativas de forma explícita, mas acreditam profundamente nelas como "a maneira como as pessoas deveriam se comportar". A dificuldade surge quando as duas partes têm concepções diferentes sobre aquilo que até amigos muito próximos podem pedir – e fazer.

Talvez chegue um momento em que seja preciso estabelecer um limite, mesmo sabendo que isso pode abalar a relação. E se a outra pessoa se sentir rejeitada? Aceitar apenas para evitar uma briga é uma ideia muito tentadora. Porém, como o filósofo grego Plutarco supostamente disse: "Não preciso de amigos que mudem quando eu mudo e concordem quando eu concordo; a minha sombra faz isso muito melhor." Em termos mais contemporâneos, dizemos que um amigo verdadeiro fala não aquilo que você quer ouvir – mas aquilo que acredita ser o melhor para você. Mas e se isso causar problemas no relacionamento? Esse é o dilema que Elena precisa encarar com Sanjay.

Elena e Sanjay, parte 5

A amizade entre Sanjay e Elena continuou a se aprofundar nos dois anos seguintes. Elena teve um bom desempenho e aceitou um cargo melhor em outra área da empresa. Apesar de ter parado de trabalhar diretamente com Sanjay, os dois continuaram almoçando juntos, compartilhando a tranquilidade e o conforto de uma amizade que se consolidava, ancorada na intimidade e no carinho que sentiam um pelo outro. Eles também ampliaram o círculo para incluir a esposa de Sanjay, Priya, e o marido de Elena, Eric. Os quatro se encontravam com frequência e se tornaram bons amigos. Um dia, Sanjay ligou para Elena e perguntou, de um jeito meio misterioso, se poderiam se encontrar depois do trabalho para tomar um drinque:

– Preciso conversar com você sobre uma questão de trabalho, mas não aqui.

Ela concordou, e os dois combinaram de se encontrar em um bar tranquilo do outro lado da cidade.

Sanjay escolheu uma mesa distante das outras. Depois que pediram as bebidas, Elena disse:

– Então, pode falar. O que está acontecendo?

– Bem, primeiro, obrigado por vir. Preciso de um ouvido amigo, e não posso conversar sobre isso com mais ninguém.

– Por nada! Isso parece importante.

– É, sim. – Sanjay respirou fundo e deixou as palavras jorrarem. – Estou pensando em sair da empresa e abrir meu próprio negócio. O Roland, um amigo da faculdade, me convidou para ser cofundador junto com ele. Sempre quis fazer algo assim, mas nunca encontrei o momento certo. Só que o momento certo talvez não exista. Tenho esse sonho de seguir com meus próprios pés desde que consegui meu primeiro emprego. Mas então vieram o casamento, os filhos, a hipoteca, empregos com salários maiores. Você sabe como é, a gente fica preso aos luxos. Acho que se eu não me libertar agora, nunca mais vou fazer isso. E quero *muito* começar um negócio que me empolgue, sem contar que vou ser meu próprio chefe e tomar as minhas decisões.

Elena abriu um sorriso largo.

– Que maravilhoso, Sanjay! Mas, sim, é assustador, claro. E não estou tão surpresa assim, porque já faz algum tempo que você parece inquieto. Bem que eu queria ter coragem de me arriscar assim, mas acho que não conseguiria.

– É, é assustador, empolgante e energizante ao mesmo tempo. Sempre fui muito convencional e segui o caminho mais seguro. Você sabe como acho importante conseguir dar tudo para a minha família. Não sei se é loucura pensar em abandonar meu emprego estável, com um bom salário. Mas se não for agora, quando vai ser? Acho que nunca me desafiei profissionalmente, e agora parece ser o momento certo. O Roland é muito criativo e não é valorizado no emprego que tem. Ele teve uma ideia genial para um produto de tecnologia educacional que pode mudar o mercado, e você sabe como adoro essa área. Você acha que eu deveria aceitar?

– O que a Priya acha?

Sanjay se mostrou desanimado.

– Esse é o problema. Acho que não posso contar para ela por enquanto. – Elena pareceu surpresa, então ele continuou: – Você a conhece. Por mais que eu a ame, nós dois sabemos que ela se preocupa demais. Ela dá muita importância à estabilidade financeira, e as crianças ainda são pequenas. Acho que ela não vai entender ou, pior, vai achar que estou sendo egoísta por querer ir atrás de um sonho às custas do bem-estar da nossa família. Não quero contar antes de ter feito meu dever de casa e estar tudo esquematizado. Meu plano é conversar com ela depois que eu tiver certeza de que vou topar. Por enquanto, só queria debater isso com você.

Elena franziu a testa, fitando o copo. Depois de pensar bem, ela disse baixinho:

– Desculpe, Sanjay, por mais que eu queira ajudar, isso me coloca em uma situação complicada. Não posso fazer isso. Não seria justo com a Priya.

– Como assim? Achei que a gente tivesse o tipo de amizade em que podemos nos abrir e ajudar um ao outro.

– Nós temos – disse Elena.

– Parece que não.

Elena se retraiu.

– Nossa, fico triste em ouvir isso. Primeiro, desculpe se decepcionei você. Eu acho *mesmo* que temos esse tipo de relação, e é por isso que estou sendo sincera. Sanjay, é difícil não corresponder às suas expectativas. Quero oferecer apoio e fico feliz demais por você confiar em mim, mas não acho que essa seja a melhor maneira de eu fazer isso. – Ela fez uma pausa, refletindo sobre suas palavras, e continuou: – É por me importar tanto com você que não podemos conversar sobre essa questão antes de a Priya saber. O que você está me pedindo para fazer pode magoá-la e a você também, Sanjay.

– Como assim? Por que magoaria a Priya? Você sabe como ela é. Ela vai ficar toda nervosa. Não quero que ela se preocupe sem necessidade, porque ainda nem me decidi. É por isso que preciso conversar com você.

– Escute, Sanjay. Há dois problemas aí. O primeiro é a sua dúvida sobre se aventurar na nova empresa, que é a parte mais fácil de resolver, e a outra sobre como você e a Priya se relacionam.

– Nosso casamento é assim – disse Sanjay, um pouco indignado –, e, para ser sincero, isso não é da sua conta!

– Sem dúvida, são vocês que sabem sobre o seu casamento. Mas isso passa a ser da *minha* conta quando você me coloca no meio de um assunto que envolve a Priya. A decisão de começar seu próprio negócio afeta muito a vida dela. Eu adoro você, mas, se eu fizesse isso, poderia abalar o meu relacionamento com a Priya. Ela ficaria muito irritada se descobrisse, e com razão. Porém, e mais importante, fazer isso seria um desserviço com você.

– Um desserviço?

Elena concordou com a cabeça.

– Essa é só a primeira de muitas decisões importantes que você vai precisar tomar caso resolva abrir a empresa. Haverá muitas outras com implicações financeiras. Você também pretende escondê-las da Priya? E, se você continuar tomando essas decisões sem consultá-la, ela vai se sentir cada vez mais excluída, e acho que vocês podem acabar se distanciando no momento em que precisariam estar mais próximos. Entendo que a conversa inicial com ela pode ser difícil, mas, se você me usar para substituí-la, estarei sendo sua cúmplice. E não quero fazer isso com você. Foi isso que eu quis dizer com desserviço.

Sanjay pensou um pouco e disse:

– Só não consigo conversar com ela sobre isso agora. Você sabe como a Priya se preocupa. Não seria justo com ela.

– Sim, sei que ela é assim, e conheço você, mas minha pergunta é a seguinte: a sua decisão de não ter essa conversa agora é para poupar a Priya ou você?

– Como assim? – respondeu Sanjay com raiva.

– Bem – continuou Elena –, às vezes acho que você a protege demais. Por exemplo, quando nós quatro fomos jantar na outra noite, você contou a ela uma versão muito melhorada da sua última briga com o comitê da gerência. Seu tom contando foi calmo, prático, e eu sei como você estava irritado quando conversou comigo no almoço.

– É, mas, Elena, você precisa admitir que a Priya faz tempestade em copo d'água. Se eu contasse a história toda ela ia achar que eu estava a ponto de ser demitido e eu ia precisar de uma hora só para acalmá-la.

– Eu entendo e concordo que o jeito dela de reagir é complicado. Mas você está colocando a culpa toda nela. Nós já conversamos sobre como você odeia conflitos, e fico me perguntando se parte dessa vontade de não conversar com a Priya é causada por isso. Você quer proteger a Priya ou a si mesmo? De qualquer forma, se o Eric debatesse os prós e os contras de uma decisão pessoal tão importante como essa com outra pessoa antes de mim, eu o mataria.

– Bem, eu e a Priya somos diferentes, e nosso casamento é problema meu. Caramba, eu só queria que você me apoiasse.

– Entendo que você ache que não estou oferecendo apoio, e sinto muito. Mas, na minha opinião, é o contrário. Eu adoraria debater sua decisão com você, mas não como uma substituta da Priya. Se eu quero ser uma boa amiga, preciso dizer que acho que poucas coisas seriam mais importantes do que conversar com ela sobre isso agora, e não depois de você resolver tudo.

– Não sei por que, do nada, a gente começou a falar do meu casamento e das minhas dificuldades com conflitos. Acho que devemos encerrar esta conversa. – Sanjay terminou sua bebida e começou a levantar.

– Não, Sanjay, não vá embora agora – disse Elena. – Não precisamos falar sobre você e a Priya, já falei o que eu queria. Mas, agora, mesmo sem querer, temos um problema no *nosso* relacionamento, e fugir não vai ajudar. Vamos conversar.

Sanjay sentou, mas estava de braços cruzados.

– Como assim temos um problema no nosso relacionamento?

– Você acha que não ofereci apoio, mas eu acho que ofereci – disse Elena. – Para mim, apoiar alguém não quer dizer apenas concordar com a pessoa, mas também questionar seu raciocínio. E quero apoiar você da mesma maneira que gostaria que você me apoiasse, e isso inclui me dizer quando acha que cometi um erro. Se continuássemos falando sobre a empresa, poderíamos nos sentir mais próximos no momento, mas você e o seu casamento pagariam um preço alto por isso. E nos próximos casos você poderia começar a apenas me consultar em vez de falar com a Priya. Como uma amiga que se importa de verdade com o seu bem-estar, não quero contribuir com potenciais problemas.

– Então você nunca vai conversar comigo sobre a ideia do Roland?

– Não, não é isso – disse Elena. – Só não quero conversar *agora*, mas podemos falar sobre tudo depois que você contar para a Priya. Essa é a melhor forma de eu oferecer apoio.

– Nossa, você não vai mudar de ideia, né?

Elena sorriu.

– Não. E espero de verdade que você entenda que é porque me importo com você.

Sanjay abriu um sorriso triste e se levantou para pagar as bebidas.

– Fica por minha conta. Obrigado por encontrar comigo. – Enquanto os dois saíam juntos, ele acrescentou: – Isso é muito difícil, e você está sendo bem firme comigo... mas talvez eu precisasse ouvir todas essas coisas. Tenho muito em que pensar. Quando eu chegar a uma conclusão, aviso.

"Você está sendo bem firme comigo." A declaração de Sanjay está certa, e, de fato, a firmeza de Elena levou o relacionamento ao nível excepcional. Eles se abriram sobre suas necessidades e emoções, foram sinceros e, com o tempo, conseguiram lidar com o conflito de forma produtiva. Apesar de no começo da conversa Sanjay achar que Elena não estava ao seu lado, ela reforçou que só tinha se negado a falar sobre o assunto porque achava que seria melhor para ele. Ao mesmo tempo, ela não negou que estava preocupada com ela mesma – porque, se aceitasse debater o assunto com Sanjay, poderia abalar a relação dela com Priya.

Apesar de esse teste ter fortalecido ainda mais o relacionamento entre os dois, as coisas poderiam facilmente ter tomado o rumo oposto – foi um risco que Elena correu. Depois que ela impôs um limite a Sanjay, ele poderia ter saído com raiva do bar e descartado a amizade.

Em um relacionamento próximo, é provável não apenas que uma pessoa peça ajuda à outra, como também que a outra, por carinho e comprometimento, sinta um forte senso de obrigação em colaborar. Foi essa pressão que Elena sentiu. Mas ela escolheu rebater, porque notou o perigo oculto e achou que valeria mais a pena fazer isso. Se ela não tivesse se manifestado, sinalizaria uma crença de que a amizade não sobreviveria a um conflito.

Para alcançar o resultado positivo, os dois precisaram estar abertos ao feedback. No começo, Sanjay sentiu dificuldade em ouvir, e Elena precisou insistir para que ele entendesse que suas atitudes cobrariam um preço alto. Por sorte, ela persistiu e só parou quando ele compreendeu sua opinião ("Já falei o que eu queria"). O feedback dela veio na forma de informações, não de um porrete para bater na cabeça dele. Sanjay também aprendeu algumas coisas com a interação. Ainda não ficou claro quanta responsabilidade ele pretende assumir pelas interações problemáticas com a esposa, mas essa questão foi nitidamente exposta. O fato de Elena e Sanjay terem definido o significado de apoio em um relacionamento excepcional também foi muito importante.

Apesar de os dois terem feito a transição até o excepcional, isso não significa que pararam de se aprimorar. Novas situações sempre surgem, e, quando uma área melhora, desafios surgem em outra. Será que eles estarão dispostos a debatê-los e solucioná-los, ou aquela situação foi tão estressante que não arriscarão passar por outra? Imagine que Sanjay lide com sua dificuldade em encarar conflitos; ele fará isso de um jeito produtivo, ou suas ações acabarão parecendo punitivas? Não existe uma condição perfeita que todos os relacionamentos devem alcançar, e é por isso que eles são empolgantes e desafiadores. O potencial para o aprendizado e o crescimento contínuo nem sempre é fácil, mas também faz parte da mágica das relações excepcionais.

Essa situação foi especialmente difícil porque não envolveu apenas Sanjay e Elena. Cada pessoa existe em uma rede de relacionamentos. Elena queria uma relação excepcional com Sanjay. Sanjay queria uma relação íntima com Priya, e Elena queria uma amizade próxima com ela. Se Elena tivesse cedido ao pedido de Sanjay, teria (pelo menos no começo) aumentado a conexão entre eles, mas enfraqueceria o relacionamento de ambos com Priya. A evolução de um relacionamento não deve ocorrer em detrimento de outro.

A importância da firmeza

Como pessoas em um relacionamento excepcional confiam e gostam muito uma da outra, é provável que elas troquem pedidos importantes. Porém, quando a outra pessoa deseja algo que você não está disposto a dar, como dizer não sem que ela se sinta rejeitada? É difícil ser firme quando tememos abalar uma relação. Mesmo assim, a falta de firmeza também pode ser prejudicial.

Se você tiver netos, pode estar cansado de tomar conta deles o tempo todo, mas não quer arriscar a proximidade que tem com seus filhos. Seu pai idoso pode ser perigoso atrás do volante, e um dos seus irmãos quer que *você* explique que ele deve parar de dirigir. Um amigo pode pedir um empréstimo, e talvez você se sinta desconfortável em concordar. O que fazer nesses casos de modo a manter a proximidade das relações?

O irmão da nossa amiga Brienna bebe muito e, infelizmente, não é um bêbado amigável. Por anos, quando ele e a esposa iam jantar na casa dela, Brienna tolerou seu comportamento grosseiro. Então ela percebeu que tinha começado a sentir pavor das visitas. Ela sabia que ele estava muito estressado com o trabalho e, se reclamasse da bebedeira, temia acrescentar mais pressão e distância entre os dois. Ela achava que não seria certo nem justo conversar com a cunhada sem ele saber, e também duvidava que isso fosse ajudar. Mas o problema piorou tanto que não podia mais ser ignorado – e Brienna achava que os dois acabariam se distanciando se ela não dissesse *nada*.

No dia seguinte a uma noite especialmente desagradável, ela ligou para o irmão e disse que precisava ter uma conversa importante com ele. Os dois concordaram em tomar um café alguns dias depois.

"Foi uma das conversas mais difíceis que tive com ele", nos contou ela. "Em resumo, eu informei que ele era uma péssima companhia quando bebia demais. Falei que ele poderia beber o quanto quisesse em outro lugar ou perto de outras pessoas, mas não nos momentos em que estivesse comigo. Falei que eu não queria socializar com ele a menos que concordasse em beber menos na minha presença. Expliquei todos os meus motivos, incluindo minha preocupação sobre o que aconteceria com a nossa relação se eu não tocasse nesse assunto. Nós sempre fomos próximos, e tinha certeza de que o desejo de continuarmos assim seria mútuo. No começo, ele argumentou que eu estava 'exagerando por causa de uma bobagem' e sendo crítica demais, mas não me abalei. Falei que, se ele não fizesse como pedi, não nos encontraríamos em situações que envolvessem álcool. Com o tempo, ele concordou em tentar."

"Desde então", continuou ela, "quando nos encontramos para jantar ou saímos com amigos em comum, ele bebe só uma dose de uísque com gelo (em vez de quatro ou cinco). Apesar de eu achar que ainda bebe bastante em outras situações, não faz isso quando estamos juntos. Se eu tivesse ficado quieta – se não tivesse imposto um limite pessoal importante –, nossa relação teria se deteriorado aos poucos. Em vez disso, permanecemos próximos – na verdade, estamos mais próximos do que nunca".

A imposição desse tipo de limite tem o potencial de causar um distanciamento – porém tanto Brienna quanto Elena a utilizaram para expressar o desejo de ter ainda mais proximidade. Como dizem por aí, "boas cercas criam bons vizinhos". E também relacionamentos profundos e íntimos.

Ser "firme" – como Elena e Brienna foram – não significa ser maldoso ou demonstrar desprezo. Elena não pretendia magoar Sanjay e passou a conversa inteira focada no comportamento dele, não em sua personalidade. Talvez você precise de firmeza para ser sincero e direto sobre o que acredita ser melhor para o outro, especialmente se a pessoa quiser fugir do assunto.

Também é necessário ser firme ao receber um feedback. Não é fácil escutar sobre os problemas que seu comportamento causa. Porém, Sanjay conseguiu fazer isso. Ele tentou desviar o assunto do seu casamento e até tentou ir embora, mas, no fim das contas, ele aguentou e escutou o feedback de Elena. A conversa de Brienna com o irmão seguiu uma rota parecida. É difícil, talvez impossível, construir relações excepcionais com pessoas frágeis. Tanto Brienna quanto Elena avaliaram – e transmitiram – que a pessoa que recebia o feedback era capaz de ouvir o que tinham a dizer.

Mesmo assim, continua sendo difícil transmitir um feedback controverso sem que a outra pessoa se sinta rejeitada. Elena caminhou por essa corda bamba de várias maneiras. Ela podia ter ficado chateada por Sanjay colocá-la em uma situação difícil e com a resistência raivosa dele. Em vez disso, continuou insistindo que estava dizendo aquelas coisas para ajudá-lo, não magoá-lo. Ela focou no que acreditava ser melhor para o amigo, argumentou que aceitar seu pedido seria prejudicial a ele e seu casamento, e reafirmou que só estava falando aquilo tudo para ajudar.

É importante notar que Sanjay não pediu nada absurdo. Seria possível – até provável – que Priya jamais descobrisse que Elena conversara com ele sobre a questão da nova empresa, e tudo acabaria bem. Por isso, Elena teve muita dificuldade em manter sua postura. Por outro lado, se ele tivesse dito "Escute, vou entrar em um negócio arriscado e preciso que você convença a Priya de que isso é uma ótima ideia", a situação seria visivelmente complicada. Como o pedido original parecia razoável à primeira vista, Elena teve mais dificuldade em impor um limite. E essa história é importante justamente por ser tão cheia de nuances – porque são essas situações que costumam nos confundir.

Só porque você tem um relacionamento excepcional com uma pessoa não significa que possa se meter em todos os aspectos da vida dela. Sanjay teve razão ao dizer: "Nosso casamento é assim, e, para ser sincero, isso não é da sua conta!" Sanjay e Priya não precisam saber a opinião de Elena sobre como se comportam em seu relacionamento. Imagine que, no bar, Sanjay *anunciasse* que estava pensando em abrir uma empresa e dissesse que não contaria para a esposa. Elena ficaria preocupada e, como uma boa amiga, diria isso, deixando que Sanjay tomasse uma decisão.

No entanto, ele não apenas anunciou seus possíveis planos, como também pediu um conselho e a opinião de Elena, e, de certa forma, seu apoio moral. Isso a puxou para dentro da história, transformando-a em uma potencial cúmplice. Foi por *esse* motivo que ela ganhou o direito de se meter. Ela foi sábia ao explicar a diferença para Sanjay, atenuando a reação dele. Também é importante observar que ela não *mandou* que o amigo conversasse com a esposa sobre a questão. Elena apenas foi muito direta ao dizer que não discutiria com ele antes de Priya saber.

Elena tomou três decisões importantes que aprofundaram a conexão entre os dois. A primeira foi não ceder ao pedido de Sanjay. A segunda foi não ficar na defensiva quando ele falou sobre a amizade dos dois, dando a entender que ela não se importava. E a terceira foi não permitir que Sanjay finalizasse a conversa antes da hora. Ela nunca parou de se concentrar no que acreditava ser melhor para Sanjay e para a amizade, e no seu comprometimento com o amigo.

Se ela tivesse recuado em qualquer um desses três pontos, nem tudo estaria perdido. Imagine que Elena concordasse em conversar com Sanjay, mas percebesse que aquilo era uma furada depois de alguns encontros. Ela poderia expressar sua preocupação e explicar que preferia parar com as conversas. Da mesma forma, se tivesse perdido a calma quando Sanjay a acusou de ser uma péssima amiga, um simples pedido de desculpas bastaria, seguido pela explicação do que ela entendia por apoio. E, se os dois tivessem ido embora do bar sem resolver o problema, poderiam tocar no assunto na próxima vez que almoçassem e resolver as questões pendentes. Nem todo mundo acerta de primeira.

Elena e Sanjay, parte 6

Elena e Sanjay se encontraram para tomar um drinque na semana seguinte. Assim que sentaram, Elena perguntou como Sanjay estava e se tinha conversado com Priya. Ele fez uma careta e respondeu que sim, mas, como imaginava, não tinha ido bem. Priya ficou muito nervosa e disse que a nova empresa os levaria à falência.

– Você falou sobre o outro assunto? – perguntou Elena. – Sobre como sente dificuldade em contar as coisas por causa das reações dela?

— Não, eu não soube como fazer isso. Fiquei com medo de entrar nesse assunto e ela dizer que estou errado ou ficar na defensiva.

— Entendo, mas teria sido uma boa oportunidade para falar sobre isso sem que ela tentasse desmentir você. Naquele exato momento, ela reagiu do jeito que você acha problemático.

— Não sei, Elena. Essas coisas são complicadas, e não quero piorar a situação.

— Mas faz anos que vocês interagem dessa maneira, então realmente não vai ser fácil mudar de uma hora para a outra.

— Você é dura na queda, minha amiga – respondeu Sanjay. – Tudo bem, vou tentar.

Sanjay precisou tentar várias vezes ao longo de algumas semanas, porque Priya inicialmente resistiu muito a essas conversas, inclusive demonstrando raiva e o acusando de não se sensibilizar com as preocupações dela. Mas Sanjay permaneceu firme, convencido de que aquilo melhoraria seu casamento.

LEMBRE QUE, QUANDO UMA relação passa a ser qualificada como *excepcional*, ela continua se aprimorando. Agora que Elena e Sanjay passaram por um teste, eles conseguem encarar mais desafios, como a forma de Sanjay se relacionar com a esposa. Pode parecer que Elena estava se intrometendo no casamento deles, mas sua intenção era oferecer incentivo, ajudando-o a alcançar aquilo que deseja. Esse é outro exemplo do papel de uma terceira pessoa e daquilo que uma dupla em um relacionamento excepcional é capaz de conquistar. Sanjay sabe que ela está comprometida com o crescimento e o desenvolvimento dele, porém de um jeito diferente e mais produtivo do que ele desejava. Ao explicar como ele poderia oferecer feedback a Priya, Elena não comprometeu seu relacionamento com nenhum dos dois. Dentro desse exemplo está inserida a suposição de que Elena conhece Sanjay bem o suficiente para compreender que tipo de casamento ele mais quer.

Por ter se recusado a conversar sobre a nova empresa, Elena acabou aprofundando seu relacionamento com Sanjay. Ela correu um risco; não havia garantias de que sua postura renderia bons frutos, mas ela apostou que os potenciais benefícios fariam tudo valer a pena. Os dois aprenderam que sua amizade conseguiria não apenas sobreviver ao conflito, mas também se tornar mais valiosa do que antes. Sanjay entendeu o quanto Elena se importava com ele, precisamente por ela estar disposta a correr esse risco, e cada um aprendeu mais sobre si mesmo no processo. Por terem construído uma base forte e terem as habilidades e competências para conseguir manter uma conversa difícil, porém produtiva, Elena venceu a aposta. Quanto mais as duas pessoas forem comprometidas com a relação e quanto maior for o nível de habilidades e competências que elas têm ao encararem um desafio interpessoal, maior será a probabilidade de conversas difíceis renderem bons resultados.

Para aprofundar o conhecimento

AUTORREFLEXÃO

1. Coloque-se no lugar de Elena. *Ela estava em uma situação difícil. Seu medo era de que, se não atendesse à expectativa de Sanjay, ele se sentisse rejeitado, abalando a amizade. O que você faria? Pense em todos os momentos decisivos que Elena encarou durante a história. Como você reagiria? O que isso revela sobre sua maneira de lidar com situações parecidas?*

2. Relacionamento importante: Pense em um relacionamento importante no qual possa haver certa ambiguidade sobre o que você espera do outro. Liste as coisas que acharia aceitável pedir, as que jamais pediria e depois aquelas sobre as quais não tem certeza.

PRÁTICA

Converse com a pessoa identificada na segunda pergunta e compartilhe o que escreveu. (Talvez seja bom pedir antes para ela fazer a mesma análise sobre o que acha que pode ou não pedir a você.) Então esclareça os pontos ambíguos.

COMPREENSÃO

Falar sobre limites é difícil, e estabelecê-los pode ser encarado como uma rejeição. Você conseguiu tocar no assunto sem que a outra pessoa se sentisse desmerecida? Quando ela falou sobre os próprios limites, como você se sentiu? Qual foi o efeito da conversa no relacionamento? Como ela impactou a proximidade entre vocês?

15

PROBLEMAS EMARANHADOS

Mia e Aniyah, partes 4 e 5

Conforme relacionamentos se desenvolvem, conversas se aprofundam. Como você deve lidar com seus pais idosos? Será que você quer ter filhos? Como lidar com uma demissão? O que fazer com relação a obrigações financeiras estressantes ou um problema grave no casamento? À medida que os assuntos se tornam mais pessoais, existe mais chance de a conversa envolver elementos emotivos, porque há mais intensidade e *verdade* na interação. Porém, isso dificulta a objetividade. O que fazer se a questão que o outro deseja discutir acabar despertando emoções sobre como você lidou, lida ou lidará com situações semelhantes?

Neste capítulo, voltamos a Mia e Aniyah. Depois de brigarem e recuperarem a relação, elas começaram a se encontrar com mais frequência. Nessas ocasiões, elas compartilhavam uma série de questões pessoais. Aniyah conseguia falar mais abertamente sobre as vantagens e desvantagens do emprego. Mia se abriu sobre as preocupações que tinha com o namoro do filho adolescente. Essas conversas e outras semelhantes aproximaram ainda mais as duas ao longo do ano seguinte, e elas notaram que recuperaram a conexão que tinham na época da faculdade. Mas, então, as coisas se complicaram.

Mia e Aniyah, parte 4

Durante um jantar, Mia parecia especialmente emburrada e distraída – um comportamento que Aniyah já havia notado em outras ocasiões.

– Mia, você está estranha. Está acontecendo alguma coisa?

Mia olhou para sua taça de vinho.

– Sim – respondeu ela –, tem algo me incomodando, mas não sei se quero falar sobre isso.

– A escolha é sua, é claro. Mas, se você quiser, estou aqui para escutar.

– Não sei mesmo... Com certeza estou me sentindo esquisita... e um pouco desanimada. Eu devia estar feliz. Ou melhor, não tenho motivos para não estar. Tenho um bom emprego, uma casa linda, um marido que me ama. Mas minha vida não é muito empolgante, e isso anda me incomodando. Tudo parece tão monótono, sabe? Todos os dias são iguais. Fico me perguntando se não existe nada além disso.

– Sinto muito – disse Aniyah. – É difícil se sentir assim. Mas será que não tem algo por trás disso? As coisas estão bem com o Jake?

– Estão... mais ou menos. Ele é muito carinhoso, mas, para ser sincera, nós parecemos mais amigos do que um casal apaixonado. Nosso relacionamento não está com a energia de antes.

– Bem, vocês são casados há quase 20 anos, faz sentido que as coisas não estejam como nos primeiros 10. E ter filhos, por mais que você os ame, sempre afasta um pouco os casais. Isso com certeza aconteceu comigo e o Christopher.

– É, racionalmente eu sei disso, só que continuo desejando algo mais. Você não se sente assim?

– Claro, de uma forma meio abstrata. Mas a vida não é um mar de rosas. Não é melhor agradecermos por tudo de bom que temos sem esperar que as coisas sejam perfeitas?

– É, acho que sim. Vou superar essa fase – disse Mia, e a conversa tomou outro rumo.

As amigas só conseguiram marcar outro jantar um mês depois. Mia estava falante e parecia bem mais leve. Depois que fizeram os pedidos e contaram sobre as novidades, Mia disse:

– Estou muito feliz por estarmos aqui.

– Eu também. Como vão as coisas? Você parece bem animada.

Mia sorriu.

– Ainda bem que você perguntou se estava acontecendo alguma coisa. Percebi que fazia tempo demais que eu tentava esconder minha insatisfação. Quanto mais eu tento ignorar isso, pior fica.

– Que bom. As coisas parecem ter melhorado.

– Sim, melhoraram mesmo. Um cara que conheci anos atrás, o Tyler, me adicionou no Facebook – contou Mia. – Ele estava de viagem marcada para cá e disse que seria bom retomar o contato. Então nos encontramos para tomar uns drinques, e foi muito divertido. Ele é muito interessante e muito *interessado*. Nós conversamos sobre várias coisas e, quanto mais tempo ficamos juntos, mais percebi o quanto eu me sentia viva. Fazia anos que eu não me divertia tanto. Não me lembro da última vez que me senti assim com o Jake.

Aniyah sentiu um aperto no peito.

– Iiiih...

– Iiiih o quê? Pelo amor de Deus, Aniyah. Só estou dizendo que foi ótimo bater papo, rir e ter uma conversa profunda de verdade. Eu queria ter ficado lá para sempre.

– Hum. Então *como foi* que a noite acabou?

– Bem, nada aconteceu, é claro. Nós dois somos casados. Mas falamos sobre como tínhamos nos divertido e combinamos de almoçar quando ele fizer outra visita. Parece que ele vai precisar vir bastante por causa do trabalho.

– Nossa, Mia, estou preocupada com o rumo que isso pode tomar.

Mia dispensou o comentário.

– Não vamos fazer alarde. Eu só saí com um cara interessante e acho que pode ser divertido almoçar com ele. Nada de mais.

Aniyah não acreditou que as coisas ficariam por isso mesmo, mas disse apenas:

– Tudo bem.

A conversa se desviou para o trabalho de Aniyah, que passava por algumas mudanças interessantes.

No jantar seguinte, um mês depois, Mia chegou apressada, sentando à mesa onde Aniyah a aguardava. Aniyah comentou que ela parecia muito feliz.

– Obrigada! Eu me sinto ótima. Almocei com o Tyler ontem, de novo, e ainda estou nas nuvens. – Ela explicou que esse tinha sido o segundo almoço dos dois depois do último jantar com Aniyah.

Aniyah não disse nada, mas franziu um pouco a testa.

– Não aconteceu nada de mais... por enquanto, mas dá para imaginar aonde vamos chegar. Penso nele o tempo todo. Aniyah, sei que pode ser loucura, mas acho que era isso que estava faltando na minha vida. Faz anos que não me sinto tão viva.

Aniyah ficou tensa. Ela tomou um gole da sua bebida e disse:

– Caramba, Mia, tudo está acontecendo rápido demais. Não sei se tédio é um bom motivo para acabar com seu casamento.

A expressão de Mia murchou.

– Poxa, que decepção. Você mesma disse que eu pareço feliz, e estou mesmo, pela primeira vez em uma eternidade. Por que você não pode me apoiar?

– Você não quer mesmo que eu diga que ter um caso seria uma boa ideia, né?

– Não exatamente. Mas seria bom se você demonstrasse um pouco de empatia pela minha situação. Você nunca sentiu que faltava alguma coisa no seu casamento nem ficou apavorada só de pensar em passar os próximos 40 anos da sua vida no mais completo tédio?

Aniyah escolheu suas palavras com cuidado.

– Eu entendo como é se sentir entediada e inquieta. Sim, há momentos em que me sinto assim. Mas acho que seria muito errado você sair por aí e ficar de caso com o Tyler.

– Aniyah, acho que você não entende. Você está me julgando demais. Eu me sinto *enclausurada* e todo dia fico um pouco mais infeliz. Por que você não consegue ver o meu lado?

– Existe uma diferença entre entender e apoiar algo que acredito ser uma escolha ruim – disse Aniyah. – Só consigo pensar em tudo que pode dar errado. Há certos limites que não podemos cruzar sem causar danos permanentes.

– O que está acontecendo contigo? Sua postura sobre isso tem sido negativa demais desde o começo. Estamos falando da *minha* vida, não da sua.

Aniyah levou as mãos ao rosto e começou a chorar baixinho.

– Mas também é sobre a minha... Você não sabe como isso tudo pode ser doloroso.

A expressão de Mia se abrandou, e ela esticou a mão sobre a mesa para segurar a de Aniyah.

– O que houve, Aniyah?

Tentando se controlar, Aniyah disse:

– Alguns anos atrás, o Christopher teve um caso. Nunca contei para você porque foi na época em que estávamos mais distantes, e já resolvemos tudo. Mas ouvir você falando sobre o Tyler trouxe de volta esses sentimentos antigos de mágoa e traição. Acho que a dor ainda existe, só estava escondida... É muito constrangedor. Eu me sinto humilhada, e tenho medo de você me julgar agora que toquei nesse assunto. Christopher falou tudo que você acabou de dizer. Na época, fiquei achando que, por algum motivo, a culpa era minha, que eu não era suficiente para ele ou que tinha feito algo errado. Você falando me lembrou disso tudo.

– Ah, não, sinto muito. Eu nunca imaginei que a gente chegaria a um assunto desses. Não, não vou julgar você. Não acho que a minha infelicidade seja culpa do Jake, e é bem provável que a traição do Christopher não tenha tido a ver com você.

– No fim das contas, é óbvio que nós nos acertamos, mas eu não sabia se conseguiríamos superar. Foi tão doloroso, Mia... Não quero que você passe por isso.

– Eu entendo, e fico comovida por você se preocupar comigo. Mas estamos falando da *minha* vida, Aniyah. E talvez eu precise ver se essa história com o Tyler é para valer. Você é a única pessoa com quem posso conversar sobre ele.

– Estou muito dividida – disse Aniyah. – É difícil não associar a minha experiência às coisas que você conta. Foi horrível ser traída, mas a pior parte foi o Christopher não ter me contado que estava infeliz. E então ele escondeu o caso... foi péssimo. Quando escuto você falando, fico revivendo meu sofrimento e tento me proteger. Acho que quero proteger você também. – Então ela acrescentou: – Quem dera eu e o Christopher tivéssemos começado a terapia de casal antes disso tudo. Pelo menos nós fizemos terapia depois. Caso contrário, acho que teríamos nos separado.

– Eu entendo que o caso do Christopher tenha sido e continue sendo difícil para você. Mas isso é motivo para você não poder me apoiar e conversar comigo?

Agora, Aniyah já havia parado de chorar.

– Quero que você se sinta à vontade para falar comigo. Mas e se você começar a achar que, por causa disso, estou apoiando sua vontade de ter um caso? Seria como se eu apoiasse o que o Christopher fez. Odeio essa sensação, e não sei o que fazer.

Aniyah e Mia estão próximas de ter um relacionamento excepcional. Elas se abrem cada vez mais uma com a outra, são sinceras, se apoiam e conseguem conversar sobre assuntos em que discordam. Mas Aniyah está em uma saia justa. O problema de Mia acionou um ponto sensível dela.

Não é difícil imaginar que muitos relacionamentos passem por situações assim. Talvez você esteja com medo de perder o emprego, e seu melhor amigo tenha acabado de ser demitido. Ou você descobriu que sua mãe está sofrendo de uma doença terminal, mas seu amigo acabou de perder um pai repentinamente. Ou você sente dificuldade em se ajustar à vida com filhos, enquanto sua amiga não consegue engravidar. A similaridade talvez ajude a outra pessoa a demonstrar mais empatia e compreensão, porém ela também pode achar que o assunto é traumático. Não importa o nível de profundidade da relação, sempre é válido dizer: "Sinto muito. Eu quero ajudar, mas essa conversa é dolorosa demais para mim." Caso contrário, relações próximas podem parecer coercivas.

Há outras possibilidades, dependendo do nível de estresse emocional. Uma solução é reconhecer e expressar os próprios sentimentos, como Aniyah fez. Ela reconheceu no começo da conversa que não conseguiria ser objetiva, e deixou isso claro. Assim, Mia conseguiu aceitar melhor a posição de Aniyah.

Aniyah poderia ter dito: "Mia, apesar de ter muita dificuldade com isso, acho que posso me solidarizar com seus sentimentos, mas não pense que estou apoiando sua traição. Quero poder reagir segundo as *minhas* preocupações sem você achar que está sendo criticada. E, talvez, minhas opiniões possam oferecer a você uma perspectiva diferente sobre as consequências e opções."

Uma terceira opção seria Aniyah se concentrar na questão inicial: a infelicidade de Mia. Apesar de Aniyah ter feito algumas perguntas na primeira vez em que Mia expressou seu descontentamento, ela basicamente acabou com a conversa quando ofereceu o argumento lógico de que a vida não é um mar de rosas. Em vez disso, seria melhor ela ter continuado a expressar curiosidade, para ajudar Mia a refletir sobre as questões mais profundas por trás de sua melancolia. Se tivesse se concentrado no problema mais profundo, ela abriria um leque de soluções além da possibilidade de ter um caso com Tyler.

Conforme Aniyah e Mia seguiram em frente, Aniyah escolheu elementos de todas as três abordagens.

Mia e Aniyah, parte 5

Aniyah se comprometeu a apoiar a amiga o máximo possível, e Mia ficou grata. Durante as conversas que tiveram depois, Aniyah se esforçou para incentivar Mia a pensar nas questões por trás de sua infelicidade. Ela ajudou Mia a analisar suas opções, assim como a pensar nas consequências de trair o marido. Por mais difícil que fosse, Aniyah se esforçou para diferenciar seus traumas da solução encontrada pela amiga. Isso lhe deu a oportunidade de ajudar Mia a refletir sobre as implicações de ter um caso sem demonstrar qualquer apoio à ideia.

Certa tarde, Mia refletiu:

– Mesmo que o Jake soubesse, acho que um casinho rápido com o Tyler não acabaria com o meu casamento. Mas ele precisa saber? Um monte de gente não se aventura em segredo?

– Bem, sim, talvez você consiga esconder dele, mas quais as consequências disso para o seu casamento? – questionou Aniyah. – Esse é o tipo de coisa que vai aproximar você do Jake? E, se ele descobrir, o que pode acontecer com a confiança? Admito que, de vez em quando, até hoje, fico desconfiada quando o Christopher fala sobre alguma colega de trabalho. Vale mesmo a pena introduzir essa incerteza na sua relação? Além do mais, o que vai acontecer se você acabar se apaixonando pelo Tyler? E aí? Se você pretende continuar casada, não é melhor tentar entender quais são suas expectativas com o Jake?

Aniyah notou que Mia teve dificuldade em responder suas perguntas.

Ela ouvia, mas resistia em desistir da ideia de ter um caso com Tyler. As duas continuaram a conversar sobre os problemas por trás daquilo tudo. Aniyah perguntou a Mia o que ela esperava de Jake e o que poderia fazer para conseguir essas coisas.

Alguns momentos complicados surgiram ao longo da semana seguinte. O primeiro foi quando Aniyah voltou a dar conselhos para Mia e avisou:

– Você precisa parar com isso... Está brincando com fogo.

Mia disse que esse comentário não ajudava, e as duas se entenderam. Em outro momento, Aniyah disse em um tom irritado:

– Você não está pensando com clareza, e não acredito que esteja mesmo cogitando fazer isso!

Mia foi pega de surpresa e disse:

– Agora eu fiquei chateada, Aniyah. Ficou parecendo que você não me apoia nem me entende. Em vez disso, me sinto julgada.

– Sinto muito por você se sentir assim. Apesar de essa não ser a minha intenção, acho importante ser direta, para que você saiba como penso e me sinto. Acredito que essa seja minha responsabilidade como sua amiga.

Mais uma vez, as duas voltaram ao assunto principal.

Aniyah e Mia continuaram debatendo o problema, se aprofundando cada vez mais, mas acabaram chegando a um impasse. Com o tempo, Aniyah concluiu:

– Acho que não tenho mais como ajudar você. Não sou terapeuta, e há muitos pontos nesse assunto que me causam sofrimento, não importa o quanto eu tente separar as coisas. Apesar de eu não conseguir continuar falando disso, espero que você saiba como é importante para mim e como valorizo nossa relação.

E Mia respondeu:

– Eu sei, sim.

Mesmo em relacionamentos excepcionais, nem todos os problemas conseguem ser resolvidos. Porém, é possível que os laços da relação se fortaleçam e que a amizade seja cimentada no nível do excepcional depois do enfrentamento de impasses, como aconteceu com as duas amigas. Elas conquistaram isso porque não se recriminaram. Sim, Mia disse: "Mas isso é motivo para você não poder me apoiar e conversar comigo?" Porém, tratou-se de uma pergunta muito diferente da que ela fez ao questionar, agressiva, "Por que você não consegue ver o meu lado?". Da mesma forma, Aniyah não disse: "Como você tem a coragem de pedir o meu apoio quando esse é um assunto tão delicado para mim?"

Em segundo lugar, as duas foram muito abertas: Mia compartilhou como desejava se sentir viva de novo e como precisava de Aniyah, e Aniyah contou sobre a traição de Christopher e tudo que sentira durante aquela época. E, por fim, apesar de Aniyah sofrer com aquilo, ela continuou apoiando Mia. Esse esforço contínuo diminuiu a chance de Mia achar que sua amiga tão próxima não se importava com ela.

Só porque você tem uma relação excepcional não significa que precisa aceitar tudo que a outra pessoa pedir. É importante equilibrar duas necessidades. A primeira é a de cuidar de si mesmo, e a segunda é ser compreensivo com a outra pessoa. Isso é especialmente importante quando encaramos problemas emaranhados. A forma como Mia e Aniyah lidaram com esse desafio oferece pistas sobre como lidar com essa tensão. O segredo é ser sincero sobre suas necessidades, se preocupar com as necessidades da outra pessoa e ter essa conversa sem culpar ninguém.

Três considerações adicionais

QUAL A DIFERENÇA ENTRE TER EMPATIA E CONCORDAR?

Aniyah queria demonstrar empatia e compreensão, mesmo sem conseguir apoiar a solução de Mia para resolver sua infelicidade. Foi difícil fazer isso. As duas precisaram entender que a empatia de Aniyah não significava que ela apoiaria a traição.

Uma amiga nossa, Eve, passou por um desafio semelhante com o pai. Alfredo era distante dos parentes e encarava todos os feedbacks que recebia como ataques. Eve tentou se conectar com ele, demonstrando empatia por sua infelicidade, mas com isso ele entendeu que ela acreditava que a família o maltratava que a família o maltratava. Ele sempre insistiu que tinha boas intenções. Quando Eve tentou argumentar que era o seu comportamento, não suas intenções, que afetava os outros, ele achou que estava sendo atacado novamente. Ela não sabia como melhorar a situação. Quando a outra pessoa quer que você concorde com a versão dela da história, oferecer empatia e compreensão talvez não funcione. Eve precisou aceitar que seu pai queria algo que ela era incapaz de oferecer. O preço foi um distanciamento maior entre os dois, algo que ambos não queriam.

E SE OFERECER APOIO A UMA SITUAÇÃO ESPECÍFICA FOR CONTRA OS MEUS VALORES?

O motivo para Aniyah ser contra os planos de Mia não tinha muito a ver com seus valores, mas com a situação pela qual ela passara. Mas e se ela acreditasse que trair é um pecado? Realmente é possível "odiar o pecado, mas amar o pecador"? Mia conseguiria se sentir apoiada com essa abordagem? Quando perguntaram ao papa Francisco qual era sua opinião sobre a homossexualidade, ele respondeu: "Quem sou eu para julgar?" Porém, se você tem crenças arraigadas e não é o papa Francisco, é fácil *não* julgar?

Se Aniyah tivesse convicções categóricas sobre casos extraconjugais, e Mia soubesse disso, é pouco provável que ela pedisse seu apoio. Não compartilhamos todos os nossos problemas com amigos excepcionais; é por isso que a maioria de nós precisa de mais de um.

E SE EU EXCEDER MEU LIMITE E ME COMPORTAR COMO UM TERAPEUTA?

Aniyah incentivou Mia a buscar a fonte da sua insatisfação com a vida e o casamento. Ela fez perguntas sem respostas predefinidas para encorajar a amiga a refletir mais profundamente sobre as causas de sua infelicidade e a pensar em outras soluções possíveis. Ela tentou não julgar e, com o tempo, aceitou o fato de que Mia sabia melhor como lidar com os próprios problemas. Mas pessoas leigas só conseguem ajudar até certo ponto, e Aniyah reconhecia suas limitações. Quando ela disse "Acho que não tenho mais como ajudar você. Não sou terapeuta", não estava abdicando de seu papel como amiga ou julgando Mia; ela admitiu os próprios limites. Dito isso, ninguém pode forçar outra pessoa a fazer terapia. Apesar de Aniyah explicar a Mia como foi bom para ela e Christopher receber ajuda profissional em uma situação semelhante, Mia acabou rejeitando a ideia. A essa altura, não havia mais nada que Aniyah pudesse fazer.

UMA CONVERSA ÍNTIMA COM uma pessoa pode abrir portas que nunca mais serão fechadas – para o bem ou para o mal. Assim, uma relação excepcional pode afetar outra. Aniyah achava que a traição de Christopher havia ficado no passado, mas acabou reconhecendo que seus sentimentos não tinham ido embora, e talvez fosse necessário retomar o assunto com o marido para debater possíveis novas soluções para o relacionamento.

Conversas assim podem ser uma faca de dois gumes. Sim, Aniyah e Christopher poderiam se beneficiar com os sentimentos ressuscitados pela conversa com Mia, mas Aniyah não queria ter se lembrado dessa fase dolorosa. Quando duas pessoas se deparam com problemas emaranhados, talvez não exista outra opção além de continuar seguindo em frente e lidar com eles – mesmo sendo inesperados ou indesejados. E isso nos traz de volta ao princípio central deste livro: *a importância de uma mentalidade de aprendizado.*

Vamos supor que Aniyah fique abalada por relembrar a traição antiga de Christopher. Ele provavelmente não vai gostar de retomar esse assunto. Mas se Aniyah conseguir superar a necessidade de fazer recriminações ("Como você pôde fazer isso comigo?") e passar para o questionamento ("O que eu preciso fazer para me sentir mais tranquila?" ou "Como está nossa relação agora?"), essa pode ser uma ótima oportunidade de aprendizado para os dois. Não será fácil, mas é outro momento decisivo.

Esse é um dos motivos pelos quais relacionamentos excepcionais são tão mágicos – a experiência de outra pessoa conhecer e aceitar você em sua totalidade, a oportunidade de ser verdadeiramente humano e encarar o outro da mesma maneira, além da oportunidade de aprender. Não é fácil, mas é necessário para se alcançar uma vida recompensadora.

Para aprofundar o conhecimento

AUTORREFLEXÃO

1. <u>Coloque-se no lugar de Aniyah.</u> *Como você lidaria com a situação de Mia? Como transmitiria sua hesitação em conversar sobre o problema de Mia sem que ela se sentisse rejeitada ou sem abalar a amizade?*

2. Emaranhado: Você já esteve em uma situação em que um amigo/parente/colega de trabalho quis discutir um problema que fez você ter lembranças dolorosas? Como lidou com isso?

3. Emaranhando os outros: Você já esteve em uma situação em que desejou conversar sobre um problema, mas não soube se a outra pessoa se sentiria à vontade? Por exemplo, talvez seu pai estivesse começando a ter problemas de memória, e seu amigo tivesse perdido recentemente um pai com demência senil. Ele poderia gostar de compartilhar a experiência – ou não. Independentemente da situação, como você lidou com ela? Gostaria de ter feito algo de um jeito diferente?

4. Dilema atual: Você está passando por uma situação em que deseja conversar sobre algo que pode ser um gatilho para a outra pessoa?

PRÁTICA

Reflita se existe alguma maneira de conversar sobre as questões com a pessoa identificada na questão 4. Você é capaz de falar de um jeito que a permita dizer não sem que qualquer um dos dois se sinta rejeitado?

COMPREENSÃO

A conversa exigiu que você fosse direto e sensível ao mesmo tempo. Como foi? O que você aprendeu sobre si mesmo e esse processo? Como correr esse risco afetou o relacionamento?

16

QUANDO O EXCEPCIONAL
É IMPOSSÍVEL

Nós dois nos dedicamos por completo a relacionamentos excepcionais há décadas, mas nem sempre conseguimos alcançar esse nível com as pessoas em nossa vida. Na infância e ao longo da adolescência, Carole foi muito próxima de sua falecida mãe. Flora sempre deixou claro que queria que as duas fossem "melhores amigas" e que a filha poderia lhe contar qualquer coisa, e era basicamente isso que Carole fazia. Flora ofereceu muitos conselhos, que Carole considerava bons, sobre absolutamente tudo, desde maquiagem e garotos até os perigos do sexo antes do casamento. Carole não era uma moça rebelde. Obedecia às regras, tirava boas notas e não arrumava problemas.

Tudo mudou quando Carole se tornou adulta, casou e teve seus próprios filhos. Ela descobriu que a relação "próxima" entre as duas se baseava na condição de que Carole sempre concordasse com Flora e sempre colocasse as necessidades da mãe na frente das próprias – caso contrário, ela seria "egoísta". Flora sabia dar feedbacks como ninguém quando se sentia decepcionada ou com raiva, mas era péssima em aceitá-los quando fazia algo que incomodava Carole. Ela era uma das pessoas mais críticas que Carole já conheceu – cheia de opiniões e extremamente difícil de influenciar.

Conforme Carole começou a aprender mais sobre dinâmicas interpessoais eficientes, ela se perguntou se haveria algum jeito de ter um relacionamento próximo de verdade com a mãe, como duas mulheres adultas. Quando Carole estava no meio do doutorado, elas tiveram uma conversa memorável.

– Não entendo por que você continua com essa história de doutorado – disse Flora. – Seus filhos e seu marido não estão recebendo a atenção que precisam.

– Mãe, quando você diz que não entende por que continuo com o doutorado e ignoro minha família, eu me sinto mal – confessou Carole. – É isso que você quer?

– Claro que não, só acho que você está se sobrecarregando sem necessidade.

– Sem necessidade para quem?

– Para todo mundo.

– Eu conversei muito com o Andy sobre isso, e ele me apoia completamente. Perguntei se ele e as crianças estão sofrendo demais com isso, e ele garantiu que não.

– Não acredito.

– Então você acha que ele está mentindo para mim?

Flora ficou em silêncio por um momento, e então disse:

– Só estou falando pela minha experiência. A gente se encontrava o tempo todo, para fazer compras ou almoçar. Passávamos horas fofocando ao telefone. Você nunca mais teve tempo para essas coisas.

– É, você tem razão. E isso acontece justamente porque quero concentrar meu tempo livre no Andy e nas crianças.

– E é por isso que não entendo essa história de doutorado.

– Você está dizendo que não apoia meu doutorado porque acha que ele ocupa o tempo que poderíamos passar juntas? – perguntou Carole.

– Não foi isso que eu falei. Eu disse que você está prejudicando sua família sem necessidade.

E assim foi. Por mais que se empenhasse em explicar como aquelas conversas a afetavam, Carole nunca tinha sucesso. Ela tentou mostrar que sua incapacidade de influenciar Flora estava distanciando as duas. Tentou mostrar a Flora o quanto ficava incomodada sempre que a mãe julgava outra pessoa da família. E foi bem clara ao dizer que sentia menos vontade de passar tempo com a mãe quando ela se mostrava tão resistente à possibilidade de estar errada. Carole explicou que só falava aquelas coisas porque queria que as duas tivessem um relacionamento mais próximo, como adultas.

No geral, Flora respondia com lágrimas, dizendo que Carole estava sendo injusta. Ela só queria que elas fossem amigas, e as duas só tinham se afastado porque Carole "vivia ocupada". Carole tentou argumentar que a proximidade havia sido uma consequência da forma como interagiam quando ela era mais nova (quando Carole sempre aceitava tudo que Flora dizia ser "o certo"), mas que aquela dinâmica não funcionava mais. Flora descartava o assunto, argumentava que o problema não era esse ou fugia da conversa.

Foi difícil para Carole aceitar que, apesar de tudo que aprendera sobre como desenvolver relações excepcionais, ela e a mãe não teriam uma. Quando Flora estava nos estágios finais do câncer, Carole fez um último esforço. Tentou ser a melhor filha possível no período das cirurgias da mãe, visitando com frequência, levando-a e buscando-a do hospital várias vezes por semana, ao longo de meses. Apesar de várias tentativas de convencê-la a conversar sobre o que estava acontecendo, Flora fugia do assunto. Carole acredita que Flora simplesmente não conseguia ter uma interação em que não houvesse a menor possibilidade de ela sair por cima (e, sim, ela saiu do seu lado da quadra para fazer essa suposição). Carole a amava e sabe que o amor era recíproco, mas as duas não tiveram uma relação excepcional.

Um resultado importante de relacionamentos excepcionais é a oportunidade de crescer e se desenvolver, mas esse crescimento deve seguir os caminhos que cada pessoa deseja – não o que o outro quer. Porém, o que ocorre quando as necessidades do outro fazem com que ele prefira que você siga um rumo diferente? Flora alegava que só queria o melhor para Carole, mas seu desejo era que a filha crescesse (na verdade, que não crescesse) de formas que a fariam regredir ao comportamento que tinha na adolescência. Carole, por sua vez, desejava que a mãe crescesse, mas de um jeito que a tornasse capaz de conversar sobre o fato de que ela estava morrendo (entre outras conversas difíceis).

Novamente, a questão poderia ter sido resolvida se mãe e filha conseguissem debater o assunto, mas Flora não se sentia disposta a isso. O excepcional exige a vontade de encarar problemas, de cogitar a possibilidade de ter errado e de ponderar sobre novas formas de enxergar a situação. Flora não se interessou porque, acima de tudo, ela precisava estar certa. Pode haver carinho, até amor, como era o caso das duas, mas o excepcional não se define apenas por essas coisas. Por mais que cada uma desejasse um relacionamento mais íntimo, a perda de autonomia era um preço que Carole não estava disposta a pagar, e o fato de Flora não se comprometer em crescer e aprender impediu que elas tivessem uma relação excepcional.

Este capítulo explica por que, apesar de todos os nossos esforços, alguns relacionamentos mais significativos não conseguem se desenvolver. Talvez aconteça de você e seu amigo se conhecerem melhor e descobrirem que suas opiniões são tão diferentes que o esforço necessário para superar isso seria grande demais. Ou talvez vocês não tenham muito em comum – e o preço de construir um relacionamento profundo não compense. Porém, e se o seu relacionamento tiver o potencial de se tornar excepcional, mas não chegar lá? O que poderá ter acontecido? Terá sido alguma coisa que você fez ou deixou de fazer? O que pode ser aprendido com relações que ficam estagnadas no meio do caminho?

Phil e Rachel – até certo ponto

No Capítulo 9, Rachel solucionou uma grande frustração com o pai, Phil, ao explicar que a mania dele de dar conselhos e não demonstrar empatia a deixava enlouquecida. Uma conversa não bastou para abordar todos os problemas, e Phil voltava aos velhos hábitos de vez em quando, porém os dois agora tinham um relacionamento em que Rachel se sentia à vontade para chamar a atenção dele para isso. Conforme o tempo foi passando, Phil aprendeu a se controlar, e a relação melhorou cada vez mais.

Empolgada com esse sucesso, Rachel percebeu que desejava mais uma coisa do pai. Ele não compartilhava partes importantes da sua vida, e ela queria que ele se abrisse mais. Desde o falecimento da mãe, Rachel se perguntava sobre e se preocupava com a adaptação de Phil. Ela também estava cada vez mais preocupada com o desempenho dele como cirurgião. O hospital não tinha uma política de aposentadoria compulsória, e Phil já tinha passado da idade em que poderia parar de trabalhar. Quando ela tocava no assunto, ele sempre respondia "O trabalho me mantém jovem", acrescentando que não tinha qualquer intenção de se aposentar. A conversa sempre ficava por aí. No entanto, Rachel começou a ouvir boatos de que o pai estava perdendo o jeito. Ela se preocupava sobre o que poderia acontecer. *Não quero que ele seja obrigado a parar em vez de sair por conta própria,* pensou ela, mas, quando tentou puxar o assunto com delicadeza, Phil riu e disse que os colegas só estavam com inveja de ele ter a idade que tinha e continuar sendo tão bom quanto todo mundo.

Rachel queria insistir no assunto e entrar em outras questões pessoais. O que ele achava da própria carreira, olhando para as últimas quatro décadas? Havia alguma coisa da própria se arrependesse? Ele pensava nos caminhos que desejava ter tomado? Como ele estava de fato se sentindo, depois de perder o amor da sua vida? Ela tentou criar condições para ter esse tipo de conversa, compartilhando várias questões pessoais e profissionais que enfrentava. Phil parecia gostar dessas interações e, como ele havia parado de dar tantos conselhos, Rachel vinha tendo mais facilidade para expressar seus sentimentos e dificuldades. Porém, por mais que se esforçasse, ele não contribuía com revelações próprias. Phil era completamente fechado.

Rachel decidiu ser mais direta. Os dois foram jantar. Enquanto comiam, ela explicou o tipo de conversas que desejava ter e os benefícios que isso traria para a relação.

– Você já me disse que quer passar sua experiência adiante; falar sobre a sua vida é uma forma de fazer isso – argumentou ela.

– Mas eu não sou assim – disse Phil. – Não gosto de refletir sobre a minha vida, e acho inútil falar sobre os caminhos que não segui. Prefiro virar a página. – Ele ficou em silêncio por um momento, e então disse baixinho: – E conversar sobre a sua mãe é doloroso demais. Nós não podemos só aproveitar o que temos?

Rachel insistiu.

– Escute, vamos tentar e ver no que dá. Eu falei sobre vários assuntos. Escolha o que parecer mais fácil para testarmos.

Phil pensou por um instante e disse:

– Eu fiquei em dúvida entre duas especializações. Posso falar sobre isso. – E foi o que ele fez pela meia hora seguinte, mas Rachel percebeu que ele não estava envolvido naquilo, e a conversa pareceu forçada. Phil balançou a cabeça. – Isso não está dando certo. Adoro escutar sobre a sua vida e estou me esforçando para evitar dar conselhos. Podemos falar sobre as coisas que fazíamos quando você era pequena, as viagens, mas não quero me aprofundar no passado além disso.

Rachel concordou com a cabeça e relutantemente aceitou esse meio-termo.

Mudanças nos alicerces da relação

Rachel desejava algo mais profundo do que imaginava. Uma coisa é querer mudar o comportamento do outro, mesmo se tratando de algo tão enraizado quanto a mania anterior de Phil de dizer aos outros o que fazer com a própria vida. Mas tentar mudar os alicerces da relação, como Rachel tentou convencer Phil a fazer, é algo bem diferente.

Ela agora é uma mulher adulta que deseja um relacionamento entre adultos. Para isso, os dois precisariam mudar. Rachel teria que se abrir mais – algo que já vinha fazendo –, e Phil teria que ir além de apenas dar menos conselhos. Ele precisaria ser mais vulnerável e revelar informações mais íntimas. O sucesso da conversa sobre os conselhos de Phil fez com que os dois seguissem para um relacionamento mais igualitário, porém até certo ponto. Ele não parecia querer ir muito além disso – com certeza não tão longe quanto Rachel desejava. Aquela mudança seria grande demais para Phil?

Apesar de Rachel querer que o pai fosse mais aberto sobre suas emoções, ele passou a maior parte da vida seguindo um estilo analítico. Além disso, seu treinamento e seu ambiente profissional não necessariamente incentivavam a vulnerabilidade desejada por ela, assim como a vida em casa: a esposa de Phil passou anos "interpretando" os sentimentos dele para a filha. Mudar pode ser difícil demais quando a principal característica do relacionamento foi reforçada com tanta consistência.

Então quais seriam as opções de Rachel? Ela poderia deixar para lá. Afinal, veja tudo que já conquistou. No último ano, Rachel fez muitos progressos em seu relacionamento com o pai. Ela conseguiu compartilhar mais sobre a própria vida sem receber os conselhos de Phil, e isso permitiu uma proximidade que alegrava os dois. Uma das possíveis desvantagens do foco em relacionamentos excepcionais é desvalorizar qualquer conexão que não alcance esse nível. Às vezes devemos apenas ser gratos pelo que foi conquistado. Necessidades diferentes são sanadas por pessoas diferentes. Rachel tem um casamento feliz e amigos próximos. Ela pode procurar essas pessoas quando precisar de uma conexão mais profunda e continuar apreciando a forma como interage com o pai.

Por outro lado, seria possível insistir um pouco mais. Ela já vira que Phil é capaz de mudar, então talvez ele possa se esforçar. Ela sempre teve um bom relacionamento com o pai, e esse próximo passo ofereceria a possibilidade de uma conexão ainda mais intensa para os dois. Quanto a Phil, compartilhar mais sobre sua vida (especialmente para a filha) poderia ser uma forma mais recompensadora de se relacionar – mesmo que isso seja difícil para ele. Também poderia ser uma forma de alcançar seu objetivo de passar sua experiência de vida adiante.

Mas até que ponto Rachel deveria insistir? Aquela tentativa de meia hora durante o jantar foi um teste adequado? Se ela aceitasse a oferta de ter conversas nostálgicas sobre sua infância, poderia transformá-las nas revelações mais pessoais que desejava? Ou estaria apenas dando murro em ponta de faca?

A resposta vem na forma de uma pergunta (afinal de contas, nós somos professores – está no nosso sangue!): *Quem se beneficiaria se ela insistisse?* Às vezes, nós precisamos aceitar os outros da forma como eles são. Rachel está notando sinais reais de que Phil se sente solitário e quer mais intimidade ou está forçando a barra para conseguir o que quer?

Existe outra maneira de encarar as escolhas de Rachel. Como mencionamos no começo do livro, Carol Dweck sugere que, ao identificarmos uma limitação, é importante pensar nela em termos de "ainda".[24] Quando uma frase como "Não consigo expressar completamente todas as minhas necessidades para meu parceiro" ganha um "ainda" no começo, o significado deixa de ser uma negativa e se transforma em possibilidade. Rachel não sabe o que o futuro reserva para Phil. Talvez uma cirurgia apresente problemas até então inéditos, e ele prefira conversar sobre isso com Rachel em vez de com outro cirurgião. Ou talvez Phil note que um colega já passou do limite porém não admitiu a realidade, e se dê conta de que ele não quer seguir pelo mesmo caminho. Nesses momentos, Phil pode se sentir mais à vontade para desabafar.

Quando insistimos demais, existe o risco de afastarmos a outra pessoa. Permanecer apegado demais aos próprios desejos pode destruir um relacionamento. Em vez disso, tente encontrar um meio-termo que aumente as chances de a outra pessoa embarcar na sua jornada em algum momento futuro. Rachel pode valorizar e apreciar tudo que conquistou ao mesmo tempo em que permanece alerta a possíveis mudanças que permitam a realização do seu desejo. É possível que, ao refletir sobre tudo o que conquistou durante uma vida inteira ao lado pai, Rachel considere menos importante o fato de ele ser tão fechado sobre os próprios sentimentos.

Ben e Liam – uma tentativa fracassada

Quando nos despedimos de Ben e Liam no Capítulo 4, os amigos haviam feito algum progresso. Ben disse que se esforçaria para não fazer tantas perguntas pessoais, e Liam prometeu avisar quando se incomodasse com alguma coisa, em vez de se fechar. Ele também disse que tentaria se abrir mais.

No ano seguinte, a amizade cresceu. Liam conheceu e se apaixonou por uma mulher chamada Brittany, que Ben adorava – e acreditava ser perfeita para o amigo. Ben gostava da forma como ela se impunha nas ocasiões em que ele era muito mandão com ela.

Como Liam passava muito tempo com Brittany, os dois amigos começaram a se encontrar com menos frequência. Uma noite, quando saíram para beber, Ben perguntou a Liam como estavam as coisas, e Liam anunciou que Britt poderia ser a mulher da sua vida.

– Que ótimo! – disse Ben. – Ela é maravilhosa, e estou muito feliz por vocês. – Liam pareceu pensativo e não olhava em seus olhos, então Ben continuou: – Aconteceu alguma coisa?

Liam riu e balançou a cabeça.

– Você não deixa passar nada... o que é bom, acho. O problema é a mãe dela. A Nancy me deixa louco. Ela acha que sabe a resposta para tudo, fica dando opinião sobre coisas que não entende. – Liam foi ficando cada vez mais nervoso enquanto falava. – Na semana passada, ela começou a me dar um sermão sobre comprar uma casa, apesar de não ter nenhuma noção da minha situação financeira e do mercado imobiliário.

Ben balançou a cabeça, solidário.

– Nossa, que irritante. Por que você acha que ela faz isso?

– Para começar, ela é extremamente carente. O marido morreu há uns quatro anos, e ela não consegue seguir em frente. A Nancy liga para a Britt *todos* os dias. Nós a levamos para jantar de vez em quando, porque a Britt fica se sentindo culpada por ela não ter companhia, mas esses jantares são uma tortura. Ela passa o tempo inteiro interrogando a Britt sobre a vida dela e dizendo o que acha que a filha tem que fazer. Pelo amor de Deus, a Britt é uma mulher adulta e independente. Fico louco com essas coisas! Por que a Nancy acha que ela tem o poder de resolver todos os problemas do mundo? – Liam respirou fundo. – E acho que o que mais me incomoda é a forma como Britt reage. Ou melhor, como *não* reage. Ela só diz "Obrigada, mãe. Vou pensar nisso" para todos os conselhos, e então muda de assunto. Por que ela não manda a Nancy parar? Estou começando a perder o respeito por ela. Quero me casar com alguém que seja firme sobre aquilo em que acredita.

– Nossa, você está incomodado mesmo com essa história!

– É claro que estou. Você não estaria?

Ben se sentiu dividido. Por um lado, ele queria apoiar Liam, mas, por outro, sentia que havia alguma coisa por trás daquilo tudo. Ele não conhecia Nancy, mas Liam pintava uma imagem muito unilateral. Era difícil acreditar que ela fosse tão ruim assim. Além disso, Britt lhe passava a impressão de ser uma mulher segura e firme. Não parecia fraca nem submissa. Ele não sabia o que dizer para ajudar. Então concordou com a cabeça e falou:

– É, provavelmente. – Depois de um instante, perguntou: – Por que você acha que elas se comportam assim?

– Escute, não sou terapeuta! E não preciso que você banque o terapeuta também. Só quero desabafar. Não sei se eu conseguiria falar sobre isso com outra pessoa.

– Tudo bem – disse Ben. – Entendi, parece complicado mesmo. Ainda mais porque você gosta tanto da Britt.

Liam se recostou na cadeira e relaxou um pouco.

– E fico feliz por você desabafar comigo – continuou Ben. – Quero que você se sinta à vontade para fazer isso. Mas preciso ser sincero. A forma como você descreveu a situação é bem limitada. Talvez as coisas não sejam tão simples, e seria uma pena se você terminasse com a Britt porque está pensando desse jeito. A gente não precisa conversar sobre isso se você não quiser, mas achei melhor jogar limpo.

Liam ficou quieto. Então, de um jeito meio hesitante, ele concordou com a cabeça e disse:

– Tudo bem. O que você está pensando?

– Eu não conheço a Nancy, mas fiquei me perguntando se ela é essa bruxa toda mesmo. Mas conheço um pouco a Britt, e ela não parece ser alguém que não defenda os próprios interesses. Ela com certeza não deixa você falar o que quiser. Então por que você fala como se ela fosse submissa? Me parece que ela encontrou um bom jeito de lidar com a mãe.

– É, mas o ar de superioridade da Nancy me incomoda. A Britt devia cortar essas coisas.

– Mas esse é o jeito dela. Você disse que a Nancy acha que sabe a resposta para tudo; você não está fazendo a mesma coisa? Enfim, por que você está tão nervoso? A Britt parece não se importar, então por que você não consegue fazer o mesmo?

– Agora estou irritado, Ben. Por que você sempre inverte as coisas para cima de mim? Agora a culpa é minha?

– Não, não foi isso que eu quis dizer. Só acho que a única pessoa que você pode controlar é você mesmo. Eu também me incomodaria com a Nancy, mas não sei se tanto quanto você. E respeito a forma como a Britt lida com a situação. Ela não deixa que a mãe mande em nada, mas também não a ataca. Só fico pensando se você se perguntou por que se irrita tanto com essa história.

– De que adiantaria fazer isso?

– Você está falando sobre casar com a Britt, então a Nancy será sua sogra. Você precisa ser minimamente educado com ela. Não seria melhor entender o motivo por trás desse incômodo para ela se tornar menos insuportável?

– Sei lá – disse Liam. – Essas coisas de introspecção não fazem muito meu tipo, mas vou pensar no assunto.

Nos meses seguintes, a relação entre Liam e Britt continuou progredindo, e Ben e Liam se encontraram com menos frequência. Porém, sua relação se fortalecia conforme Liam compartilhava mais sobre seus sentimentos por Britt. Ben teve a delicadeza de não perguntar como estava a situação com Nancy, mas se preocupava com isso.

Então Liam anunciou que estava noivo de Britt e que os dois pretendiam se casar em junho. Os amigos combinaram de se encontrar e comemorar. Depois de contarem as novidades sobre o trabalho e a vida em geral, Ben perguntou a Liam como iam os planos para o casamento. Liam revirou os olhos e tomou um gole de cerveja.

– A gente devia ter casado só no cartório – disse ele. – Como previsto, a Britt deixou que a Nancy assumisse o controle de tudo. Parece até que o casamento é dela, não nosso.

– Puxa, que droga. Deve ser difícil para a Britt.

– Na verdade, acho que não – disse Liam. – A parte mais irritante é que a Britt aceita todas as decisões que a mãe toma. Fico louco com isso.

– Achei que as coisas tivessem melhorado um pouco entre você e a Nancy.

– Não, eu só não quero mais falar nesse assunto.

Ben refletiu por um minuto.

– Liam, ainda não entendo por que você se incomoda tanto com isso. Ainda mais quando a Britt parece não se incomodar. Você acha que o problema está na sua dinâmica com a Nancy?

Liam explodiu.

– Ben, estou de saco cheio dessa lenga-lenga psicológica sempre que me incomodo com alguma coisa, e não vou ter outra conversa sobre essas bobagens sentimentais. Assim perco a vontade de contar as coisas.

Ben recuou.

– Desculpe. Eu só queria ajudar. Vamos mudar de assunto.

A conversa passou para outras coisas – trabalho, o treino de Ben para a próxima maratona, o apartamento que Liam e Britt estavam pensando em alugar, a mulher com quem Ben estava saindo e pretendia levar para o casamento.

Em conversas subsequentes, tanto antes quanto depois do casamento, Liam continuou expressando sua frustração com Nancy, e Ben se limitou a fazer comentários compadecidos, mas não tentou analisar os motivos por trás daquilo. Liam mencionou que achava que Ben o estava ajudando, e disse:

– Valeu por me deixar desabafar e não ficar todo sentimental.

– Somos diferentes, né. – Ben deu de ombros. – Como eu disse antes, prefiro refletir sobre essas coisas.

Liam balançou a cabeça.

– É, mas ficar remoendo meus pensamentos não é para mim.

Conforme o tempo foi passando, Ben e Liam se encontraram cada vez menos. Liam estava focado no casamento, e Ben percebeu que a relação não era tão gratificante para ele. Os dois continuaram amigos e se encontravam para beber de vez em quando, mas Ben formou outras relações mais interessantes e preferia dedicar mais tempo e energia a elas.

Quando as pessoas querem coisas diferentes

À primeira vista, parece que a relação de Ben e Liam não se tornou excepcional porque eles queriam coisas diferentes para o relacionamento. Liam parecia desejar uma conexão baseada em "camaradagem", em que poderia compartilhar apenas os altos e baixos da sua vida. Ben desejava uma conexão mais profunda e pessoal. No começo, os dois compartilhavam suas experiências no trabalho e nos esportes para desenvolver uma amizade, porém, com o tempo, a diferença entre suas expectativas para uma amizade foi mais forte do que tudo.

Desejar coisas diferentes para um relacionamento não necessariamente precisa ser um obstáculo, porém é preciso saber lidar com isso. As pessoas podem crescer em direções opostas e, no processo, passar a ter objetivos diferentes. Isso não quer dizer que elas irão se afastar. Duas pessoas não precisam pensar igual para ter uma relação próxima. O problema básico de Ben e Liam foi sua incapacidade de conversar sobre essas diferenças. Sem isso, é impossível apaziguá-las.

Os dois caíram na armadilha do "ou uma coisa ou outra". Ou Ben para de fazer perguntas pessoais ou Liam as tolera. Isso os impediu de serem claros sobre suas expectativas. Liam não queria *introspecção* nenhuma? Ou o problema era a abordagem de Ben? Estaria tudo bem se Ben quisesse analisar os próprios problemas e perguntar a opinião de Liam, sem esperar que isso fosse recíproco? Não sabemos, e eles também não. Porque nunca chegaram a esse ponto.

Por exemplo, Ben poderia ter perguntado: "O que está atrapalhando a gente? Por que temos tanta dificuldade?" Liam poderia ter dispensado o questionamento por ser "sentimental demais", ou não. A questão é que Ben não perguntou, e os dois não conseguiram conversar sobre a desconexão de um jeito mais produtivo.

A falta de comunicação limitou o potencial da relação. Na melhor das hipóteses, ela permanecerá como está, com os dois se encontrando de vez em quando para compartilhar novidades, porém eles podem acabar se distanciando. É pouco provável que tenham um relacionamento realmente profundo.

Como relacionamentos excepcionais funcionam

Nós dois passamos boa parte de nossa vida profissional aplicando as competências apresentadas neste livro em ambientes de trabalho. Ministramos cursos para executivos e administradores em organizações com e sem fins lucrativos, em ambientes educacionais e clínicos, e em organizações governamentais de âmbito nacional e regional. Ajudamos colaboradores, gerentes, executivos do alto escalão e presidentes de empresas a se relacionarem de forma mais direta e sincera. Ajudamos equipes a se desenvolverem para lidar com desavenças de forma mais produtiva, solucionar problemas interpessoais e construir relações fortes. No processo, testemunhamos muito crescimento individual, condições de trabalho mais tranquilas e desempenhos melhores.

Também testemunhamos e encontramos relacionamentos excepcionais no ambiente de trabalho. Eles têm as mesmas características que descrevemos por todo o livro. E podem ocorrer independentemente de você ser o chefe, um subordinado ou um colega de empresa, apesar de empresas oferecerem desafios diferentes.

Há algumas limitações importantes que não existem fora do ambiente de trabalho. Você escolhe seus amigos e seu parceiro, mas não seus colegas. Simon pode ser chato, mas o trabalho de vocês depende um do outro, então é preciso encontrar uma forma de desenvolver uma relação produtiva. Mesmo quando temos amizades de trabalho fortes, não podemos ajudar demais a outra pessoa a avançar se existir a possibilidade de isso nos prejudicar. Sim, você quer oferecer apoio, mas hierarquias são inerentemente competitivas – as vagas no topo são limitadas. Levando em conta que uma das dimensões dos relacionamentos excepcionais é o comprometimento com o crescimento do outro, talvez seja complicado oferecer apoio para um colega que deseja o mesmo projeto especial que você. Você não vai sabotá-lo, mas até que ponto está disposto a sacrificar seu próprio crescimento?

Boas relações de trabalho podem se transformar em amizades próximas. Isso é importante, porque pode incentivar as duas partes a serem mais sinceras e transparentes, assim como diminuir o risco de discussões ao tocar em assuntos difíceis. Mas há limites. Isso foi vividamente ilustrado em uma palestra que Jeff Immelt, presidente da General Electric, deu em Stanford há muitos anos: "Eu era um dos vice-presidentes subordinados a Jack Welch. Eu e o Jack éramos bons amigos; nossas famílias faziam churrasco juntas. Certa vez, não consegui bater minha meta por dois trimestres seguidos. Em um retiro para os executivos, Jack me puxou para um canto, apoiou um braço nos meus ombros e disse: 'Jeff, eu gosto muito de você, mas, se tiver outro trimestre igual aos dois últimos, você vai para a rua.' Eu fiz questão de bater a meta." Empresas podem ser locais positivos para trabalhar e apoiar o desenvolvimento dos funcionários, mas as necessidades delas são inerentemente colocadas acima das necessidades individuais.

No papel de gerente, você encara outra limitação. Os funcionários precisam se aprimorar, e já mostramos formas de oferecer feedbacks afirmativos. Você também sabe que oferecer tarefas expansivas é outro método importante para ajudá-los a crescer. Porém, como explicamos, sua principal responsabilidade é o sucesso da empresa. Talvez você pense duas vezes antes de oferecer uma tarefa crucial para um funcionário ineficiente, mesmo que isso seja uma oportunidade de aprendizado para ele. Saber equilibrar as necessidades de aprimoramento com o sucesso organizacional é uma competência administrativa importante, e envolve riscos.

Relações fortes, nas quais existe muita confiança, são aquelas em que as duas pessoas podem se abrir. Mas não é fácil para um subordinado admitir suas inseguranças para o chefe quando isso pode diminuir suas chances de receber um projeto interessante – apesar de esse tipo de revelação ser útil para conseguir as orientações necessárias. Além disso, mesmo que o funcionário saiba quais são os talentos e os pontos fracos do chefe, é provável que ele hesite em oferecer um feedback sincero ou até em discordar veementemente da pessoa que determina o seu salário. Sam Goldwyn, o famoso magnata do cinema de Hollywood, disse: "Quero que você me conte a verdade, mesmo que isso custe seu emprego." Os chefes podem dizer que desejam interações sinceras, mas até que ponto e com qual frequência?

Nenhum desses fatores necessariamente impede que existam relações excepcionais no trabalho. É possível tê-las com colegas que, assim como você, desejam crescer na empresa; com seus subordinados, equilibrando sua preocupação com eles e as obrigações com a empresa; e com seu chefe, apesar da diferença de poder. Nós oferecemos uma série de exemplos sobre como fazer isso. Transformar uma relação de trabalho em excepcional exige as competências que você aprendeu. O principal a ser feito é ser aberto, direto, lidar com pontadas, dar e receber feedback, tocar em questões difíceis, pensar nos interesses da outra pessoa e diminuir diferenças de poder. A maioria dos relacionamentos de trabalho talvez alcance o prado no platô da montanha. Lá, é preciso um comprometimento mútuo, um processo estável e contínuo de troca de informações, sempre saindo mais 15% da sua zona de conforto e encarando desafios como algo a ser explorado e que trará aprendizados, e não como um motivo para fugir.

Apesar das limitações empresariais, nossa experiência nos mostrou que a maioria dos chefes e funcionários *querem* se abrir mais e ter conversas mais diretas. Nos programas que conduzimos com executivos, achamos fascinante perguntar "Até que ponto você pode se abrir com seu chefe?" e ouvir respostas como "Ah, preciso tomar muito cuidado", "Para discordar dele, tenho que medir minhas palavras" e "É sempre melhor deixar o chefe achar que a ideia foi dele". Essas declarações são feitas independentemente do cargo dos participantes.

Então fazemos outra pergunta: "Se os seus subordinados discordarem de alguma ideia sua, o que você gostaria que fizessem?" Novamente, as respostas são parecidas em todos os níveis de autoridade. Só que, desta vez, as pessoas dizem: "Quero que sejam diretos, coloquem as cartas na mesa, não se intimidem. Quero saber a verdade."

É nesse momento que observamos: "Que interessante. Todas as pessoas neste programa são seguras de si e focadas, mas têm chefes frágeis e inseguros. Parece que quem precisa deste curso são eles, não vocês!"

Como observamos antes, se você utilizar as lições deste livro, conseguirá ser direto e sincero. Você pode ajudar seu chefe a compreender que você está do lado dele e que só deseja ajudar. Será mais fácil não apenas se tornar respeitado como também desenvolver uma relação mais forte e funcional. Com essa base, muitas relações de trabalho podem se tornar excepcionais.

Não queremos ser levianos e insinuar que isso seja fácil. Nada neste livro é fácil! Mas, por outro lado, você já sabia disso. Aplicar o material em uma empresa é um trabalho bem mais complexo do que poderíamos explicar em um capítulo. Para se aprofundar nesse assunto, recomendamos dois livros que David escreveu com seu colega Allan Cohen: *Influência sem autoridade* e *Power Up: Transforming Organizations Through Shared Leadership* (Empodere: como transformar organizações através da liderança compartilhada).[25]

Para aprofundar o conhecimento

AUTORREFLEXÃO

1. Verifique seu progresso: No começo do livro, você identificou relações que desejava aprofundar. O que aconteceu com elas? É claro que o potencial de crescer ainda existe, mas você se sente satisfeito agora? Algumas estão em uma etapa parecida com o progresso de Rachel com o pai? Você ficaria satisfeito em alcançar apenas o prado no platô da montanha? Ou deseja subir até o topo?

2. Ambientes de trabalho: Existem relações de trabalho que você queira melhorar ou que tenham avançado ao longo do espectro? Para cada uma delas, seja específico sobre como fortalecê-las. Que preocupações você tem ao pensar em mencionar esse desejo para as pessoas?

PRÁTICA

Para os relacionamentos que progrediram de forma satisfatória (estejam eles no prado ou em um ponto acima), você expressou seu apreço pelas pessoas que se uniram à sua jornada? Caso não tenha feito isso, faça!

Para os que pararam no prado, o que você decidiu fazer? Caso tenha optado por permanecer lá, converse com a outra pessoa sobre a importância do progresso e certifique-se de não minimizar o que foi conquistado. Se você ainda quiser seguir a escalada, peça por isso de um jeito convincente, mas não coercivo.

Escolha um dos relacionamentos de trabalho selecionados na questão 2. O que você pode fazer para fortalecer a amizade?

COMPREENSÃO

O que você aprendeu com as conversas que teve? Que iniciativas foram bem-sucedidas e quais surtiram menos efeito?

17

UM RELACIONAMENTO EXCEPCIONAL QUE DEU ERRADO – E FOI RECUPERADO

Nós dois temos um relacionamento próximo e de longa data. Mais de 20 anos atrás, nos conhecemos em Stanford, na época em que David ministrava o Dinâmicas Interpessoais e treinava instrutores. Carole fez o curso e acabou se unindo ao corpo docente para lecioná-lo. Logo desenvolvemos um relacionamento próximo de mentoria e seguimos pelo espectro até chegarmos ao excepcional.

Costumávamos concordar sobre objetivos gerais, mas encarávamos problemas sob perspectivas levemente diferentes, encontrando soluções melhores em conjunto do que seríamos capazes sozinhos. Tínhamos facilidade em conversar sobre impasses e resolvê-los, e isso resultou em um ótimo relacionamento de trabalho. A amizade se aprofundou, e recorríamos um ao outro quando tínhamos problemas pessoais e profissionais. Por termos uma relação tão aberta e cheia de confiança, acreditávamos que nos conhecíamos muito bem. Além disso, colocávamos em prática boa parte do que ensinamos neste livro – encorajar a vulnerabilidade mútua, oferecer e receber feedbacks afirmativos e evolucionários, solucionar pontadas e resolver problemas maiores em conjunto.

Então ocorreu um incidente que nos pegou de surpresa e quase acabou com nosso relacionamento cheio de confiança e carinho. Os problemas se tornaram extremamente emaranhados, e precisávamos descobrir qual fio puxar para desembolar o nó – fizemos isso com a ajuda de uma terceira pessoa e usando as competências deste livro. Mas conseguimos por pouco, e isso só mostra como é difícil construir relacionamentos excepcionais – mesmo entre seus professores mais fervorosos.

As especificidades da briga se resumem a uma cena que vai parecer familiar, talvez universal (e mudamos os detalhes, de toda forma!): Carole não recebeu de seu empregador algo que pediu, e descobriu que David não a defendeu.

Na perspectiva de David:

Fazia muitos anos que eu coordenava o corpo docente do Dinâmicas Interpessoais, e estava me preparando para a aposentadoria. O Sensível tinha sido o auge da minha carreira em Stanford, e agora se tornaria meu legado ali. Havia mais de uma década que eu preparava Carole e estava impressionado com a evolução de sua carreira na universidade. Ela havia assumido cada vez mais responsabilidades, mergulhando de cabeça no trabalho. Ela lecionava várias seções do curso Dinâmicas Interpessoais, desenvolveu vários cursos novos para os programas de MBA e para executivos, e coordenava o Programa de Liderança para Alunos, que se tornou um marco da faculdade. Apesar do sucesso dos cursos e dos programas, a administração pouco reconhecia suas contribuições. Mas eu a valorizava demais e acreditava que ela seria a escolha óbvia para me substituir.

Carole havia demonstrado que aceitaria ser minha sucessora, e me tornei confiante de que deixaria o curso em excelentes mãos. Isso me deixava tranquilo, já que eu estava no meio de uma briga por orçamento. A faculdade de Administração sofria cortes financeiros e estava diminuindo o orçamento dos cursos. O Dinâmicas Interpessoais já era, de longe, o curso mais caro do currículo, e eu estava com medo de cortarem parte do financiamento necessário. Salvá-lo era minha principal prioridade.

Na perspectiva de Carole:

Quando David anunciou que se aposentaria e começamos a conversar sobre eu assumir suas responsabilidades, pedi à administração que o Dinâmicas Interpessoais fosse classificado como "programa" em vez de "curso". Os detalhes sobre a importância disso são complexos, porém, em resumo, programas recebiam mais apoio para infraestrutura, em parte porque sua organização era mais complicada, e era inegável que esse era o caso do Dinâmicas Interpessoais. Com a designação de "programa", eu também seria elegível para o cargo de diretora, ganhando mais credibilidade frente ao corpo docente e à administração.

David ocupava o cargo havia décadas, e eu acreditava que precisaria dessas duas condições para ser tão eficiente quanto ele. Sem elas, eu não conseguiria honrar seu legado da maneira como desejava. Além disso, trabalhávamos em um ambiente extremamente dominado por homens, e eu me sentia em desvantagem por ser mulher. Após anos de discriminação no setor privado, eu acreditava que o meio acadêmico poderia ser diferente, mas acabei descobrindo que era tão ruim quanto. Eu esperava que David, meu mentor, me ajudasse a conquistar essas condições.

Conversei com a administração, porém meus dois pedidos foram negados. Fiquei furiosa. Eu tinha me doado completamente para a faculdade e, apesar de os alunos gostarem do meu trabalho, eu raramente sentia que minhas contribuições eram reconhecidas ou valorizadas pela administração. Em vez disso, só me pediam para trabalhar mais. Havia anos que eu acreditava que eventualmente seria recompensada por "vestir a camisa" da empresa, mas comecei a duvidar disso. Nunca pedi muita coisa, e agora, quando eu queria algo que acreditava ser essencial para o sucesso do curso, recusavam minha proposta. Como resultado, fui ficando cada vez mais ressentida. Parei de acreditar que "quem espera sempre alcança". Falei para a administração que só aceitaria o cargo se o Dinâmicas Interpessoais fosse categorizado como um programa e anunciassem oficialmente que eu seria a coordenadora. Fui conversar com David para pedir seu apoio.

A primeira conversa

Depois de se cumprimentarem, Carole explicou o que queria de David. Ele respondeu:

– Carole, por que você está insistindo tanto no programa e no cargo? Não entendo qual é o problema.

– O problema é que vou ter que lutar pelas mesmas coisas que você está lutando agora. Sem esse reconhecimento, não terei sucesso.

David pensou por um instante e disse:

– Acho que não é bem assim; você construiu uma reputação sólida com tudo que já fez. A administração reconhece isso, e você tem o apoio do corpo docente do Dinâmicas Interpessoais.

Carole argumentou:

– O curso está em um momento crítico. O gerenciamento dele é muito mais complexo agora, porque tem muitas variáveis. Ele também é bem mais interdependente de pessoas e departamentos da faculdade do que qualquer outro curso. Ele chegou a um ponto em que *precisa* ser reconhecido como um programa, e quero essa credibilidade para conseguir administrá-lo do jeito certo.

David garantiu a Carole que ainda estaria por perto e ajudaria. Ele também reforçou o quanto acreditava nela.

– Preciso de mais do que isso – disse Carole. – Quero que você lute por mim e peça à administração que me dê o que pedi. Sem isso eu não vou conseguir ter o mesmo sucesso que você teve, especialmente sendo mulher, e ainda por cima sem ser professora titular!

– Desculpe, Carole. Você teve um ótimo desempenho ao elaborar o programa, então não acho que isso seja necessário. E mais, preciso usar todo meu crédito para salvar nosso orçamento. Se sofrermos cortes, como estão ameaçando, aí, *sim*, o curso vai sofrer um impacto negativo grave e você ficará em uma situação difícil. Preciso me dedicar a essa briga agora, e não quero comprometer o resultado.

– Mas por que você não pode dizer que as *duas* coisas são fundamentais para o futuro do curso? – perguntou Carole.

David concordou em repetir o pedido e demonstrar seu apoio, mas disse que não lutaria por isso.

– Esse é o máximo que estou disposto a fazer.

Carole foi embora com raiva e se sentindo incompreendida. *Por que ele não entende que isso é importante para mim e para o sucesso do trabalho ao qual ele dedicou a vida?*

David ficou irritado. *Por que ela não entende que vai ter sucesso sem esses títulos? E por que não aceita que nunca vai receber o reconhecimento que merece? Eu nunca recebi e aprendi a me conformar. Dei um jeito de fazer o Dinâmicas Interpessoais funcionar sem a designação de programa – então ela também pode conseguir.*

Em resumo, a conversa não chegou a lugar algum. E então as coisas foram ladeira abaixo.

Na próxima reunião de orçamento que David teve com a administração, ele defendeu os pedidos de Carole. Seus chefes perguntaram se eles seriam cruciais para que ela liderasse o corpo docente. David hesitou por um instante.

– Bem, a falta dessas coisas com certeza tornaria o trabalho mais difícil, porém não impossível – disse ele.

Então acrescentou que o desafio de verdade seria a legitimação e a influência dela com a gerência. Asseguraram a ele que isso não seria problema. David então perguntou por que não queriam dar a designação de programa e o título, e a resposta foi que a administração estava completamente focada na questão financeira, que era a prioridade principal no momento. O plano também era conduzir uma revisão completa e detalhada dos programas e títulos depois que a crise passasse, e havia muita relutância em tomar uma decisão isolada naquele momento. David não questionou a resposta.

Quando ele contou a Carole o que acontecera na reunião com a administração e falou que preferira não insistir, mesmo sabendo o quanto aquilo era importante para ela, Carole ficou furiosa e extremamente magoada.

– Que soco no estômago, David – disse ela. – Que diferença faz eu me matar aqui, se, na hora do vamos ver, ninguém se importa?

Ele respondeu que seu trabalho era importante e que ela estava subestimando a influência que construiu. Carole rebateu afirmando que aquilo poderia prejudicar o Dinâmicas Interpessoais a longo prazo e acrescentou:

– Se nossos papéis fossem invertidos, eu teria defendido você na mesma hora, mesmo que, sendo homem, você não precise de tanto apoio quanto eu.

– Carole, eu não iria querer uma coisa dessas. Por que você faria isso?

– Eu faria a coisa certa, por causa de tudo que você agregou à faculdade. E esperava que você fizesse o mesmo. Não acredito que você não entenda que me ajudar é *o mesmo que* ajudar a instituição. E não acredito que você esteja se comportando assim depois de tudo que eu fiz por *você* e pelo seu "bebê" Dinâmicas Interpessoais.

– Você ajudou muito a faculdade e o curso. Eu e muitas pessoas somos gratos por isso, mas não concordo que isso deveria afetar o que realmente é melhor para o Dinâmicas Interpessoais. A questão do orçamento é fundamental, e acho que é importante respeitar o processo da administração sobre a designação de programas e títulos. E mais, não quero que ninguém pense que estou defendendo seus pedidos por causa da nossa amizade. Isso não seria justo com você.

E a conversa ficou por isso mesmo.

Na perspectiva de Carole:

Naquele momento, David representava a instituição inteira e tudo que fazia eu me sentir dispensável e excluída havia anos. Pensei: *Se não posso contar com ele para entender que isso é uma injustiça e demonstrar que me valoriza ao me ajudar, não posso contar com ninguém.*

Eu desisti completamente dele. Não sabia se conseguiria recuperar minha confiança em David. Achei que nossas visões de mundo eram diferentes demais. Eu valorizo muito a lealdade, e estava nítido que esse não era o caso dele – ou ele a definia de outra forma. Achei que não havia como conciliar nossas diferenças. Eu queria cortar relações... em definitivo.

Na perspectiva de David:

Naquele momento, eu me senti de mãos atadas. Senti que tinha sido anulado, o que era doloroso, mas eu não soube o que dizer. Nossos argumentos não mudariam. Torci para o tempo dissipar um pouco a raiva de Carole e nos dar a chance de uma reconexão.

Apesar de o relacionamento estar extremamente tenso, ainda precisávamos trabalhar juntos pelo restante do ano. Mal trocamos uma palavra fora do que era necessário. As reuniões de equipe acabavam o mais rápido possível, e nossas interações eram mínimas. Apesar de sermos educados e demonstrarmos profissionalismo, não pedíamos conselhos um ao outro nem falávamos sobre nossa vida, muito menos brincávamos um com o outro como antes.

Um elemento fundamental do curso Sensível é aprender a consertar as coisas, e vários colegas insistiram para Carole colocar o que ensinava em prática e conversar com David. Carole se sentia tão injustiçada, tão magoada e tão traída que se recusava. Ela continuava a acreditar que, se os papéis fossem invertidos, teria dado todo apoio a David. Ela não queria contato com ele. David, ciente disso, não sabia o que fazer.

O começo do acerto de contas

Meses depois, Carole foi incentivada a tentar uma reconciliação. Seus sentimentos negativos continuavam fortes, mas ela também sentia falta do relacionamento. Ela pediu a David que fosse à sua sala para ver se podiam fazer alguma coisa para consertar a situação.

David ficou animado com o convite, já que não tinha encontrado nenhuma outra forma de se reconectarem. Ele não sabia o que poderiam dizer para mudar as coisas, mas se sentia esperançoso.

Depois de se cumprimentarem de um jeito frio e um tanto desconfortável, Carole disse que desejava conversar e reparar o relacionamento. David expressou a mesma vontade. No começo, a conversa pareceu uma repetição da primeira, sem avanços.

Mas então David disse não entender por que Carole tinha ficado tão chateada, o que a deixou incrédula, já que ele a conhecia tão bem.

– Eu me sinto pisando em ovos quando falo com você – disse David.

– Não se trata de um campo minado – respondeu Carole. – Parece que nós temos valores muito diferentes, e isso me faz questionar o quanto nos conhecemos de verdade.

Depois de repetir como tinha sido difícil aceitar a decisão de David de não defendê-la, Carole explicou por que o título e o reconhecimento do Dinâmicas Interpessoais como um programa eram tão importantes, e como isso se misturava aos seus sentimentos de ser desvalorizada por um sistema ao qual havia se doado tanto e por ter passado a vida inteira tendo que se esforçar mais para conquistar qualquer coisa apenas por ser mulher. Ela compartilhou que havia se sentido vulnerável por ter sido tão enfática ao assumir uma posição, por medo de ser incompreendida. E expressou sua profunda decepção ao descobrir que, no fim das contas, não podia contar com David, mesmo depois de tudo que tinha feito para apoiá-lo e ao seu trabalho ao longo de décadas.

David começou a compreender a profundidade e a importância das preocupações dela. Por um lado, nada daquilo era novidade, mas ele teve uma percepção melhor do que estava acontecendo. Não foi uma questão de ele mudar de ideia sobre priorizar o debate sobre o orçamento, mas de conseguir ter empatia pela situação de Carole. Foi então que ele disse, entre outras coisas:

– Estou começando a entender como você se sente com tudo isso, talvez pela primeira vez. E peço desculpas.

Isso fez uma diferença imensa para Carole. Foi o primeiro momento desde a briga em que ela se sentiu ouvida, em que não ficou com a sensação de que havia algo "errado" com sua reação. Como David demonstrou tanta empatia por suas preocupações, foi mais fácil escutar por que ele discordava da sua opinião. Parecia que suas emoções tinham sido compreendidas. Carole sentiu a empatia de David e a vontade dele de validar seu incômodo, sem tentar convencê-la a dispensar a emoção ou insinuar que era errado se sentir daquela forma. Isso a deixou mais aberta a acreditar que eles poderiam ter uma conversa baseada em emoções, não em pensamentos e opiniões.

Carole perguntou, com uma curiosidade verdadeira:

– Por que você não podia demonstrar apoio por mim *e* pelo orçamento?

– Carole, você estava preocupada em conseguir administrar o curso. Se eu não tivesse usado todo meu crédito para evitar os cortes, seu trabalho seria quase impossível. E, se eu tivesse insistido nos seus pedidos, isso não lhe daria o status que você acredita precisar.

David explicou que ficara com medo de acabar prejudicando a credibilidade dela se a administração cedesse apenas por insistência dele. Ele compartilhou que sentira uma pressão imensa ao decidir sobre o que deveria defender. Por fim, falou sobre como vinha convivendo com a falta de reconhecimento por décadas até que aceitou que isso fazia parte do sistema. Ele também contou sobre a raiva e a decepção que sentira quando ela se recusou a aceitar a coordenação do curso a menos que cumprissem suas condições.

Nossos problemas estavam muito emaranhados. Conversamos por horas. Apesar de debatermos essas questões de forma muito aprofundada e compreendermos melhor os motivos da reação de cada um, nem tudo foi resolvido. Aquele incidente causou sofrimento demais para ser solucionado com apenas uma conversa. Mas fizemos avanços, e a confiança foi restaurada o suficiente para conseguirmos voltar a ouvir um ao outro de verdade.

Análise: o que deu errado – e por quê?

Por que duas pessoas competentes ficaram tão empacadas? Como tudo saiu dos trilhos? Nessa situação, muitos fatores se emaranharam. Foi como um nó enorme que, quando puxávamos, só se tornava mais e mais apertado. Precisávamos descobrir qual fio puxar primeiro.

Ao longo de todo este livro, destacamos a importância de realmente compreender a outra pessoa, de tentar entender as questões por trás do problema, por meio de curiosidade e interesse. Sim, nós questionamos um ao outro, mas não havia uma curiosidade real. Por quê?

No caso de David, por vários motivos. Ele realmente acreditava que Carole era tão boa no trabalho que não precisaria da classificação de programa nem de um título para ser eficiente. Ele achava que sabia o que estava acontecendo com Carole, que era um problema principalmente de ego e insegurança. Então por que perguntar? E, como ele tinha tanta certeza da sua avaliação e das conclusões a que chegou ao sair do seu lado da quadra, qualquer "questionamento" da sua parte soaria como uma acusação, irritando ainda mais Carole. Não havia curiosidade verdadeira. David aguentou a falta de reconhecimento por toda a carreira. Se ele conseguiu aprender a lidar com isso, então por que ela não conseguiria? Havia também a raiva pelo tempo que investira sendo mentor dela e, por fim, a preocupação com o que aconteceria com o curso dali em diante.

Por sua vez, Carole sentia que sua raiva e sua mágoa eram totalmente justificáveis, e foi incapaz de enxergar qualquer outra coisa. Ela era profissional e se considerava uma pessoa muitíssimo íntegra. Raramente pedia qualquer coisa e havia corrido um risco ao fazer isso, então se sentia vulnerável. Sua sensação de exclusão era muito profunda. Carole não mencionou nada disso para David em conversas anteriores.

Assim, argumentos lógicos (vindos de qualquer um de nós) não apenas eram inúteis, como também atrapalhavam. Além disso, ficamos empacados por causa de uma diferença básica de valores.

No âmago da reação exaltada de Carole estava a sensação de que um dos seus valores mais essenciais – a lealdade – tinha sido destruído. Ela definia lealdade como "fidelidade a compromissos ou obrigações e alianças". Foi por isso que disse a David que o apoiaria caso os papéis fossem invertidos, sem nem pestanejar. Por ter tanta certeza sobre como agiria naquelas circunstâncias, ela nunca parou para pensar que David teria uma atitude diferente.

David também valorizava a lealdade, porém a definia de outra forma. Ele a encarava como "compromisso com o crescimento e o sucesso do outro" – e quanto mais forte o relacionamento, maior o compromisso. Foi por isso que fez questão de ser o mentor de Carole. E, por acreditar tanto nela, ele não achava que seu sucesso dependia de que aquelas exigências fossem atendidas.

Nós temos outras diferenças em nossos valores, então ambos acreditávamos estar agindo de forma extremamente íntegra e fazendo o melhor para o Sensível e a faculdade. Essa certeza fez com que nos tornássemos críticos e achássemos que o outro estava errado. Como nos sentíamos julgados, não víamos necessidade em tentar compreender um ao outro.

O que acabou com o impasse?

Nossos colegas tiveram um papel crucial no nosso acerto de contas, mas achamos que teríamos resolvido a situação de uma forma ou de outra. Provavelmente teria sido um processo mais demorado, porém seria possível pelos seguintes motivos:

- <u>Não "demonizamos" um ao outro.</u> Não criamos histórias que atribuíam intenções malévolas ou problemas de caráter. (Carole disse que, apesar de não entender as ações de David, sabia que ele não tinha a intenção de magoá-la.) Da mesma forma, apesar de nos sentirmos decepcionados, não concluímos que o outro era maldoso ou uma pessoa horrível. Evitar essas opiniões extremas permitiu que, com o tempo, tentássemos nos entender.

- Ninguém se agarrou a um falso orgulho. Teria sido fácil para alguém na posição de Carole se convencer de que procurar David seria humilhante. Felizmente, o orgulho de Carole não atrapalhou. E nenhum de nós teve dificuldade em pedir desculpas – fosse por algo que tenhamos feito ou para demonstrar que entendíamos o sofrimento do outro.
- Diferenciamos compreender de concordar. David nunca concordou com a opinião de Carole. A melhoria aconteceu quando ele foi capaz de separar isso da compreensão dos *motivos* por trás da mágoa dela. Aceitar que os sentimentos de Carole eram válidos e transmitir essa aceitação fizeram a diferença. Nesse ponto, novamente, ela demorou bem mais, porém também acabou compreendendo (e respeitando) o motivo por trás das decisões de David.
- Deixamos a lógica de lado para lidar com questões pessoais mais profundas. Um dos motivos para as duas primeiras conversas terem dado errado foi que cada um argumentava contra a lógica das questões. E cada um queria, acima de tudo, estar "certo". Também tínhamos opiniões muito diferentes sobre o que seria melhor para o curso, assim como um motivo racional para isso. As coisas nem sempre fazem sentido *lógico*, mas podem fazer sentido *psico*lógico.

Nosso resultado se enquadrou nos quatro critérios para uma resolução de conflitos bem-sucedida. Encontramos uma maneira de voltar a nos falarmos de verdade (e não pouquíssimo), compreendemos mais um ao outro, nossa capacidade de solucionar problemas aumentou (então é pouco provável que cheguemos a outro impasse) e nossa relação acabou mais fortalecida do que era antes.

Recuperação e reparação: destaque as rachaduras

Kintsugi, ou "conserto de ouro", é uma arte japonesa para consertar cerâmica quebrada. Uma mistura de laca com ouro, prata ou platina em pó é aplicada de forma a destacar as rachaduras, ao mesmo tempo que serve ao propósito prático de consertar o recipiente. Também é uma filosofia: se um objeto é danificado, ele tem uma história que deve ser lembrada em vez de esquecida, encoberta ou descartada. O pó metalizado dá destaque às rachaduras para mostrar que, quando algo passa por provações, se torna ainda mais bonito. Acreditamos que a ideia também seja válida para as "rachaduras" em um relacionamento e a maneira como são reparadas. Com certeza vale para nós. Apesar de nos arrependermos do nosso impasse doloroso, valorizamos o fato de termos superado o problema.

Depois de quase acabarmos com nosso relacionamento e nos recuperarmos, nos tornamos confiantes de que seríamos capazes de lidar com qualquer conflito no futuro. Criamos uma "conta bancária emocional" ainda mais polpuda. Concluímos que fizemos suposições não comprovadas, incluindo a de que, depois de tantos anos de amizade, compreendíamos completamente um ao outro. Desde então, essa experiência reveladora nos incentivou a tentar expressar curiosidade e fugir da certeza de que sabemos exatamente o que cada um pensa.

Nosso conflito teve outra consequência crucial: o reequilíbrio do poder no relacionamento – ilustrando a complexidade de relações excepcionais em um ambiente de trabalho. Carole admirava David desde o começo e se sentia extremamente sortuda por tê-lo como mentor. Apesar de não se sentir intimidada em discordar dele, ela ainda demonstrava a tendência de acatar suas opiniões, mesmo depois de assumir algumas turmas e responsabilidades de David no Dinâmicas Interpessoais. Essa diferença de poder não era evidente para nenhum de nós, apesar de sabermos que discrepâncias nesse sentido podem custar caro. Essa dinâmica, além do fato de quase sempre concordarmos em questões importantes, significava que nunca tivemos um grande conflito. Ao solucionarmos o problema, Carole começou a encarar e aceitar David como um mero mortal que comete erros. Isso equalizou a diferença de poder que existia na relação. Foi algo empoderador para Carole e libertador para David. Sem essa mudança, talvez ela não tivesse concordado em se unir a ele para escrever este livro.

Foi uma longa jornada para nós dois, e não apenas conseguimos nos recuperar, como nos aproximamos mais do que nunca. Deixamos para trás as interações distantes e formais, retomamos o contato aos poucos, voltando ao que éramos antes, e depois passamos para uma relação ainda mais forte. Não foi um caminho fácil. Mas todo o sofrimento valeu a pena, e temos as rachaduras de ouro para contar a história.

EPÍLOGO

Ah, quem dera algum Poder nos desse o dom
De vermos a nós mesmos como os outros nos veem!
– Robert Burns

Queremos terminar este livro falando do medo. Pode parecer uma escolha estranha, mas precisamos debater sobre ele para ajudarmos você a entender o que é possível *sem* ele.

Todos evitamos compartilhar partes importantes de nós mesmos por medo de sermos julgados. Não pense que você é exceção – em todas as nossas turmas, os participantes sempre se perguntavam: "Tenho coragem de mostrar um lado que me esforcei tanto para esconder?" Pense um pouco: é provável que você tenha demorado a se comprometer com alguém por medo de os sentimentos da outra pessoa não serem recíprocos. Talvez tenha hesitado em tentar algo novo por medo de errar. Você pode não ter pedido algo necessário ou confrontado alguém que lhe causou mágoas porque temia abalar a relação. Ainda mais básico é o medo de ser rejeitado se alguém conhecer você de verdade – você por completo.

Todos nós conhecemos alguém que vê a si mesmo de um jeito muito diferente de como é visto pelas outras pessoas. Isso vale para você? Será que é realmente um dom "vermos a nós mesmos como os outros nos veem", ainda mais se isso destruir a autoimagem que nos esforçamos tanto para criar? Você pode ter medo de perder a autoestima e o senso de valor próprio se aceitar o feedback de outra pessoa.

Esses medos limitam o crescimento e o aprendizado, e reduzem a disposição a se arriscar e tentar comportamentos novos. Eles fazem com que você fique preso em situações infelizes que não deseja confrontar, e sugam uma quantidade enorme de energia. Eles tiram conexões verdadeiras de você. Às vezes, "medo" é sinônimo de "expectativas falsas que parecem reais".

Acima de tudo, esses temores limitam a probabilidade de transformar relacionamentos em excepcionais. Como ilustramos inúmeras vezes, precisamos controlar nossos medos e correr os riscos necessários para o excepcional se tornar possível. E isso nos leva a um paradoxo. Assim como o medo pode ser limitante, os riscos que você corre enquanto cria e mantém um relacionamento excepcional podem libertá-lo de boa parte dos seus temores. Isso acontece em parte porque você testa esses medos e descobre que eram expectativas falsas. O processo de construir relacionamentos profundos aumenta sua competência interpessoal e lhe dá a confiança necessária para falar sua verdade e ser mais você mesmo.

Tudo isso o liberta de constantemente perguntar "Tenho coragem para dizer...?", "O que ela pensa de mim quando eu...?" ou "O que ele acharia se eu fizesse...?". Em vez de desperdiçar energia duvidando de si mesmo, concentre-se na curiosidade e no aprendizado. Claro, você ainda vai se preocupar com as possibilidades da vida, mas isso é diferente de temer ser rejeitado por quem você é. Relacionamentos excepcionais ajudam você a parar de viver em preto e branco e adentrar um mundo colorido.

Portanto, no âmago de um relacionamento excepcional está uma experiência única de liberdade que parece quase mágica. Por saber que a outra pessoa gosta de você e será sincera, você consegue ouvir seu feedback. Isso faz com que conheça a *si mesmo* de um jeito bem mais completo. Você entende especificamente quais são seus talentos e como usar suas qualidades. Pontos fracos deixam de ser inseguranças e passam a ser parte da experiência humana, oferecendo a oportunidade de crescimento. Relações excepcionais permitem que você teste suas crenças em ambientes de alta pressão. Talvez algumas das suposições que foram úteis no passado tenham deixado de ser interessantes. O feedback e a perspectiva da outra pessoa ampliam a maneira como você encara situações e até influenciam sua compreensão das opções disponíveis.

Porém, acima de tudo, seus entes queridos aceitam você, com todas as suas imperfeições humanas. Você diminuiu a diferença entre como os outros o enxergam e como você enxerga a si mesmo. A liberdade que isso traz não pode ser comparada a nada.

Ao conhecer e aceitar a nós mesmos, desenvolvemos um giroscópio interno – como aqueles brinquedos infláveis que quase caem mas levantam. Não nos abalamos com feedbacks nem somos controlados pelas ações dos outros. Permanecemos conectados com a pessoa que somos e com nosso valor, conseguindo compreender a perspectiva do outro. Para aprender e crescer, sempre precisamos correr riscos, mas você tem uma base sólida agora. Está perfeitamente posicionado para se tornar um aprendiz vitalício. E tem a capacidade de se conectar de verdade com outro ser humano.

Você chegou ao topo da montanha. Agora, sua visão do mundo é muito mais ampla do que era quando você estava no vale, ou até no prado mais alto. Você sabe que terá muitas oportunidades de encontrar novas paisagens, sob pontos de vista diferentes, se permanecer ao lado de outra pessoa. E, depois de fazer essa escalada diversas vezes, você entende que é possível repeti-la com companheiros diferentes. Muitas outras conexões e magias estão por vir.

AGRADECIMENTOS

Nós provavelmente não teríamos concluído este trabalho sem o incentivo de Daniel Crewe, da Penguin Random House, que nos ligou para perguntar se tínhamos interesse em escrever um livro baseado no famoso curso de "Sentimentalismo" de Stanford. Acima de tudo, agradecemos a ele pelo convite para embarcarmos nesta jornada, por acreditar em nós e por oferecer apoio constante, junto com muitas sugestões editoriais ao longo de três anos. Além disso, um grande obrigado à nossa editora da Crown, Emma Berry, por sua receptividade excepcional, melhorando um rascunho atrás do outro com seu olhar talentoso, e por aprimorar muito este trabalho.

Somos extremamente gratos a Jenna Free por sua orientação paciente ao pegar nosso manuscrito original e transformá-lo em algo bem mais legível. Ela foi magistral em indicar redundâncias, esclarecer o conteúdo, editar trechos desnecessariamente densos e dar mais vida ao livro. Sua revisão rigorosa nos ensinou que menos geralmente é mais. E um grande obrigado ao nosso agente maravilhoso, Howard Yoon, por nos guiar durante esse processo.

Também somos gratos a Mary Ann Huckabay, ao nosso grande amigo e frequente conselheiro informal Max Richards por suas observações extensivas sobre o manuscrito e o trabalho fantástico com as referências, e a

Adele Kellman e Vanessa Loder, que leram o livro em momentos diferentes e fizeram sugestões específicas que ajudaram a avançar nosso raciocínio.

Várias pessoas nos ofereceram feedback e conselhos sábios em vários estágios. Agradecemos aos nossos colegas do Dinâmicas Interpessoais, Ed Batista, Leslie Chin, Andrea Corney, Collins Dobbs e Yifat Levine, e ao saudoso amigo Lanz Lowen, que analisou a proposta inicial e nos ajudou a organizar o livro.

Ao longo dos três anos seguintes, recebemos sugestões inestimáveis de Alan Briskin, Gary Dexter, Basya Gale, Mary Garber, Susan Harris, Tony Levitan, Edgar Schein e Roger Scholl. Todas as suas ideias e observações, aceitas ou não, nos fizeram parar e pensar um pouco mais no que desejávamos dizer. O livro mudou muito com o passar dos anos. Sem dúvida, ele seria um trabalho inferior sem a ajuda de todos vocês. Assumimos toda responsabilidade por quaisquer limitações no produto final.

Obrigado a Patricia Will pela Casa Taupa; Roy Bahat, Ricki Frankel, Cynthia Gorney e Wendy Cavendish por se compadecerem, torcerem e se entusiasmarem; e ao pessoal da Leaders in Tech por nos cobrirem inúmeras vezes.

Queremos reconhecer e agradecer aos nossos milhares de alunos e clientes, que não apenas moldaram nosso pensamento, como também causaram impacto pessoal em nós dois. Esperamos termos feito jus ao que eles nos ensinaram sobre como desenvolver relacionamentos significativos. Durante a escrita deste livro, tivemos centenas de conversas com muitas, muitas pessoas, e, apesar de ser impossível mencionar o nome de todas, pedimos desculpas por não conseguirmos agradecer especificamente a cada uma.

Por fim, além de nossos cônjuges, a quem dedicamos esta obra, somos imensamente gratos a nossos filhos e netos – Jeff Bradford (Sophia Lau), Winry Bradford, Kendra Bradford (Todd Shuster), Lev Shuster, Gail Shuster, Nick Robin (Alex Robin) e Molly Robin – que tiveram papéis tão importantes em nossas vidas e nos ajudaram a entender o que é necessário para construir relacionamentos excepcionais.

# ANEXO A

VOCABULÁRIO DE SENTIMENTOS

	FELICIDADE	CARINHO	TRISTEZA	INADEQUAÇÃO	MEDO
leve	bem contente satisfeito recompensado agradável grato tranquilo sereno	afetuoso amigável agradável pra cima	infeliz para baixo deprimido melancólico desanimado decepcionado triste carrancudo chateado	sem confiança inseguro incerto fraco ineficiente	nervoso ansioso inseguro hesitante tímido acanhado preocupado inquieto constrangido pouco à vontade incomodado na dúvida irrequieto apreensivo desconfortável inibido
moderado	feliz alegre animado empolgado maravilhoso com um brilho no olhar vivaz risonho realizado elevado	afeiçoado tem consideração respeitoso admiração se preocupa dá importância confiável próximo	aflito nervoso abatido pesaroso desmoralizado desesperançado desanimado arrasado pessimista choroso resmungão desgostoso desorientado	surrado derrotado incompetente inepto sobrecarregado ineficaz insuficiente incapaz inábil pequeno inadequado desimportante incompleto ruim imobilizado	assustado amedrontado aflito sobressaltado abalado ameaçado desconfiado arriscado alarmado com frio na barriga contrafeito na defensiva
forte	energizado extraordinário extasiado eufórico impressionado fantástico regozijado nas nuvens exultante entusiasmado encantado sensacional excepcional nas alturas liberto	amoroso apaixonado enamorado valorizado idealizado idolatrado terno fascinante apegado dedicado adorado	horrível terrível soturno desolado desesperado vazio sofrido enlutado desamparado prostrado desesperançado indisposto	sem ação impotente inválido inferior enfraquecido inútil acabado fracassado sem valor sem serventia	apavorado aterrorizado intimidado horrorizado desesperado em pânico tomado pelo pavor vulnerável com medo de palco paralisado

VOCABULÁRIO DE SENTIMENTOS

	CONFUSÃO	MÁGOA	CULPA/ VERGONHA	SOLIDÃO	RAIVA
leve	incerto inseguro incomodado desconfortável indeciso	diminuído negligenciado ignorado minimizado decepcionado desconsiderado desmerecido	arrependido errado constrangido em falta no erro responsável por pisou na bola fez uma burrada lamentoso encabulado	ficou de fora excluído solitário distante indiferente	irritável enojado incomodado sem vontade desanimado enervado aborrecido perturbado repreendido desgostoso decepcionado consternado sentiu uma "pontada"
moderado	confuso desorganizado embasbacado boiando perdido sem saber o que fazer enrolado desconectado frustrado de mãos atadas ambivalente abalado indefeso andando em círculos	menosprezado criticado ignorado abusado depreciado difamado censurado ridicularizado alvo de risadas caluniado distratado zombado desvalorizado desprezado escarnecido caçoado usado explorado degredado arrasado questionado rebaixado	envergonhado culpado com remorso medíocre repreendido ridicularizado aviltado	alienado remoto sozinho isolado afastado	ressentido irritado hostil raivoso nervoso agitado fulo importunado ofendido antagonizado exasperado hostil maldoso aflito rancoroso na defensiva

VOCABULÁRIO DE SENTIMENTOS

forte				
desnorteado	esmagado	enojado	enclausurado	furioso
estarrecido	destruído	exposto	abandonado	enraivecido
frustrado	arruinado	imperdoável	completamente só	fervilhante
perplexo	degradado	humilhado	esquecido	indignado
preso	penoso	desgraçado	largado	enfurecido
consternado	ferido	degradado		louco de raiva
em um dilema	devastado	horrível		zangado
atormentado	torturado	morrendo de vergonha		violento
na dúvida	desgraçado			revoltado
cheio de incertezas	humilhado			com ódio
	angustiado			amargurado
	à mercê			atormentado
	dispensado			vingativo
	abandonado			odioso
	rejeitado			lívido
	descartado			com repulsa

ANEXO B

Para aprofundar o conhecimento

A habilidade mais importante e duradoura que esperamos que você tenha captado deste livro é *aprender a aprender*. Pesquisas sobre grupos T (de treinamento) mostram que os participantes que adquiriram as competências ensinadas aqui continuaram a se aprimorar após o término do curso, graças ao ciclo de reforço positivo. Aproveite esse ciclo, essa habilidade de crescer, lembrando a si mesmo sobre tudo que aprendeu:

- Como ser mais você mesmo, incluindo enxergar o poder de expressar emoções. Você aprendeu a usar a Regra dos 15% para conseguir se abrir enquanto constrói relacionamentos. Apesar de a vulnerabilidade oferecer riscos, há mais vantagens do que desvantagens na maioria dos casos. É preciso coragem para permitir que o outro lhe conheça por completo, e você aprendeu que a vulnerabilidade pode ser um sinal de força, não de fraqueza.
- Como criar condições para a outra pessoa conseguir se abrir e se comportar de forma mais autêntica. Prestar atenção nos sentimentos dela e incentivar sua expressão são comportamentos cruciais nesse

processo. Da mesma forma, você aprendeu a não tirar conclusões precipitadas, mas permanecer curioso quando não compreender o outro de imediato ou ficar chateado com algum comportamento. Você também aprendeu a valorizar a individualidade das pessoas, em vez de exigir que elas sejam iguais a você.

- Que oferecer conselhos e fazer perguntas com respostas predefinidas é algo muito limitado. Você aprimorou sua habilidade de demonstrar empatia e aprendeu que, assim como você, todo mundo deseja ser aceito e conhecido de verdade.
- Como oferecer e receber feedback de comportamento específico para lidar com e solucionar dificuldades e para ajudar as pessoas a entender seus pontos fortes e aquilo que pode ser melhorado. As dificuldades entre você e o outro podem variar de pontadas fracas até conflitos graves, porém, independentemente do grau da questão, você sabe que o feedback, por mais difícil que seja em alguns momentos, não precisa ser um ataque. Na verdade, trata-se de uma ferramenta para expor problemas centrais que podem ser solucionados em conjunto. O feedback é um presente de fato quando as duas partes se interessam pelo crescimento uma da outra e pelo relacionamento.
- Ao apreciar o poder e a abrangência das emoções, você se torna ciente da sua capacidade de sentir muitas coisas ao mesmo tempo, e do que o impede de reconhecê-las e usá-las da melhor forma.
- Há várias maneiras de apoiar alguém, porém o incentivo muitas vezes exige tocar em assuntos difíceis, que podem ser desconfortáveis para a pessoa que inicia a conversa e para o ouvinte. Você aprendeu que deve fazer isso da forma mais sincera possível. A sinceridade começa quando focamos na nossa própria realidade – as sensações causadas pelo comportamento da outra pessoa –, e não na interpretação psicológica dos motivos ou do caráter dela.
- Você tem muito mais opções do que imaginava. Não se trata de "não poder" fazer ou dizer alguma coisa, mas de escolher não seguir esse caminho. Às vezes, o silêncio é a melhor alternativa, porém é importante reconhecer que ele continua sendo uma escolha.
- Conflitos não precisam ser destrutivos. Se você utilizar o modelo de

feedback, questões difíceis podem ser debatidas e solucionadas de forma que o relacionamento se fortaleça.
- Relacionamentos quase nunca se desenvolvem em linha reta. No geral, costumam ser "dois passos para a frente e um para trás". A construção de relações significativas requer persistência; as dificuldades são apenas barreiras temporárias a serem resolvidas; prejuízos podem ser consertados.
- Você aprendeu mais sobre si mesmo – sobre seus talentos e limitações. E, talvez mais importante, você se tornou capaz de enxergar as várias fontes de aprendizado. É possível aprender com as emoções, já que elas sinalizam o que é relevante. Você pode aprender ao perguntar a si mesmo: "Por que estou reagindo assim?" Pode aprender a partir de feedback, já que os outros sabem, e lhe dizem, qual é o impacto do seu comportamento. E você aprendeu quais situações são gatilhos no seu caso.

Talvez o mais importante de tudo: usar essas competências fez com que você aprendesse com as suas experiências, conforme tentava melhorar suas relações. Você viu o que funciona na sua relação com outras pessoas e, em vez de negar os problemas, aprendeu com os apertos para que ambos pudessem agir melhor da próxima vez. Fortalecido por essas competências, você sente menos medo de se arriscar. É isso que lhe dá a liberdade para continuar a aprender.

CHAMADA PARA AÇÃO

1. Com base no resumo acima, e agora que já terminou de ler o livro, o que você acha que mais precisa melhorar?

2. Metas de aprendizado específico: Você é mais habilidoso e se sente mais confortável com algumas competências do que com outras. Não é possível se dedicar a todas ao mesmo tempo, então lembre-se da Regra dos 15% e escolha as mais importantes. Você costuma se limitar e armar armadilhas para si mesmo? Quando estamos cientes daquilo

que queremos melhorar e dos nossos pontos fortes, fica mais fácil testarmos habilidades.

3. Procure ajuda: Outras pessoas são essenciais para ajudar você a alcançar seus objetivos de aprendizado, já que é difícil mudar muito por conta própria. Por exemplo, talvez você não compreenda que está recuando, apesar de um dos seus objetivos ser dar mais ênfase às próprias opiniões. Conte sobre seus objetivos para alguém em quem confia e peça para essa pessoa prestar atenção nos momentos em que você cair em alguma das suas armadilhas ou perder uma oportunidade de aprimorar algo que deseja mudar. Ela também pode lhe ajudar a esclarecer seus objetivos e a pensar em formas de alcançá-los.

4. Registrar e refletir: No começo do livro, incentivamos você a manter um diário, não apenas para registrar seu progresso, mas como um espaço para reflexão. Digamos que você tenha uma experiência malsucedida em que, mais uma vez, não se deixou guiar pelos sentimentos. O que estava acontecendo para você agir assim? Você sentiu dificuldade com certas emoções? Foi vítima de uma armadilha do ego e não conseguiu se mostrar vulnerável?

Contam por aí que um paciente perguntou ao terapeuta: "Como vou saber que estou curado?" E a resposta foi: "Quando você perceber o que está fazendo antes que eu perceba." É difícil mudar velhos hábitos. Talvez você continue a sentir dificuldade com conflitos. O objetivo, então, não deveria ser se sentir *confortável* com confrontos, mas se tornar *competente*. Para criarmos novos caminhos comportamentais, é necessário prática e persistência. Mas continue firme e seja fiel ao seu progresso. Não se deixe abalar por transtornos temporários.

Para concluir, voltamos às últimas palavras de Auguste Renoir: "Creio que estou começando a aprender algo." Desejamos a você uma vida de aprendizado contínuo, na qual as descobertas sejam constantes até o fim. É isso que faz diferença na vida.

NOTAS

2: UM CURSO RENOMADO, UM CAPÍTULO POR VEZ

1   Alan Alda, discurso de formatura, Connecticut College, 1º de junho de 1980.

3: COMPARTILHAR OU NÃO COMPARTILHAR

2   Nancy L. Collins e Lynn Carol Miller, "Self-Disclosure and Liking: A Meta-Analytic Review", *Psychological Bulletin* 116, nº 3 (1994): doi.org/10.1037/0033-2909.116.3.457; Susan Sprecher, Stanislav Treger e Joshua D. Wondra, "Effects of Self-Disclosure Role on Liking, Closeness, and Other Impressions in Get-Acquainted Interactions", *Journal of Social and Personal Relationships* 30, nº 4 (2013): doi.org/10.1177/0265407512459033.

3   O viés de confirmação foi inicialmente descrito por Peter Wason no contexto de um experimento que analisava até que ponto as pessoas buscam provas irrefutáveis antes de formar uma opinião. P. C. Wason, "On the Failure to Eliminate Hypotheses in a Conceptual Task", *Quarterly Journal of Experimental Psychology* 12, nº 3 (1960): doi.org/10.1080/17470216008416717. O viés de confirmação é definido pela American Psychological Association [Associação de Psicolo-

gia Americana] como "a tendência de reunir provas que confirmam expectativas preexistentes, geralmente enfatizando ou buscando provas corroborativas ao mesmo tempo em que rejeita ou não busca provas contraditórias". *APA Dictionary of Psychology,* American Psychological Association, acesso em 11 de março de 2020, dictionary.apa.org/confirmation-bias.

4   Uma lista mais abrangente pode ser encontrada no Anexo A.
5   Uma análise mais profunda sobre o impacto de culturas diferentes na emoção pode ser encontrada em Keith Oatley, Dacher Keltner e Jennifer Jenkins, "Cultural Understandings of Emotion", em *Understanding Emotions,* 3ª ed. (Nova York: John Wiley & Sons, 2013).
6   Daniel Goleman, *Inteligência emocional* (Rio de Janeiro: Objetiva, 1996).
7   Uma análise mais profunda sobre o conceito de "capacidade de agência" pode ser encontrado em Martin Hewson, "Agency", em *Encyclopedia of Case Study Research,* eds. Albert J. Mills, Gabrielle Durepos e Elden Weibe (Thousand Oaks, CA: Sage Publications, Inc., 2010), dx.doi.org/10.4135/9781412957397.n5.
8   Katherine W. Phillips, Nancy P. Rothbard e Tracy L. Dumas, "To Disclose or Not to Disclose? Status Distance and Self-Disclosure in Diverse Environments", *Academy of Management Review* 34, nº 4 (2009); Kerry Roberts Gibsona, Dana Hararib e Jennifer Carson Marr, "When Sharing Hurts: How and Why Self-Disclosing Weakness Undermines the Task--Oriented Relationships of Higher Status Disclosers", *Organizational Behavior and Human Decision Processes* 144 (2018); Lynn Offermann e Lisa Rosh, "Building Trust Through Skillful Self- Disclosure", *Harvard Business Review,* 13 de junho de 2012, hbr.org/2012/06/instantaneous-intimacy-skillfu.
9   Em "Changing Faces", Laura Roberts explora as consequências intrapsíquicas e interpessoais do controle de impressões, utilizando vários estudos sobre o impacto prejudicial de esconder sentimentos particulares, valores e identidades sociais, e o impacto positivo de expressá-los. Laura Morgan Roberts, "Changing Faces: Professional Image Construction in Diverse Organizational Settings", *Academy of Management Review* 30, nº 4 (2005).

4: COMO AJUDAR AS PESSOAS A SE ABRIREM MAIS

10   Katherine W. Phillips, Nancy P. Rothbard e Tracy L. Dumas, "To Disclose or Not to Disclose? Status Distance and Self-Disclosure in Diverse Environments", *Academy of Management Review* 34, nº 4 (2009).

11   David L. Bradford e Allan R. Cohen, *Power Up: Transforming Organizations Through Shared Leadership* (Nova York: John Wiley & Sons, Inc., 1998).

5: EQUILÍBRIO DE INFLUÊNCIAS

12   Jean M. Twenge, W. Keith Campbell e Craig A. Foster, "Parenthood and Marital Satisfaction: A Meta-Analytic Review", *Journal of Marriage and the Family* 65, nº 3 (2003); Gilad Hirschberger, Sanjay Srivastava, Penny Marsh, Carolyn Pape Cowan e Philip A. Cowan, "Attachment, Marital Satisfaction, and Divorce During the First Fifteen Years of Parenthood", *Personal Relationships* 16, nº 3 (2009); Sara Gorchoff, John Oliver e Ravenna Helson, "Contextualizing Change in Marital Satisfaction During Middle Age: An 18-Year Longitudinal Study", *Psychological Science* 19, nº 11 (2008).

13   L. Festinger, "A Theory of Social Comparison Processes", *Human Relations* 7 (1954), pp. 117–140.

14   Allan R. Cohen e David L. Bradford, *Influencing Up* (Nova York: John Wiley & Sons, 2012).

6: PONTADAS E APERTOS

15   Douglas Stone, Bruce Patton e Sheila Heen, "Domine os seus sentimentos (ou eles dominam você)", em *Conversas difíceis: Como discutir o que é mais importante* (Rio de Janeiro: Sextante, 2021).

16   *APA Dictionary of Psychology,* American Psychological Association, acesso em 11 de março de 2020, dictionary.apa.org/confirmation-bias.

17   Jennifer Aaker e Naomi Bagdonas, entrevista conduzida por David Needle, "Humor in the Workplace", *Gentry Magazine,* setembro de 2017, https://www.gsb.stanford.edu/experience/news-history/humor-serious-business.

8: DESAFIOS QUE ENCONTRAMOS PARA USAR O FEEDBACK DE FORMA EFICIENTE

18 Daniel Goleman, *Inteligência emocional* (Rio de Janeiro: Objetiva, 1996).

19 Jennifer Aaker e Naomi Bagdonas, entrevista conduzida por David Needle, "Humor in the Workplace", *Gentry Magazine,* setembro de 2017, https://www.gsb.stanford.edu/experience/news-history/humor-serious-business.

10: CONTROLE SUAS EMOÇÕES OU SE DEIXE CONTROLAR POR ELAS

20 Brené Brown, "O poder da vulnerabilidade", palestra TEDxHouston, 2010, https://www.ted.com/talks/brene_brown_the_power_of_vulnerability?language=pt-br.

21 Efeitos nocivos na saúde, felicidade e qualidade dos relacionamentos: Douglas Stone, Bruce Patton e Sheila Heen, "Domine os seus sentimentos (ou eles dominam você)", em *Conversas difíceis: como discutir o que é mais importante* (Rio de Janeiro: Sextante, 2021).

12: COMO USAR CONFLITOS DE FORMA PRODUTIVA

22 Mais informações sobre esse fenômeno e a inundação emocional associada a ele podem ser encontradas em John Gottman, *Por que os casamentos fracassam ou dão certo* (São Paulo: Scritta, 1995).

13: RESOLUÇÃO DE QUESTÕES CONTROVERSAS

23 Ao longo de dois estudos, Maier e seus colegas determinaram que a qualidade das soluções para problemas aumentava quando os participantes analisavam soluções alternativas, em vez de se apegarem à primeira em que pensaram. Norman R. F. Maier e Allen R. Solem, "Improving Solutions by Turning Choice Situations into Problems", *Personnel Psychology* 15, nº 2 (1962): doi.org/10.1111/j.1744-6570.1962.tb01857.x; Norman R. F. Maier e L. Richard Hoffman, "Quality of First and Second Solutions in Group Problem Solving", *Journal of Applied Psychology* 44, nº 4 (1960): doi.org/10.1037/h0041372.

16: QUANDO O EXCEPCIONAL É IMPOSSÍVEL

24 Carol Dweck, *Mindset: A nova psicologia do sucesso* (Rio de Janeiro: Objetiva, 2017).

25 Allan R. Cohen e David L. Bradford, *Power Up: Transforming Organizations Through Shared Leadership* (Nova York: John Wiley & Sons, 1998); David L. Bradford e Allan R. Cohen, *Influência sem autoridade* (São Paulo: Editora Évora, 2012).

CONHEÇA ALGUNS DESTAQUES DE NOSSO CATÁLOGO

- **Brené Brown:** *A coragem de ser imperfeito – Como aceitar a própria vulnerabilidade, vencer a vergonha e ousar ser quem você é* (600 mil livros vendidos) e *Mais forte do que nunca*

- **T. Harv Eker:** *Os segredos da mente milionária* (2 milhões de livros vendidos)

- **Dale Carnegie:** *Como fazer amigos e influenciar pessoas* (16 milhões de livros vendidos) e *Como evitar preocupações e começar a viver* (6 milhões de livros vendidos)

- **Greg McKeown:** *Essencialismo – A disciplinada busca por menos* (400 mil livros vendidos) e *Sem esforço – Torne mais fácil o que é mais importante*

- **Haemin Sunim:** *As coisas que você só vê quando desacelera* (450 mil livros vendidos) e *Amor pelas coisas imperfeitas*

- **Ana Claudia Quintana Arantes:** *A morte é um dia que vale a pena viver* (400 mil livros vendidos) e *Pra vida toda valer a pena viver*

- **Ichiro Kishimi e Fumitake Koga:** *A coragem de não agradar – Como a filosofia pode ajudar você a se libertar da opinião dos outros, superar suas limitações e se tornar a pessoa que deseja* (200 mil livros vendidos)

- **Simon Sinek:** *Comece pelo porquê* (200 mil livros vendidos) e *O jogo infinito*

- **Robert B. Cialdini:** *As armas da persuasão* (350 mil livros vendidos) e *Pré-suasão – A influência começa antes mesmo da primeira palavra*

- **Eckhart Tolle:** *O poder do agora* (1,2 milhão de livros vendidos) e *Um novo mundo* (240 mil livros vendidos)

- **Edith Eva Eger:** *A bailarina de Auschwitz* (600 mil livros vendidos)

- **Cristina Núñez Pereira e Rafael R. Valcárcel:** *Emocionário – Um guia prático e lúdico para lidar com as emoções* (de 4 a 11 anos) (800 mil livros vendidos)

sextante.com.br